이기는 체스 게임의 법칙!

체스 챔피언

김도윤

BM (주)도서출판 성안당

체스의 세계에 오신 것을 환영합니다

체스를 처음 접했던 순간을 기억합니다. 초등학생 시절에 동네 문방구에서 사서 동생과 잠깐 했던 단순한 보드게임이었습니다. 다시 생각해 보면 제대로 된 규칙도 모르고 했었던 걸로 기억합니다. 시간이 흐르고 고등학생이 된 저는 우연히 체스마스터라는 체스 교육 프로그램을 접하게 되었습니다. 그 프로그램에 있던 체스 강의는 제 인생의 진로를 바꾸게 되었습니다. 기물만 잡는 단순한 게임인 줄 알았던 체스 교육 프로그램에서는 이기기 위한 수많은 종류의 전술과 전략을 소개하고 있었습니다. 체스판의 세계는 무궁무진하고 한없이 넓은 우주처럼 느껴졌습니다. 체스는 오랜 시간을 역사 속에서 살아남았고, 그 이론에는 어떻게 하면 더 잘할 수 있을까에 대한 수 많은 사람의 고민과 연구가 담겨 있었습니다.

대학에 입학한 후 처음으로 체스 대회에 나가게 되었습니다. 첫 대회 출전이 전국 대회 출전이었는데도 성인부 3위에 입상했던 것이 기억에 남습니다. 혼자 체스를 공부하면서 비록 제대로 된 연습 상대도 없었지만 '그간의 노력이 쓸모없는 것은 아니었구나!'라고 생각하며 체스를 더 본격적으로 공부하게 되었습니다. 대학교 방학 때는 다른 친구들이 토익 공부를 할 때 집에서 영어로 된 온라인 체스 강의를 들었습니다. 해외 체스 대회에 나가서 세계체스연맹 공인 레이팅도 취득했습니다.

그리고 지금은 체스를 접한 지 16년 차가 되었습니다. 체스는 아직도 재미있고, 여전히 배울 것이 많습니다. 무엇보다 체스는 제 직업이 되었습니다. 체스 대회에 나가서 입상하기도 하고, 체스를 가르친 제자들이 유소년 국가대표로도 선발되고, 체스를 보급하고 교육하면서 '천명신화의 체스이야기' 체스 유튜브를 개설해서 체스를 알리기도 했습니다.

이 책을 통해 제가 경험하고 느꼈던 체스라는 매력적인 세계를 독자 여러분에게 소개해 드리고 싶습니다. 체스를 처음 배울 때 가장 어려웠던 점은 제대로 된 체스 입문서가 없다는 것입니다. 외국 체스 책을 읽기 위해 영어 사전을 끼고 살았고, 어떤 것을 공부해야 하는지, 심지어 어떤 책을 구입해야 하는지도 막막했습니다. 이 책을 통해 여러분이 체스의 입문에 필요한 모든 이론을 한 권으로 쉽게 익힐 수 있도록 집필했습니다. 이 책을 읽으시는 독자 여러분, 체스의 세계에 오신 것을 환영합니다.

* 이 책의 그림은 Chessbase(en.chessbase.com) 사의 허락을 맡아 Chessbase 16 프로그램을 통해 제작되었습니다.

체스를 잘 두기 위한 사고 과정

체스를 잘 두기 위해서는 어떤 것이 필요할까요? 체스에 관한 많은 이론 학습, 전술 문제 연습, 많은 실전 연습 및 대국 복기 등 다양한 방법이 있을 수 있습니다.

하지만 초보자들이 가장 어려워하는 부분은 체스에서 무엇을, 어떻게 생각해야 하는지 모른다는 점입니다. 체스는 두 사람 간에 두는 게임이므로 상대의 의도를 잘 읽어 내면서, 그에 대응하는 좋은 수를 찾아야 합니다.

1단계

상대가 수를 두었습니다. 그 수의 의도와 목표를 살펴봅니다. 상대의 구체적인 위협을 살펴보는 것이 좋습니다. 구체적인 위협을 살펴보는 순서는 강제수를 위주로 살펴봅니다.

'강제수'는 체크, 잡기, 공격을 의미합니다. 상대가 체크를 걸면 나는 무조건 체크에서 벗어나는 수를 두어야 합니다. 상대가 내 기물을 잡으면 대부분의 경우 되잡아야 하며, 상대가 내 기물을 공격하면 대부분의 경우는 그 공격에 대처해야 합니다. 그렇기 때문에 체스에서 강제수를 위주로 생각하는 것은 매우 중요합니다. 상대가 나에게 체크를 걸 수 있는지, 내 기물을 잡으려고 하는지, 어떤 기물을 공격하려고 할 때 그 의도를 주의 깊게 관찰할 필요가 있습니다.

2단계

상대가 전에 둔 수가 구체적인 위협이 있는 경우, 예를 들어 강제수를 두었거나, 다음 수에 강제수를 노릴 경우는 그 의도를 방어하거나 무력화하는 수를 선택합니다. 만약 상대가 전에 둔 수에 강제수가 없는 경우에는 내가 전술을 시도할 수 있는 수가 있는지 살펴봅니다(핀, 포크, 스큐어 등).

3단계

　내가 전술을 시도할 수 있는 수가 없는 경우 전략적으로 더 나은 선택을 찾습니다. 내 기물의 위치를 더 좋게 만들거나, 폰 구조를 개선하거나 상대의 포지션에 약점을 만들거나, 약점을 공격하는 수 위주로 생각합니다.

4단계

　2~3단계에서 추린 후보수(Candidate Move)를 추려 냅니다. 후보수는 하나일 수도 있지만, 5~6 가지의 후보수가 있는 경우도 많습니다. 내가 그 후보수 중 하나를 둔다고 가정한 이후 그에 대응하는 상대의 최선의 수가 무엇인지 파악합니다. 상대의 최선의 수를 고려할 때는 강제수를 위주로 고려하는 것이 효율적입니다.

5단계

　4단계의 판단을 바탕으로 후보수 중 최선의 수를 선택합니다. 상대가 최선의 수로 대처한다고 해도 나에게 괜찮거나, 좋은 포지션이 되는 수를 선택해야 합니다. 수를 선택하고 나서 바로 두지 않고, 내가 간단한 것을 놓치지 않았는지, 이동하는 기물이 잡히거나 전술을 놓치지 않았는지 다시 확인합니다. 최종적으로 문제가 없다고 판단되면 수를 둡니다.

　체스는 많은 사고 과정이 들어가기 때문에 항상 실수가 나올 수 있습니다. 실수를 줄이기 위해서는 대국을 두면서 이 사고 과정 훈련을 꾸준히 한다면 대국에서 실수를 줄이면서 좋은 수들을 찾을 수 있습니다. 대국 중 모든 수를 이러한 사고 과정으로 생각할 필요는 없습니다. 이론적인 엔드 게임이나 이미 내가 알고 있는 오프닝에서는 굳이 이런 과정을 항상 행할 필요는 없죠. 하지만 중요한 상황에서는 이 사고 과정을 이용해서 생각하는 것이 좋으며, 처음에는 이렇게 생각하는 과정이 오래 걸리겠지만 이 사고 과정이 익숙해지면 나중에는 의식하지 않아도 자연스럽게 적용할 수 있게 됩니다.

이기는 체스 게임의 법칙 12가지!

게임 초반(오프닝 게임)

❶ 중앙 폰을 올리는 것으로 게임을 시작하세요

체스에서는 폰으로 중앙을 차지하는 것이 유리합니다. 중앙을 선점하세요! 중앙을 폰으로 차지하면 상대 기물들의 전개가 어렵게 되며, 내 기물들을 더 원활하게 전개할 수 있습니다.
▶ p.224 참고

❷ 기물을 중앙으로 빠르게 전개하세요

초반에 폰만 너무 많이 움직이는 것은 좋지 않습니다. 중앙 폰을 이동한 후에는 빠르게 기물들을 중앙으로 이동시켜 전투 준비를 하세요. 특히 비숍과 나이트를 빠르게 중앙으로 배치하는 것이 중요합니다. ▶ p.227 참고

❸ 캐슬링을 빨리하세요

체스에서 킹의 안전은 무엇보다 중요합니다. 캐슬링을 하면 킹의 안전뿐만 아니라 룩의 전개에도 도움을 줍니다. ▶ p.230 참고

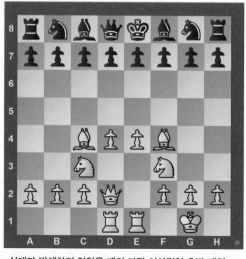

상대가 방해하지 않았을 때의 가장 이상적인 초반 배치

게임 중반(미들 게임)

4 공격과 방어에 익숙해지세요

어떤 기물을 잡을 수 있는지, 상대가 내 기물을 공격할 때 어떻게 방어할 수 있는지 집중하세요.
백과 흑의 기물의 길을 항상 머릿속으로 그리면서 대국을 진행하는 것이 좋습니다. ▶ p.113 참고

5 주요 전술 주제에 대해 배우세요

체스에는 상대 기물을 무조건 잡을 수 있는 패턴, 무조건 체크메이트를 시킬 수 있는 다양한
패턴이 있습니다. 그러한 패턴을 체스 전술이라고 합니다. 이 책에는 여러분이 실전에서 활용
할 수 있는 다양한 체스 전술 주제들이 설명되어 있습니다. ▶ p.127~174 참고

포크

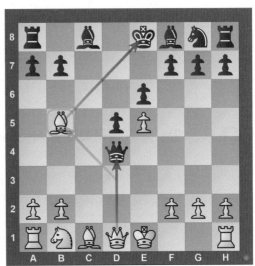

디스커버드 체크

⑥ 계획을 갖고 게임을 하세요

"어떤 나쁜 계획도 계획이 없는 것보다 낫다." _ 에드워드 윈터

체스는 전략을 겨루는 게임이고, 전략은 여러분의 계획을 수립하는 과정입니다. 상대 기물을 노릴지, 체크메이트를 노릴지, 기물의 위치를 좋게 만들지를 여러분이 선택할 수 있습니다. 모든 수를 둘 때는 그 수를 두는 이유가 있어야 해요. 이 책에서는 체스의 다양한 전략의 요소와 좋은 전략을 결정하는 방법에 대해 다루고 있습니다. ▶ p.256~303 참고

게임 후반(엔드 게임)

⑦ 기초 체크메이트 패턴을 마스터하세요

체스를 처음 시작할 때 가장 어려워하는 부분이 체크메이트를 성공시키는 것입니다. 2개의 룩을 이용한 계단 메이트, 킹과 퀸을 이용한 체크메이트, 킹과 룩을 이용한 체크메이트는 쉽게 배울 수 있고, 여러분이 체스를 두며 항상 활용할 수 있는 지식입니다. 기초 체크메이트 패턴만 알고 있어도 유리한 상황에서 쉽게 체크메이트를 완성할 수 있어요. ▶ p.89~103 참고

⑧ 후반에는 킹을 적극적으로 사용하세요

초반과 중반에 킹은 상대의 공격으로부터 보호해야 하지만 특히 퀸이 교환된 후반에는 킹이 비숍, 나이트보다도 더 강력합니다. 킹을 중요한 위치로 보내 적극적으로 전투에 참여하게 하세요. ▶ p.310 참고

⑨ 어느 폰이 프로모션(승진)을 할 수 있을지 살펴보세요

폰은 끝까지 가면 원하는 기물로 변신이 가능합니다. 후반에는 프로모션의 성공 여부가 승패에 큰 영향을 끼칠 정도로 중요합니다. 어느 폰이 프로모션의 가능성이 있고, 어떻게 프로모션을 성공할 수 있는지 생각하며 수를 두세요. ▶ p.325 참고

체스 향상을 위한 팁

⑩ 너무 빠르게 두지 마세요

'좋은 수를 찾았을 때, 더 좋은 수를 찾아보라'라는 2대 세계 체스 챔피언 에마뉴엘 라스커의 격언이 있어요. 체스에서 침착함을 유지하는 것은 아주 중요하답니다. 성급하게 두다 보면 실수가 많이 나오게 됩니다. 신중하게 수를 고르고, 내 생각이 맞는지 검토도 꼼꼼하게 하다 보면 실수를 하지 않고 좋은 수를 많이 찾을 수 있어요.

⑪ 공격적으로 체스를 두세요

체스를 처음 시작할 때 가장 흔하게 하는 실수는, 내가 실수할까 겁나서 공격을 최대한 시도하지 않는 것입니다. 체스는 수를 상대보다 깊게 읽는 것이 중요하고, 공격적으로 대국을 시도할 때 수를 깊이 있게 읽는 연습을 할 수 있어요. 나중에는 성향에 따라 수비적으로도 둘 수 있고, 균형 잡힌 체스를 둘 수 있게 되지만, 초보자일 때는 공격적으로 체스를 두는 것이 실력 향상에 큰 도움이 됩니다.

⑫ 대국이 끝나고 대국을 분석해 보세요

체스는 대국을 기록할 수 있는 '기보 작성법'이 있어요. 기보를 작성하면 여러분의 게임을 다시 볼 수 있고, 둔 대국을 분석해 볼 수 있어요. 대국이 끝나고 상대와 수에 대해 토론하거나 더 나은 수가 없었는지 찾아보는 과정이 실력 향상에 매우 중요합니다. 특히 나보다 실력이 좋은 체스 코치에게 분석을 받는 것이 매우 도움이 되죠. 내가 무엇을 실수했는지를 분석을 통해 정확하게 알아낸다면 다음에는 같은 실수를 반복하지 않을 수 있고, 내가 부족하고 몰랐던 부분, 나의 약점도 명확히 알 수 있게 됩니다. 체스를 빠르게 잘하고 싶다면 경기가 끝나고 항상 분석하는 습관을 만드세요.

 ▶ p.75 참고

목차

Part 1

체스의 시작!
체스 규칙 이해하기

Part 6

**확실하게
이기기 위한**
체스의 엔드 게임

Part 1
체스의 시작!
체스 규칙 이해하기

여러분은 1500년의 역사를 가진 체스라는 세계에 입문하게 됩니다. 동일한 기물, 같은 조건으로 공평하게 대결하지요. 상대 기물을 잡고, 상대 킹을 포위하면 이기는 게임인 체스에는 화려한 전술과 깊이 있는 전략이 필요합니다. 여러분의 전술과 전략의 첫걸음 시작해 볼까요?

1 | 체스보드

체스를 두는 것은 체스판을 바르게 배치하는 것부터 시작합니다.
체스의 기본인 파일과 랭크는 무엇인지, 체스는 어떻게 두어야 하는지 알아봅니다.

이 챕터에 배우는 내용

- 체스보드의 올바른 배치
- 파일과 랭크의 개념
- 특정 칸을 지칭하는 방법

실제 체스판

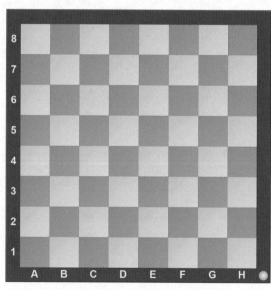

2D 체스판(책, 온라인 체스에서 사용)

체스판은 총 64칸으로, 각 칸은 색이 진한 칸과 연한 칸으로 구분되어 있습니다. 체스판마다 표현된 구체적인 색은 다를 수 있습니다. '녹색/흰색', '녹색/연노란색', '갈색/연갈색', '파란색/흰색', '검은색/흰색' 등 다양하게 표현될 수 있답니다. 여러분의 체스판을 확인해 보세요.

보통 색이 흰색에 가까운 칸을 '밝은 칸', 검은색에 가까운 칸을 '어두운 칸'이라고 부릅니다.

체스판에서 밝은 칸과 어두운 칸 구분은 체스판의 가시성을 올려 줍니다. 또한 이러한 밝은 칸과 어두운 칸만을 이용하는 비숍이라는 기물이 있고, 이를 이용한 전략도 있답니다. 해당 내용은 p.328을 참고하세요.

체스를 두는 것은 체스판을 올바르게 배치하는 것에서부터 시작합니다. 체스보드를 앞에 두고 앉았을 때 '오른쪽 가장 아래' 칸이 반드시 '밝은 칸'이 되도록 해야 합니다.

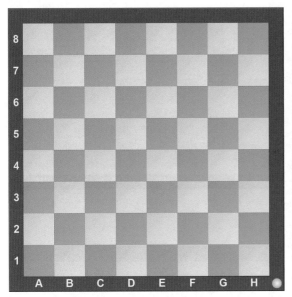

올바른 배치: 오른쪽 가장 아래 칸이 밝은 칸

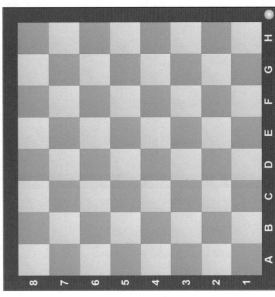

잘못된 배치: 오른쪽 가장 아래 칸이 어두운 칸

체스를 처음 시작하게 되면 특히 알파벳과 숫자가 없는 체스판의 경우 체스판을 잘못 배치하는 경우가 굉장히 많습니다. 이 경우 체스판의 기물 배치도 올바르게 되지 않기 때문에 정식 규칙으로 게임하기 위해서는 항상 '오른쪽 가장 아래 칸'이 '밝은 칸'이 되도록 해 주세요!

세로로 그려진 빨간 선을 살펴보죠. 선 하단에 알파벳 D라고 표시되어 있습니다. 체스판에서 세로 줄을 '파일(File)'이라고 부릅니다. 빨간 선으로 표시된 세로줄은 알파벳 D와 B에 위치하므로 'D파일' 과 'B파일'이라고 부릅니다.

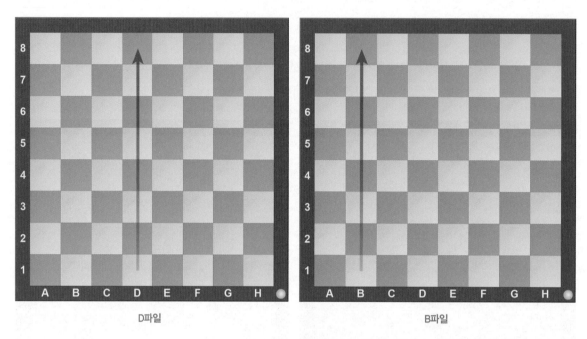

D파일   B파일

파일은 세로줄을 부를 때 사용하며 A, B, C, D, E, F, G, H로 이루어져 있습니다. 그렇다 면 가로줄은 어떻게 얘기할까요? 체스에서 가 로줄은 '랭크(Rank)'라고 부릅니다.

빨간색 가로줄의 왼쪽을 살펴보면 '3'이라고 숫자가 적혀 있습니다. 이 가로줄을 얘기할 때 는 '3랭크'라고 얘기합니다.

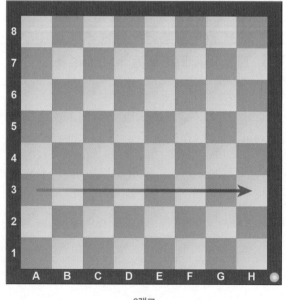

3랭크

체스보드의 64개 자리 중 특정 자리를 얘기하는 방법에 대해 배워봅시다. 앞으로 이 책에서는 특정 자리를 표기할 때 이 방법을 사용합니다. 체스보드의 64칸에는 자리마다 이름이 있습니다. 우리가 사는 곳에도 주소가 있듯이 체스보드 자리도 주소처럼 부를 수 있는 것이죠.

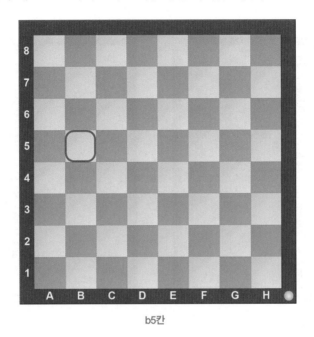

b5칸

체스에서 칸을 얘기할 때는 파일/랭크 순서로 얘기합니다. 위의 그림에서 빨간 칸은 무슨 파일에 위치해 있나요? 바로 'B파일'에 위치하고 있습니다. 그렇다면 빨간 칸은 무슨 랭크에 위치해 있나요? 바로 5랭크에 위치해 있습니다.

파일은 B, 랭크는 5입니다. 파일과 랭크를 붙여서 얘기하면 그 칸을 부르는 명칭이 됩니다. 그렇다면 이 자리는 'b5'라고 부를 수 있습니다. 이렇게 특정 칸을 얘기하는 방법을 '좌표'라고 부릅니다.

이제 여러분이 배운 것을 연습할 차례입니다! 연습 문제를 통해 파일과 랭크, 좌표의 개념을 익혀 보세요.

체스보드에서 랭크는 가로줄, 파일은 세로줄을 의미합니다. 체스보드는 총 8개의 랭크, 8개의 파일로 이루어져 있어요!

정답 및 해설은 p335에서 확인할 수 있습니다.

01 · 문제 · D파일에 선을 그려 보세요.

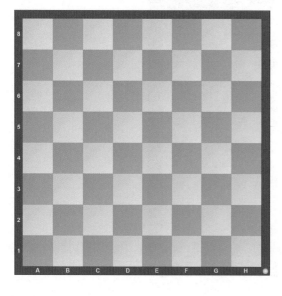

02 · 문제 · 5랭크에 선을 그려 보세요.

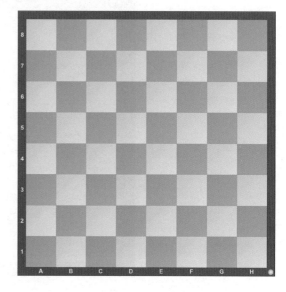

03 · 문제 · A파일에 선을 그려 보세요.

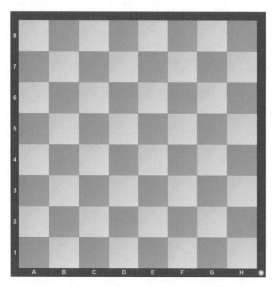

04 · 문제 · 3랭크에 선을 그려 보세요.

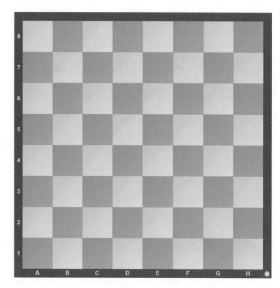

05
·문제·

c6 자리를 찾아서 원으로 표시해 보세요.

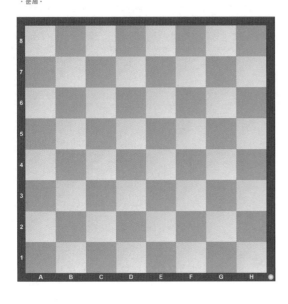

06
·문제·

h1 자리를 찾아서 원으로 표시해 보세요.

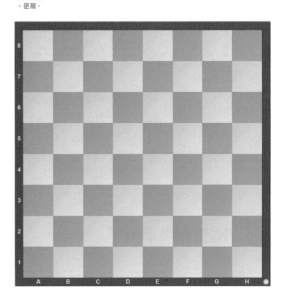

07
·문제·

a3 자리를 찾아서 원으로 표시해 보세요.

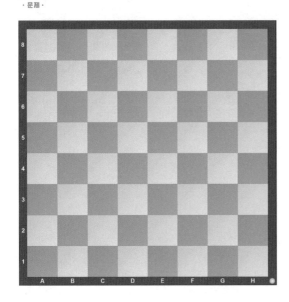

08
·문제·

d7 자리를 찾아서 원으로 표시해 보세요.

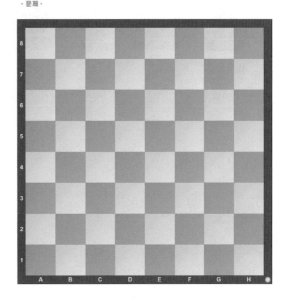

2 | 체스 기물

체스 기물은 각자 특색 있는 움직임을 가지고 있습니다. 각 기물의 종류와 움직임에 대해 알아봅시다.

이 챕터에 배우는 내용
- 체스 시작 포지션 세팅하기
- 체스 기물의 종류와 움직임

기물의 시작 위치

체스 세트는 체스보드와 체스 기물로 구성되어 있으며, 백 진영과 흑 진영으로 2명이 두는 전략 게임입니다. 체스 기물의 색은 백과 흑 진영으로 나누어져 있습니다. 체스보드에 따라 정확히 백과 흑이 아닐 수 있지만, 밝은 쪽을 백, 어두운 쪽을 흑이라고 합니다.

체스 기물의 종류

체스는 누가 먼저 두나요?
체스에서는 항상 백이 먼저 시작하며, 백이 둔 후 흑이 두는 형태로 번갈아서 수를 두게 됩니다.

기물	체스 기보의 기호
킹	K
퀸	Q
룩	R
비숍	B
나이트	N
폰	×(표시 없음)

자, 그렇다면 이제 체스 기물을 체스보드에 배치해 봅시다! 체스보드를 정면에서 바라봤을 때 오른쪽 가장 아래 칸이 밝은 칸이 되게 배치해 주세요. 체스보드를 올바르게 배치했다면 체스 게임을 시작하기 위해 시작 포지션으로 기물을 배치해야 합니다.

포지션(Position)

포지션(Position)은 체스에서 기물들의 '배치, 위치'를 뜻합니다. 시작 포지션은 '기물들이 시작하는 위치'라는 뜻이 됩니다. 체스 대회 중계에서 백이 유리한 상황일 때 '지금은 백에게 좋은 포지션입니다.' 같은 말을 한다면 현재 백에게 유리한 배치라는 뜻이 되겠지요?

체스보드에 랭크 표시가 되어 있다면 1, 2랭크에는 백 기물을, 7, 8랭크에는 흑 기물을 배치합니다. 각자 바라보는 위치에서 가까운 쪽의 랭크를 기준으로 첫 번째와 두 번째 줄에 기물들과 폰을 배치해요.

체스 명언

체스보드는 세계이며, 기물은 세계의 현상이며, 게임의 규칙은 우리가 자연법이라 부르는 것이다.

_ 토마스 헉슬리

01 먼저 룩을 그림과 같이 가장자리에 배치합니다.

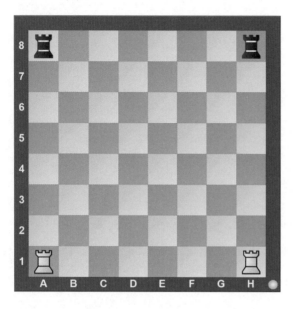

02 룩의 옆에 나이트를 배치합니다.

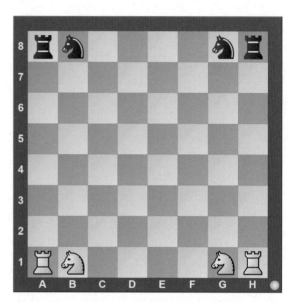

03 나이트 옆에 비숍을 배치합니다.

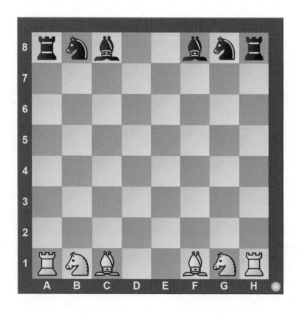

04 퀸은 자신의 진영과 같은 칸에 둡니다. 백의 퀸은 밝은 칸에, 흑의 퀸은 어두운 칸에 두어야 합니다.

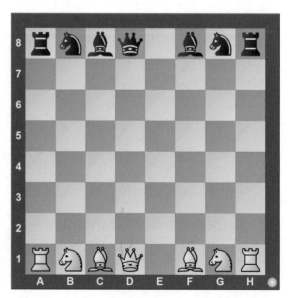

05 킹은 퀸 옆에 배치합니다.

06 폰을 다른 기물들의 앞에 배치합니다. 2랭크에는 백의 폰을, 7랭크에는 흑의 폰을 배치하면 체스를 본격적으로 시작할 준비가 되었습니다!

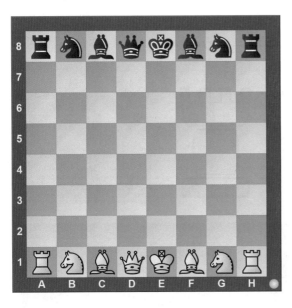

체스를 처음 둘 때 백의 킹과 흑의 킹을 착각하는 경우가 많습니다. 백의 킹과 흑의 킹이 서로 대각선으로 마주 보게 배치해야 한다고 생각하는 경우가 꽤 많아요! 체스 기물을 올바르게 놓는 것이 제대로 된 규칙으로 체스를 두는 데 아주 중요하니 올바른 배치 방법을 꼭 기억해 두세요.

올바른 킹과 퀸의 배치 방법

백 킹: 어두운 칸   **백 퀸:** 밝은 칸

흑 킹: 밝은 칸   **흑 퀸:** 어두운 칸

체스를 두는 턴의 순서

체스는 항상 '백'부터 먼저 시작합니다. 하나의 기물을 움직이는 것이 '한 턴'입니다. 처음에 백이 기물을 한 번 움직이고 나면, 바로 흑의 차례가 됩니다. 흑의 차례에서 기물을 움직이면, 다시 백의 차례가 되지요. 이렇게 각각 한 턴씩 수를 만들어 가며 대국을 지속해 나가면 됩니다. 중요한 것은 체스에서는 턴을 쉴 수는 없어요. 매 수마다 수를 결정해야만 하지요.

직선으로 이동하는 기물: 룩

룩은 탑이나 성처럼 생기기는 했지만 룩의 기원은 전차입니다. 전차를 본뜬 룩이 유럽으로 오면서 유럽 사람들에게 익숙한 성으로 바뀌었습니다. 룩은 체스에서 이동 경로가 긴 장거리 기물 중 하나입니다. 각 진영당 2개의 룩을 가지고 게임을 시작합니다.

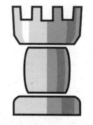 

룩은 직선으로 움직입니다. 위, 아래, 왼쪽, 오른쪽 중 원하는 방향으로 움직일 수 있습니다. 방향을 선택하면 원하는 칸만큼 움직일 수 있습니다. 1칸을 움직여도 되고, 체스보드의 끝까지 움직여도 됩니다.

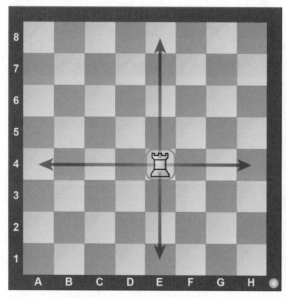

룩의 움직임: 룩은 직선으로만 움직입니다.

움직임 예시: 룩은 e4에서 b4로 이동했습니다.

룩은 다른 기물을 뛰어넘을 수 없습니다. 다음과 같은 상황에서는 백의 e4 룩은 e6에 백의 다른 룩이 있기 때문에 위로는 1칸밖에 움직이지 못합니다.

상대 기물이 이동 경로에 있을 때는 상대 기물이 있는 곳으로 이동해서 상대 기물을 잡을 수 있습니다. 잡은 기물은 체스판의 바깥으로 빼서 제거합니다. 상대 기물을 잡게 되면 체스에서 유리하게 대국을 이끌어 나갈 수 있어요!

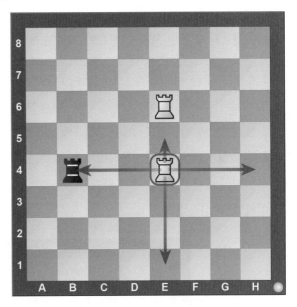

룩은 경로가 막혀 있지 않은 상태라면 움직일 수 있는 경우의 수가 항상 14칸입니다. 중앙에서도, 가장자리에서도 항상 14칸을 움직일 수 있어요.

다음과 같은 형태로 e4에 있는 룩이 왼쪽으로 3칸 이동하면 흑의 룩을 잡을 수 있습니다. 잡은 흑의 룩은 체스보드에서 빼놓습니다.

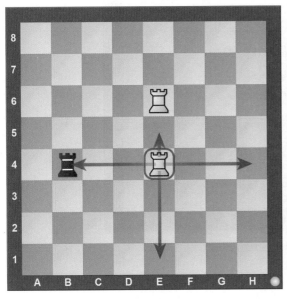

대각선으로 이동하는 기물: 비숍

비숍은 주교를 뜻하는 기물로, 교회의 성직자를 얘기하죠. 체스에서 성직자들의 뾰족한 모자를 비숍이 표현하고 있습니다.

각 진영당 2개의 비숍을 가지고 대국을 시작하며, 비숍은 대각선으로 움직입니다. 대각선으로 움직이기만 한다면 다음과 같이 모든 방향으로 움직일 수 있습니다. 움직이려는 경로가 막혀 있지만 않다면 1칸을 움직일지, 멀리 움직일지 정할 수 있습니다.

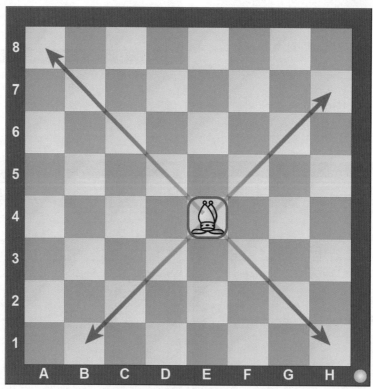

비숍의 움직임: 비숍은 대각선으로만 움직입니다.

오른쪽과 같은 상황에서 e4의 비숍은 왼쪽 상단 대각선에 같은 팀인 b7에 룩이 있기 때문에 d5 혹은 c6으로 이동이 가능합니다. 오른쪽 상단 대각선에는 바로 룩이 있기 때문에 오른쪽 상단으로는 움직일 수 없습니다.

왼쪽 하단 대각선으로는 1칸부터 3칸까지 자유롭게 이동이 가능합니다. 오른쪽 하단 대각선으로는 1칸을 갈 수 있고, 2칸을 움직여서 g2의 흑 룩을 잡을 수도 있습니다. 일반적으로는 상대 기물을 잡는 것이 더 좋습니다.

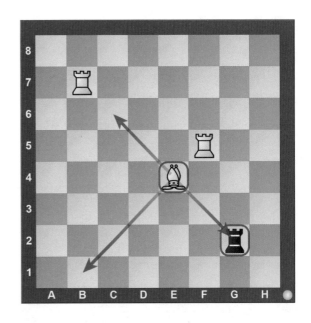

e4의 비숍이 흑의 룩을 잡으면 e4의 비숍이 흑의 룩 위치인 g2로 이동하고, 흑의 룩을 체스보드에서 제거합니다.

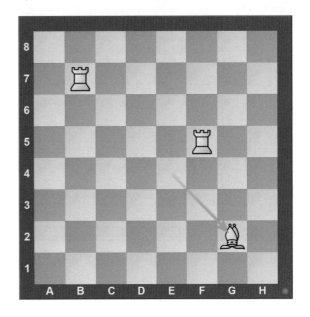

잡은 상대 기물은 보통 그 기물을 잡은 사람이 가지고 있습니다. 백을 잡은 플레이어가 흑의 기물을 잡으면 흑의 기물은 백 플레이어가 가지고 있어요. 잡은 기물을 체스판의 옆에 그냥 두는 경우가 가장 많지만, 체스 선수 중에는 잡은 상대의 기물을 손에 쥐고 생각을 하는 경우도 있습니다.

가장 강력한 기물: 퀸

여왕의 왕관을 형상화한 기물인 퀸은 체스에서 가장 강력한 힘을 가지고 있습니다. 체스에서 퀸이 가장 강력한 활동성을 가지고 있기 때문이에요. 각 진영당 오직 하나의 퀸을 가지고 게임을 시작합니다.

퀸은 비숍과 룩의 움직임처럼 이동할 수 있습니다. 직선과 대각선으로 움직이면서 원하는 방향으로 거리 제한 없이 원하는 칸만큼 움직일 수 있습니다.

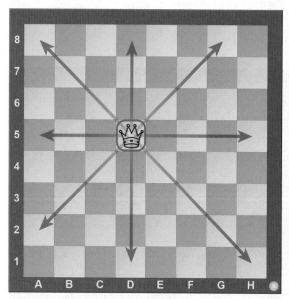

퀸의 움직임: 직선과 대각선으로 움직일 수 있습니다.

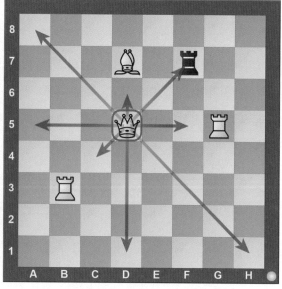

룩, 비숍과 마찬가지로 기물을 뛰어넘을 수는 없습니다.

퀸은 체스에서 가장 강력한 기동성을 가지고 있습니다. 처음에는 퀸의 움직임을 파악하는 데 어려움이 있을 수 있습니다. 퀸을 움직이려 할 때 움직일 수 있는 모든 방향을 고려하며 움직이는 연습을 해 보세요.

상대 기물의 위치에 도착한다면 상대 기물을 잡을 수 있습니다. 잡은 기물은 체스보드에서 제거합니다.

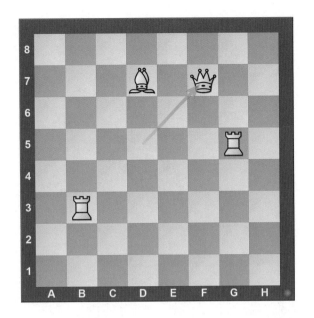

체스에서 퀸은 가장 강력한 기물입니다. 가장 강력한 퀸이 상대에게 잡히지 않도록 항상 조심하세요!

5 가장 중요한 기물: 킹

왕의 왕관을 형상화한 기물인 킹은 체스에서 가장 강력한 기물은 아니지만 게임의 목표와 관련된 가장 중요한 기물입니다. 내 킹을 안전하게 하면서 상대 킹을 공격하여 체크를 걸고, 체크에서 벗어나지 못하게 체크메이트를 만들면 게임에서 승리합니다. 킹도 퀸과 마찬가지로 각 진영당 하나의 킹을 가지고 게임을 시작합니다.

킹은 직선, 대각선 모든 방향으로 움직일 수 있지만 '1칸'만 움직일 수 있습니다.

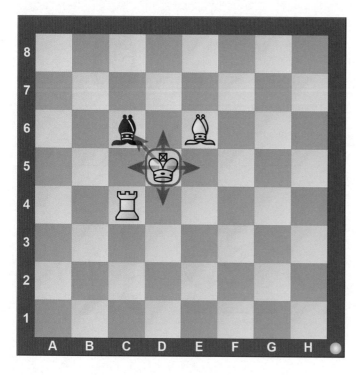

킹도 이동 경로의 도착 지점에 상대 기물이 있다면 잡을 수 있습니다. 같은 편의 기물이 이동 경로의 도착 지점에 있으면 그곳으로 움직일 수 없습니다.

체스에서 킹은 공격받는 자리로 갈 수 없고, 백의 킹과 흑의 킹은 서로를 만날 수 없습니다. 자세한 내용은 p.42를 참고하세요.

특수한 움직임을 가진 기물: 나이트

기사가 말을 타고 있는 것을 형상화한 나이트는 체스에서 가장 특이한 움직임을 가지고 있습니다.

나이트의 이동은 체스를 처음 배울 때 가장 어려워하는 부분입니다. 쉽게 생각하는 방법은 위, 아래, 왼쪽, 오른쪽 중 한 방향을 선택해서 직선으로 2칸을 이동한 후 옆으로 1칸이동합니다. 이 과정이 나이트가 움직이는 한턴입니다.

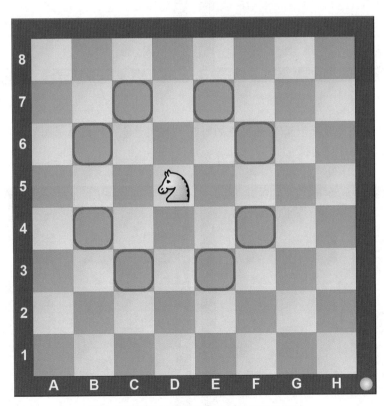

직선, 대각선으로 움직이지 않는 유일한 기물인 나이트

예를 들어 다음과 같이 위로 2칸을 이동했다면, 그다음에는 왼쪽과 오른쪽 중 1칸을 선택해서 이동합니다. 만약 위로 2칸 → 왼쪽을 선택하면 오른쪽 그림과 같이 한 턴에 움직일 수 있습니다.

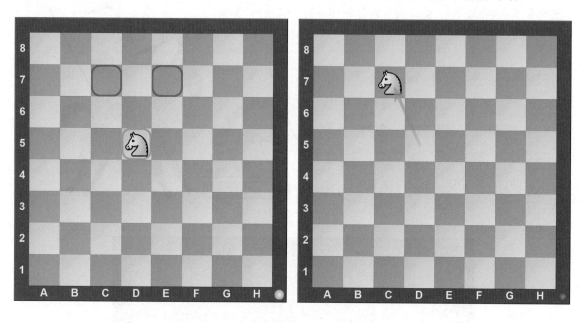

오른쪽으로 2칸을 이동했다면, 그다음에는 위와 아래 중 1칸을 선택해서 움직입니다. 만약 오른쪽으로 2칸 → 아래를 선택하면 오른쪽 그림과 같이 한 턴에 움직일 수 있습니다.

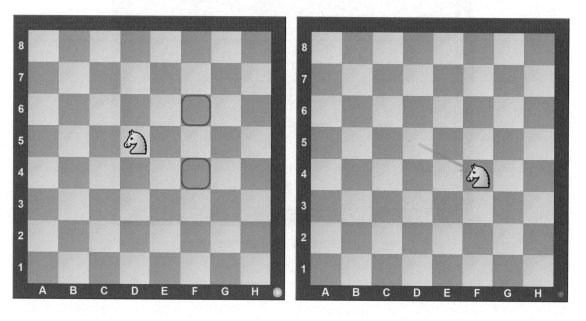

나이트가 가지고 있는 또 하나의 특징은 체스 기물 중 유일하게 기물을 뛰어넘을 수 있다는 것입니다. 나이트는 이동 경로 사이에 있는 기물을 지나쳐서 움직입니다. 자신의 팀, 상대 팀 기물이 이동 경로에 있더라도 모두 뛰어넘을 수 있습니다. 지나치는 곳에 있는 기물은 잡히지 않고, 도착 지점에 상대 기물이 있다면 잡을 수 있습니다.

다음 그림에서 d5의 나이트는 c7의 비숍과 b4의 퀸을 잡을 수 있습니다. 도착 지점에 우리 팀 기물이 있는 곳은 움직일 수 없으므로 e3으로는 움직일 수 없습니다.

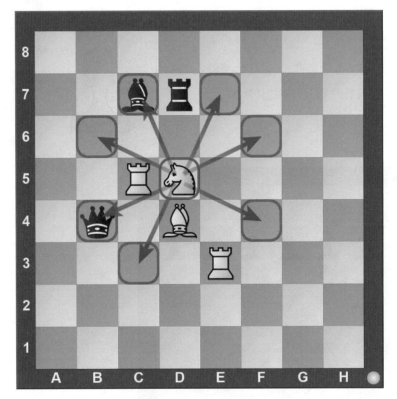

기물을 뛰어넘는 나이트의 움직임

나이트는 이동할 때마다 체스판에서 자신이 위치한 칸의 밝은색은 어두운색으로, 어두운색은 밝은색으로 바꾸는 특징을 가지고 있습니다.

전략적인 게임에 필요한 기물: 폰

체스는 전쟁을 본떠 만든 게임이에요. 체스에서 폰은 전쟁의 병사입니다. 폰 각각의 힘은 체스에서 가장 약합니다. 하지만 그렇다고 폰을 과소평가하지 마세요! 체스 게임 중 중요한 전략적인 요소들은 폰에 의해 결정되는 경우가 많습니다.

각 진영당 8개의 폰을 가지고 게임을 시작합니다. 대국 시작에서 백은 2랭크, 흑은 7랭크에 폰이 배치됩니다. 폰의 가장 주요한 특징은 평소 움직일 때와 상대 기물을 잡을 때의 움직임이 다르다는 것입니다.

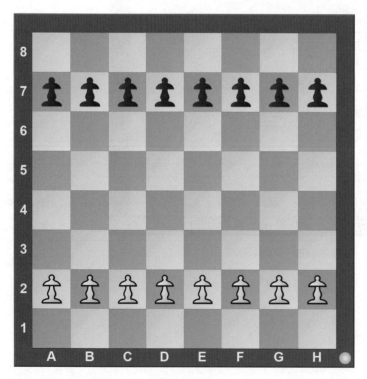

폰의 시작 위치

폰은 앞으로만 움직일 수 있으며, 옆이나 뒤로는 가지 못합니다. 기본적으로는 앞으로 1칸 움직이나, 시작 위치에 있을 경우는 처음부터 2칸 움직일 수 있습니다.

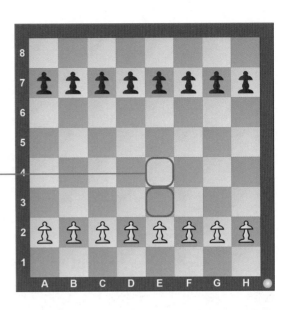

시작 위치에 있는 백의 e2 폰이 움직일 수 있는 경우의 수 = e3, e4

왼쪽과 같이 d2의 폰은 체스 대국의 시작 위치에 있기 때문에 앞으로 1칸 또는 2칸을 움직일 수 있습니다. 반면 f3의 폰은 이미 시작 위치에서 1칸 위에 있기 때문에 앞으로 2칸을 이동하지 못하고 오직 1칸만 앞으로 이동할 수 있습니다.

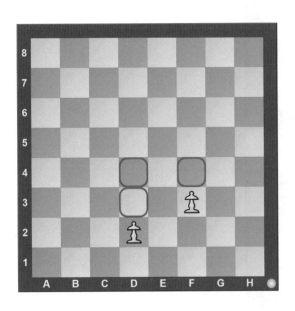

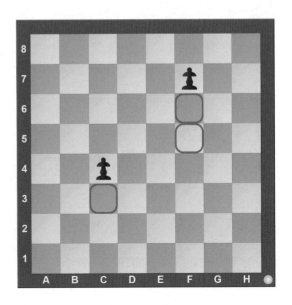

c4의 폰은 시작 위치가 아니기 때문에 1칸 전진할 수 있습니다. f7의 폰은 시작 위치에 있으므로 1칸 또는 2칸 중 선택해서 움직입니다.

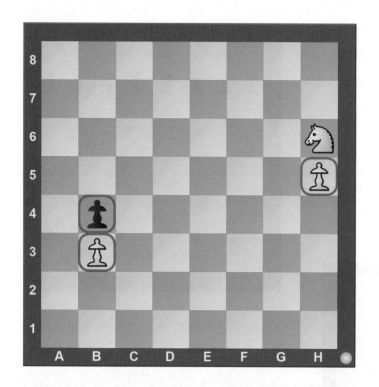

폰은 앞으로 이동하는 이동 경로
에 다른 기물이 있으면 움직이지 못
합니다. 왼쪽 그림에서 폰들은 움직
일 수 없습니다. 앞에 기물이 가로
막고 있기 때문이죠.

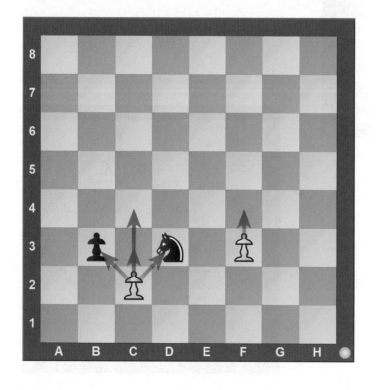

폰은 상대 기물을 잡을 때는 앞쪽
대각선 방향으로 1칸 움직여서 잡을
수 있습니다. 다른 기물들은 이동하
는 경로대로 상대의 기물을 잡을 수
있지만 폰은 이동과 기물을 잡는 이
동이 다릅니다.

폰이 기물을 잡을 때 이동 경로

다음 그림에서 d5의 폰은 앞으로 이동할 수 없습니다. d6에 흑의 폰이 있기 때문입니다. 하지만 오른쪽 대각선 방향 e6으로 한 칸 이동해서 흑의 나이트를 잡을 수 있습니다. c6은 비어 있기 때문에 이동이 불가능합니다.

폰은 체스에서 유일하게 기물을 잡을 때와 잡지 않을 때의 움직임이 다른 기물입니다. 이 점을 유의하면서 폰의 움직임을 배워 보세요!

미니 게임

폰의 움직임을 익힐 수 있는 미니 게임을 시도해 보세요!

① 백과 흑의 폰을 시작 위치에 놓습니다.

② 백부터 시작해서 서로 한 번씩 폰을 움직여서 폰 중 하나가 상대 진영 끝까지 도착하는 쪽이 승리합니다.

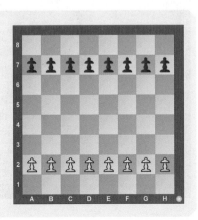

연습문제

01 b2의 룩이 움직일 수 있는 길을 화살표로 표시해 보세요.

· 문제 ·

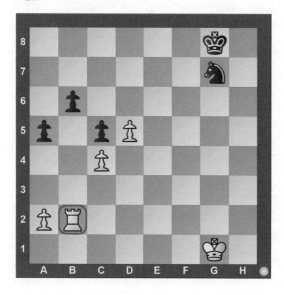

02 c4의 비숍이 움직일 수 있는 길을 화살표로 표시해 보세요.

· 문제 ·

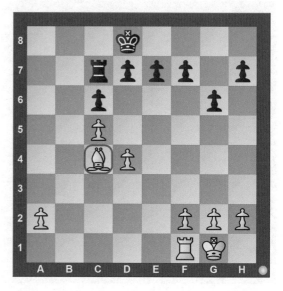

03 d5의 나이트가 움직일 수 있는 길을 화살표로 표시해 보세요.

· 문제 ·

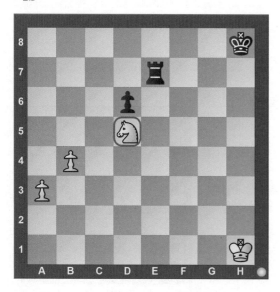

04 c3의 퀸이 움직일 수 있는 길을 화살표로 표시해 보세요.

· 문제 ·

05
· 문제 ·

g1의 킹이 움직일 수 있는 길을 화살표로 표시해 보세요.

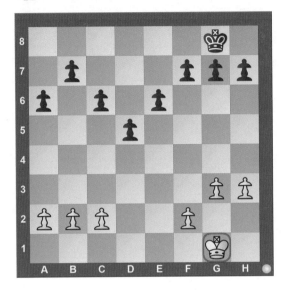

06
· 문제 ·

백의 폰들이 움직일 수 있는 모든 길을 화살표로 표시해 보세요.

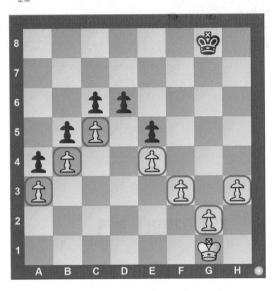

07
· 문제 ·

d4의 나이트가 움직일 수 있는 길을 화살표로 표시해 보세요.

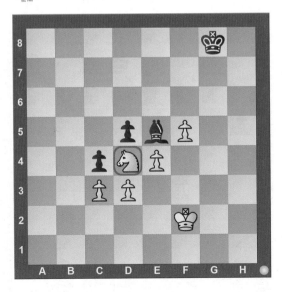

08
· 문제 ·

a1의 나이트를 3번 만에 e6으로 이동하기 위한 경로를 화살표로 표시해 보세요.

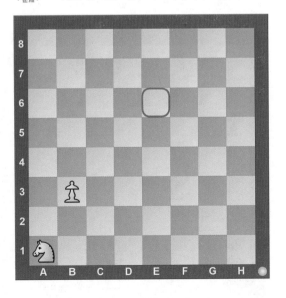

3 | 체크와 체크메이트, 스테일메이트

체스에서 킹은 가장 중요한 기물입니다. 킹을 포위하는 것이 체스의 목적이기 때문이에요. 킹과 관련된 규칙들을 알아봅시다.

이 챕터에서 배우는 내용

- 킹을 공격하는 체크의 개념
- 체스의 목적, 체크메이트
- 무승부가 되는 규칙, 스테일메이트

킹을 공격한다! 체크

체스에서의 목적은 상대 킹을 포위하는 것입니다. 킹을 포위하려면 킹을 공격해서 공격에서 벗어날 수 없게 만들어야 합니다. 킹을 공격하는 개념을 체스에서는 '체크'라고 부릅니다.

다음과 같은 상황에서 백의 차례일 때 퀸을 e5로 움직입니다. 퀸은 대각선으로도 움직일 수 있기 때문에 킹을 다음 턴에 잡을 수 있습니다. '지금 킹이 위험하다!'라는 걸 알려주는 게 체크입니다.

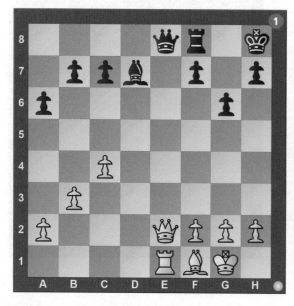

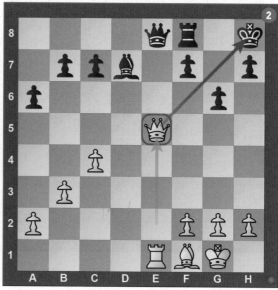

체크에 걸리게 된다면 반드시 체크에 대응해야만 합니다. 체크에 대응하지 않고 다른 수를 두면 반칙이 됩니다. 만약 체크를 인지하지 못하고 체크에서 벗어나지 않는 다른 수를 두면 반칙을 받고, 반칙을 한 수를 되돌린 후 체크를 벗어나는 수를 두어야 합니다.

백의 퀸이 체크를 건 상태에서 흑의 차례입니다. 흑은 c6으로 비숍을 움직이려 했으나 이건 반칙입니다! 체크일 때는 반드시 체크를 벗어나는 수를 두어야 합니다.

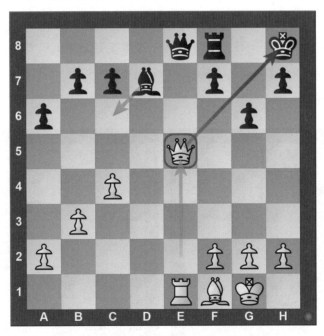

체크가 걸린 상황에서 흑은 비숍을 움직이면 반칙입니다.

체스 대회마다 다르지만 일반적으로 1~3회 반칙을 하면 반칙패가 됩니다. 만약 반칙 수를 두었을 경우에는 체크가 걸렸던 상황으로 다시 돌아가서 체크에서 반드시 벗어나야 합니다. 위와 같은 상황에서는 c6으로 움직였던 비숍을 다시 d7로 움직이고 체크를 막는 수를 두어야 해요.

그렇다면 이 상황에서 체크를 어떻게 벗어날 수 있을까요? 체스에서 체크를 벗어나는 방법은 잡기, 막기, 피하기로 3가지가 있습니다.

먼저 '잡기'는 체크를 걸고 있는 기물을 잡아서 체크 상태를 해소하는 방법입니다. e5에서 체크를 걸고 있는 백 퀸을 e8의 흑 퀸이 잡습니다. 체크를 거는 기물을 잡았기 때문에 흑은 체크 상태에서 안전하게 벗어날 수 있습니다.

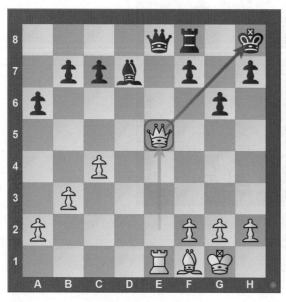
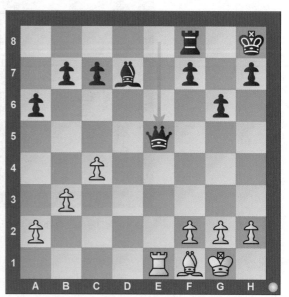

체크 벗어나기: 잡기

'막기'는 체크를 걸고 있는 기물과 체크를 당한 킹 사이의 칸에 기물을 두어서 체크를 막을 수 있습니다. e5에서 체크를 걸고 있는 백의 퀸을 f7에 있는 폰이 1칸 움직여서 길을 가로막습니다. 퀸은 기물을 뛰어넘을 수 없기 때문에 흑은 안전하게 체크에서 벗어났습니다.

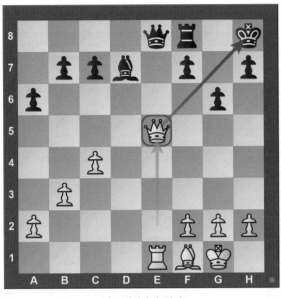 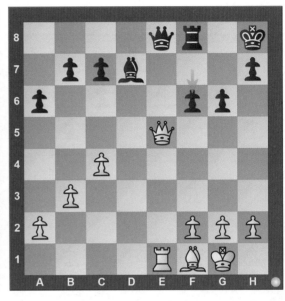

체크 벗어나기: 막기

하나
더

기물을 뛰어넘을 수 있는 나이트가 체크를 건다면 위와 같은 방법으로는 체크를 벗어나지 못합니다.

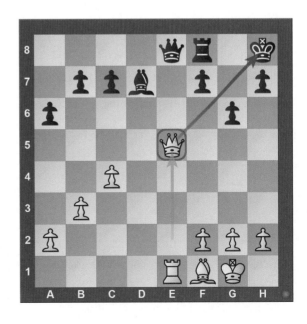

'피하기'는 킹을 움직여 체크를 걸고 있는 기물의 이동 경로를 피해 체크를 벗어납니다. 현재 e5의 백 퀸이 h8의 흑 킹에 체크를 걸고 있는 상태입니다.

e5에서 체크를 걸고 있는 백 퀸의 체크를 흑 킹이 g8로 움직이면서 벗어날 수 있습니다.

그러나 g7로는 이동할 수 없습니다. 킹은 모든 방향으로 1칸씩 움직이니 원래대로라면 g7로 움직일 수 있어야 하지만, 여전히 e5에 있는 백의 퀸에게 공격당하는 체크 상태이기 때문입니다. 체크를 당하는 곳으로 움직이는 것은 반칙입니다.

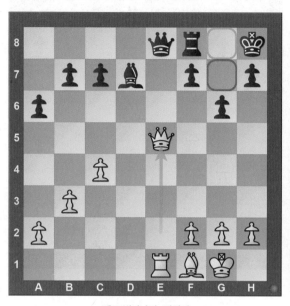 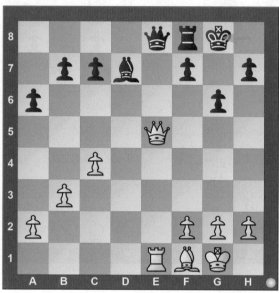

체크 벗어나기: 피하기

오른쪽 그림에서 e4에 있는 흑 킹은 빨간색 자리로는 이동할 수 없습니다. 백의 룩과 퀸에게 체크를 당하는 자리기 때문이에요. 위 혹은 아래인 e3, e5로만 움직일 수 있습니다.

하나 더

체스를 처음 둘 때는 기물의 길이 익숙하지 않기 때문에 반칙수를 둘 때가 많습니다. 항상 나와 상대 기물의 경로를 그려 보며 체스를 두어 보세요!

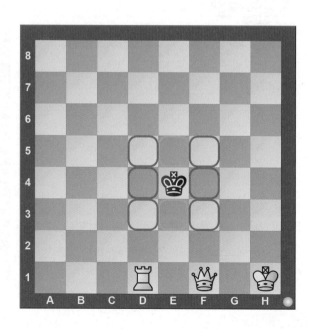

마지막으로 체스에서는 백 킹과 흑 킹은 절대 1칸 차이 이내로 붙을 수 없습니다. 킹끼리 붙으면 서로 체크가 되는 상황이 나옵니다. 일부러 체크가 되는 수는 체스에서는 둘 수 없기 때문에 반칙이 되겠죠.

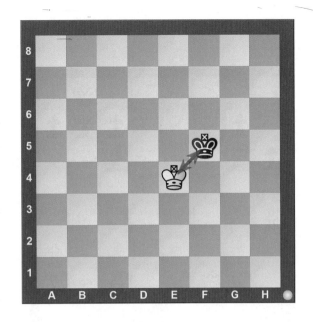

 ## 체스의 목적! 체크메이트

체스에서의 목적은 상대 킹을 포위해서 체크를 벗어날 수 없게 만드는 것입니다. 체크를 걸었을 때 한쪽이 어떤 상황으로도 체크를 벗어날 수 없을 때가 있습니다. 이를 '체크메이트'라고 얘기합니다. 체크메이트를 완성하면 게임에서 승리합니다.

체크메이트의 조건

① 킹이 체크에 걸려 있어야 합니다.
② 체크에 걸린 킹이 움직일 곳이 없습니다.
③ 킹에 대해 체크를 거는 기물을 잡을 수 없습니다.
④ 체크를 거는 기물 사이의 경로를 막을 수 있는 방법이 없습니다.

> **체스 명언**
> 체스보드에서 거짓과 위선은 오래가지 못한다.
>
> _ 에마뉴엘 라스커(2대 세계 체스 챔피언)

01 흑의 차례입니다.

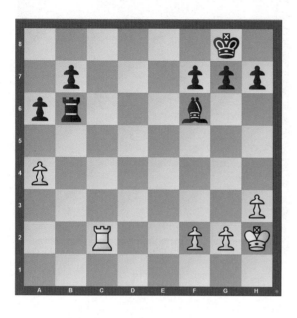

02 흑은 a4의 폰을 잡기 위해 룩을 b4로 움직이
지만 이는 치명적인 실수입니다.

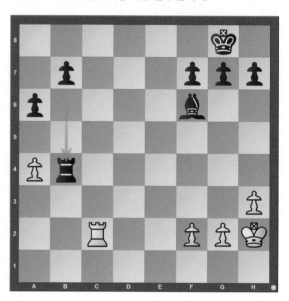

03 c2에 있는 백의 룩이 c8로 이동해서 g8의 킹
에게 체크를 겁니다.

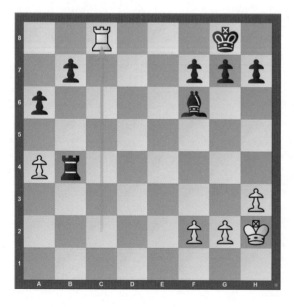

04 흑이 체크를 벗어나는 유일한 방법은 비숍으로
길을 가로막는 것입니다.

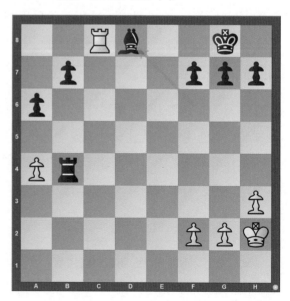

05 c8에 있는 백의 룩이 d7에 있는 흑의 비숍을 잡으며 체크를 겁니다. 흑에게는 이제 체크를 벗어날 수 있는 방법이 없습니다.

킹이 도망갈 수 있는 경로가 없고 룩의 공격 경로를 막을 수 있는 기물도 없으며 룩을 잡을 수도 없습니다. 따라서 백이 게임에서 승리합니다.

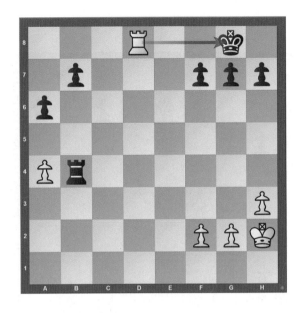

먼저 백의 차례입니다. 다음과 같은 상황에서 백은 b2의 퀸으로 g7 흑의 폰을 잡는 아이디어를 떠올립니다.

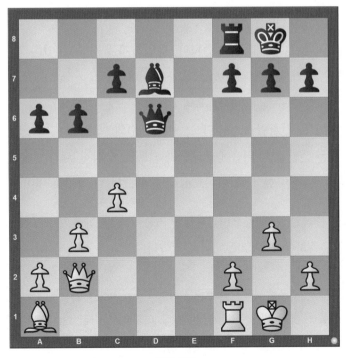

백의 차례

g7의 백 퀸이 흑 킹에게 체크를 걸고 있습니다. 체크메이트가 맞을까요?

체크메이트는 체크에서 벗어날 수 있는 방법이 없는 상황입니다.

체크메이트의 조건을 다시 기억해 봅시다.

① 흑 킹은 체크에 걸려 있습니다.

② 흑 킹은 체크를 벗어나게 이동할 수 없습니다. 유일하게 움직일 수 있는 칸은 h8이지만, 퀸은 대각선으로 움직일 수 있기 때문에 여전히 체크가 됩니다.

③ 흑은 백의 g7 퀸을 잡을 수 없습니다. 흑의 g8 킹은 모든 방향으로 한 칸씩 움직이죠. 따라서 백의 퀸을 잡을 수 있을 것처럼 보이지만 아닙니다. a1의 백 비숍이 g7 퀸을 보호하고 있습니다. 흑의 킹이 g7로 오는 순간 a1의 비숍에게 체크가 되므로 흑 킹이 g7의 퀸을 잡는 수는 반칙입니다.

④ g7의 백 퀸과 g8의 흑 킹은 한 칸 차이이므로 흑은 체크를 길 막기로 벗어날 수 없습니다.

킹이 체크에 걸리고, 움직일 곳이 없으며, 체크를 거는 기물을 잡을 수도 막을 수 없기 때문에 체크메이트의 모든 조건을 충족하는 상황으로 백이 승리합니다.

체스를 처음 배울 때는 체크메이트를 만드는 게 무척 어렵게 느껴질 겁니다. 사실 처음에는 기물의 길이 익숙하지 않기 때문에 체크메이트를 하는 게 어려운 것이 당연합니다. 이 책에서는 다양한 체크메이트 패턴을 설명하고 있습니다. 여러분의 실력이 늘어갈수록 여러분은 유리한 상황에서 체크메이트를 점점 더 손쉽게 만들 수 있게 될 것입니다.

체스에서 이기는 유일한 방법은 체크메이트 뿐인가요?

체크메이트가 체스의 목적은 맞지만 때로는 체크메이트가 아니어도 이길 수 있습니다. 체스에서는 체크메이트 전에 얼마든지 대국을 포기하고 기권할 수 있어요. 한쪽이 기권하면 상대 선수는 게임에 승리합니다. 그리고 체스 대회 경기에서 반칙을 할 경우 한쪽이 실격패가 되어 승리할 수도 있습니다.

스테일메이트! 이게 왜 무승부인가요?

만약 체스에서 체크에 걸린 것은 아니지만 어떤 수도 둘 수 없는 상황이라면 어떨까요? 체스를 처음 배울 때 가장 헷갈리는 규칙 중 하나입니다. 한 턴을 쉬고 상대가 두어야 한다는 사람도 있고, 움직일 수 없으면 진다고 생각하는 분들도 있습니다.

이런 상황을 체스에서는 '스테일메이트(Stalemate)'라고 합니다. 스테일메이트가 되는 순간 대국의 결과는 무승부가 됩니다! 킹이 체크 상태가 아니지만 규칙상 어떤 수도 둘 수 없는 경우에 스테일메이트가 됩니다.

오른쪽과 같은 상황에서 백은 완벽하게 유리합니다. 흑은 고작 폰 2개밖에 남아 있지 않군요. 백은 이 게임을 쉽게 이길 수 있을 것이라 생각합니다.

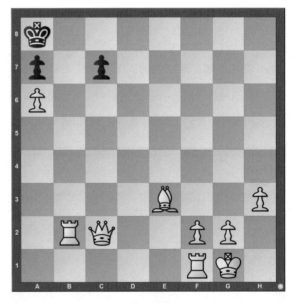

백의 차례

먼저 백은 퀸으로 c7의 폰을 잡습니다.

이제 흑의 차례입니다. 흑은 어떤 수를 둘 수 있을까요? a8의 흑 킹은 어느 곳으로도 움직일 수 없습니다. a7에는 흑의 폰이 있고 b7, b8로 움직이면 체크가 되기 때문에 갈 수 없죠.

물론 a7의 흑 폰도 a6에 백 폰이 있기 때문에 움직일 수 없습니다. 그런데 체크는 걸려 있지 않죠. 이러한 상황을 체스에서는 '스테일메이트'라고 합니다.

백의 입장에서는 억울할 수도 있겠지만 무승부가 됩니다. 이기고 있는 상황이라도 방심하면 안 되는 이유 중 하나죠. 일반적으로는 기물이 유리한 쪽이

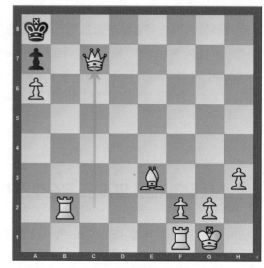

스테일메이트로 무승부

이길 확률이 높지만, 가끔 이렇게 스테일메이트가 만들어지기도 합니다.

만약 백이 퀸으로 c7의 폰을 잡는 대신 c6으로 이동해 체크를 건다면 어떻게 될까요? a8의 흑 킹은 c6의 퀸에게 체크가 걸리게 됩니다. 흑 킹은 b2의 백 룩 때문에 도망갈 곳도 없고 c6의 퀸을 잡을 수도, 체크의 경로를 막을 수도 없습니다. 이렇게 된다면 백이 체크메이트로 이기게 됩니다! 딱 한 칸 차이지만 체크메이트와 스테일메이트, 승리와 무승부로 결과가 바뀌게 됩니다.

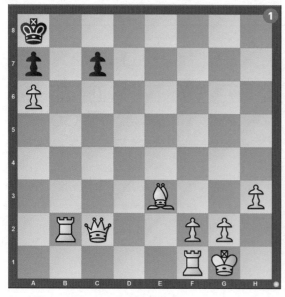

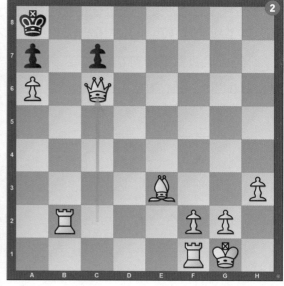

체크메이트 성공 예시

또 다른 무승부 규칙들

합의에 의한 무승부

체스에서 언제나 기권할 수 있듯, 무승부를 상대에게 신청할 수도 있습니다. 무승부를 신청하는 정확한 방법은 내 수를 두고, 상대에게 무승부 의사를 물어보는 것입니다. 그 후에 대국에서 체스 시계를 사용한다면 시계를 눌러야 합니다. 신청한 무승부를 상대방이 동의하면 무승부로 게임은 종료됩니다.

체스에서 서로 확실하게 이길 수 있는 방법이 없는 상황에서 승부가 나지 않을 확률이 높은 경우 보통 무승부를 제안하게 됩니다. 체스 선수들은 두고 있는 상황에 대한 평가가 확실하고 무승부가 되는 상황도 빨리 판단하기 때문에 서로 승부를 볼 승부수가 없는 상황에서는 무승부도 자주 신청합니다.

하지만 체스를 처음 배울 때는 끝까지 두는 것을 추천합니다. 초심자 간의 대국에서는 불리한 상황이라도 끝까지 두다 보면 역전이 되기도 하며, 역전이 되지 않더라도 불리한 상황을 방어하는 과정에서 방어하는 방법, 역전하는 방법을 연습할 수 있기 때문입니다.

아날로그 체스 시계

디지털 체스 시계

체스는 생각하는 시간이 오래 필요하기 때문에 시간제한을 두고 하는 경우가 대부분입니다. 특히 체스 대회 경기라면 대부분 시간제한을 두고 체스 시계를 사용합니다. 체스 시계의 사용법은 시간을 설정하고, 수를 두고 난 다음 시계를 누르면 상대방의 시간이 흐르게 됩니다.

체스의 목적을 정확히 얘기하면 '내 시간이 남은 동안 체크메이트를 만드는 것'입니다. 만약 시간이 0이 되면 패배합니다(상대가 체크메이트를 시킬 수 있는 기물이 남아 있지 않다면 무승부가 됩니다). 요즘은 스마트폰 앱으로도 체스 시계를 사용할 수 있기 때문에 시간제한을 두고 대국해 보는 것을 추천합니다. 보통 친선 대국은 10~15분 시간제한을 많이 사용합니다. 체스 대회는 여러 종류가 있지만 '스탠다드' 형태의 대국은 보통 2시간 이상의 시간제한으로 대국을 진행합니다.

기물 부족

체스에서 체크메이트시킬 수 있는 기물이 부족해서 무승부가 되는 경우가 있습니다. 대부분은 서로 킹을 제외한 기물들이 모두 교환되어 남지 않는 경우 기물 부족 무승부가 됩니다.

오른쪽 그림에서 서로의 킹만 남아 있습니다. 대국은 기물 부족 무승부가 됩니다.

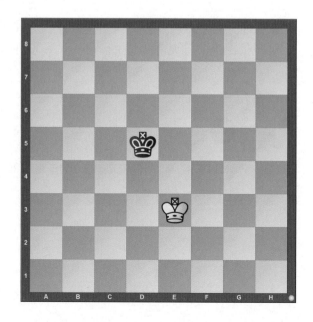

기물 부족 무승부 1

서로 폰이 없다고 가정하면, 하나의 기물만 남아 있을 때는 퀸이나 룩이 남아 있어야 합니다. 만약 킹과 비숍 하나, 킹과 나이트 하나만 남아 있다면 체크메이트가 불가능하기 때문에 자동으로 무승부가 됩니다. 퀸과 룩으로 체크메이트 하는 방법은 p.92를 참고해 주세요.

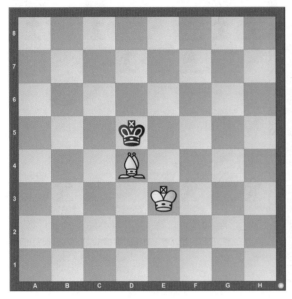

기물 부족 무승부 2

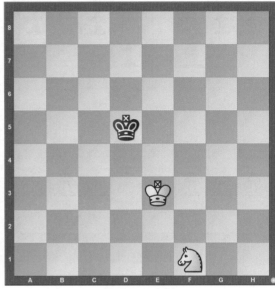

기물 부족 무승부 3

대회마다 구체적인 기준들은 약간씩 다르지만 한쪽이 어떤 수를 두어도, 어떤 모양을 만들어도 체크메이트를 만들 수 없는 형태라면 기물 부족 무승부로 마무리됩니다.

3회의 같은 포지션

같은 포지션이 3번 반복되면 체스에서 무승부가 됩니다.

먼저 백의 차례입니다. 백은 퀸과 6개의 폰이 있고, 흑은 퀸과 룩, 비숍, 5개의 폰이 있습니다. 흑의 기물이 더 많은 유리한 상황입니다. 백의 최선의 수는 체크를 걸면서 같은 포지션을 3번 만드는 것입니다.

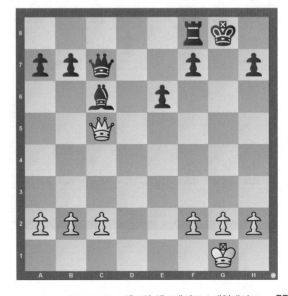

백의 차례

01
백 퀸이 g5로 와서 체크를 겁니다.

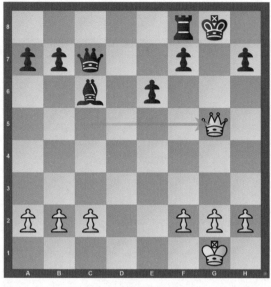

반복 모양 1회

02
흑 킹은 h8로 피할 수밖에 없습니다.

03
백 퀸은 f6으로 와서 체크를 겁니다.

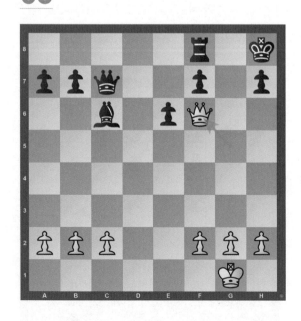

04
흑 킹은 g8로 피합니다.

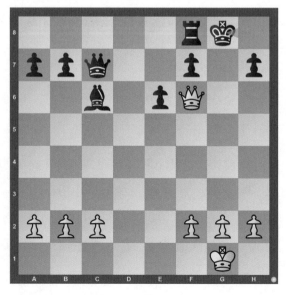

05 백의 퀸은 다시 g5로 와서 체크를 겁니다.

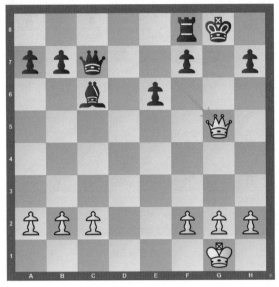

반복 모양 2회

06 흑 킹은 다시 피합니다.

07 다시 백 퀸이 f6에서 체크를 겁니다.

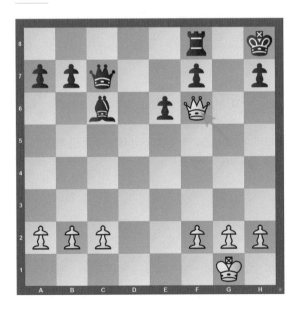

08 흑 킹이 또다시 g8로 피합니다.

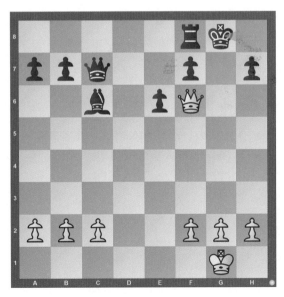

09 여기서 마지막으로 g5에서 체크를 걸면 3번의 반복 모양이 나왔습니다. 백의 차례이면서 모든 기물의 위치가 정확히 같은 모양으로 3회 나오면 백과 흑 모두 무승부를 주장할 수 있습니다. 한쪽이 무승부를 주장하면 무승부로 대국이 종료됩니다.

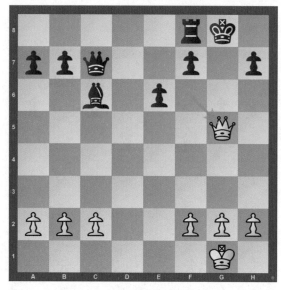

반복 모양 3회

50수 룰

체스에서는 50수 동안 폰이 없거나, 폰이 움직이지 않은 상황에서 기물을 잡지 않으면서 50수가 지나면 무승부를 주장할 수 있는 규칙입니다. 이 규칙은 승리의 가망이 없는 무승부 상황에서 계속 의미없이 수들을 두는 것을 방지하기 위해 만들어졌습니다.

50수 룰이 있기 때문에 체스의 경우 일반적으로 30~80수 정도에 게임이 끝나게 됩니다. 역사상 가장 긴 체스 게임은 269수로, 무승부로 마무리되었고 대국 시간은 20시간 넘게 두어졌다고 합니다.

01
·문제·

흑 차례에서 이 상황은 스테일메이트인가요?

02
·문제·

흑 상황에서 이 상황은 스테일메이트인가요?

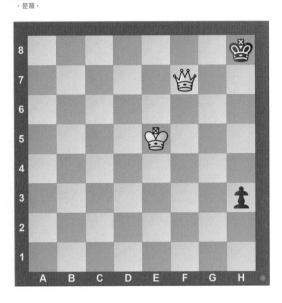

03
·문제·

흑 차례에서 이 상황은 체크메이트가 맞나요?

04
·문제·

흑 차례에서 이 상황은 체크메이트가 맞나요?

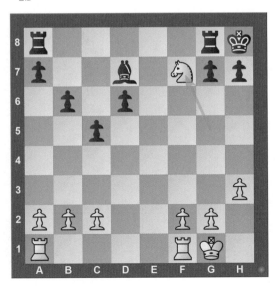

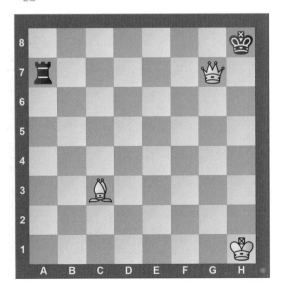

05
· 문제 ·

백 차례에서 이 상황은 스테일메이트인가요?

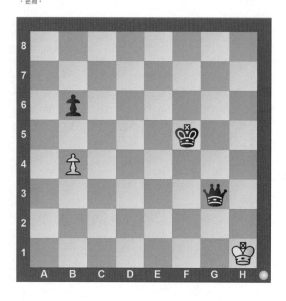

06
· 문제 ·

흑 차례에서 이 상황은 스테일메이트인가요?

07
· 문제 ·

흑 차례에서 이 상황은 스테일메이트인가요?

08
· 문제 ·

흑 차례에서 이 상황은 체크메이트가 맞나요?

4 | 체스의 특수 규칙

이제 체스 대부분의 규칙을 배웠고, 본격적인 대국을 둘 준비가 되었습니다.
여기서 3가지의 특수 규칙만 더 배우면 올바른 규칙으로 체스를 둘 수 있습니다.

이 챕터에 배우는 내용

- 킹의 안전을 도모하는 캐슬링
- 폰의 변신, 프로모션
- 특이한 폰의 움직임, 앙파상

캐슬링

체스는 한 턴에 한 번씩 기물을 움직이는 게임입니다. 보통은 한 턴에 오직 하나의 기물만을 움직일 수 있습니다. 그러나 캐슬링이라는 특수 규칙은 체스에서 유일하게 한 턴에 2개의 기물을 동시에 움직일 수 있어요. 이 규칙은 빠르게 체스의 대국 진행을 하기 위해 고안된 규칙입니다.

체스에서 왼쪽 32칸을 퀸사이드, 오른쪽 32칸을 킹사이드라고 합니다.

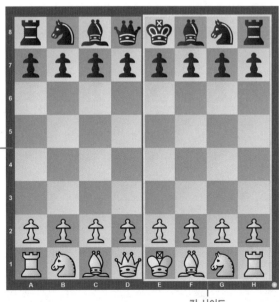

퀸 사이드

킹 사이드

보통 1칸씩 움직이는 킹은 캐슬링할 때 2칸을 움직입니다. 백의 킹을 킹사이드 쪽으로 캐슬링을 진행해 봅니다. 킹을 오른쪽으로 2칸 이동한 다음 룩은 킹을 건너뛰어서 킹의 바로 옆 f1에 위치합니다.

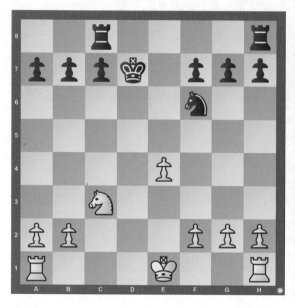

다시 돌아와서 퀸사이드 캐슬링을 시도해 봅니다. 먼저 킹을 왼쪽으로 2칸 움직입니다. 그다음 왼쪽 a1의 룩은 킹을 건너뛰어 백 킹의 바로 옆, d1로 이동하게 됩니다. d1의 룩이 자연스럽게 흑 킹에게 체크를 걸었습니다.

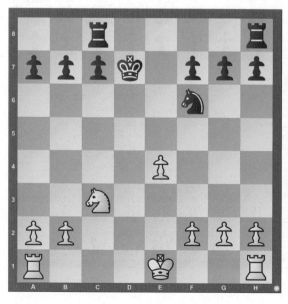
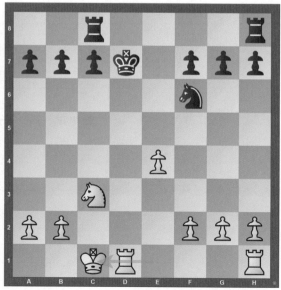

이렇게 한 턴에 킹과 룩을 동시에 움직이는 것이 캐슬링입니다. 보통 캐슬링은 대국 초반에 많이 시도합니다.

킹의 안전을 도모하고, 룩을 빨리 빼면서 전투에 빨리 참여할 수 있게 합니다. 하지만 이렇게 좋은 규칙에는 몇 가지 조건이 있습니다.

캐슬링을 시도하는 진영의 킹과 룩은 한 번도 움직인 적이 없어야 합니다.

다음과 같은 상황에서 흑은 캐슬링을 시도할 수 있을까요? 흑의 킹은 처음 시작할 때 e8에서 시작합니다. 흑의 킹은 이미 d7로 움직였기 때문에 흑은 대국을 진행하며 캐슬링을 시도할 수 없습니다.

다시 원래의 자리로 돌아가더라도 다음 턴에 캐슬링을 시도할 수 없습니다. 킹과 룩이 한 번도 움직이지 않아야 하기 때문에 킹이 움직였다가 시작 위치로 다시 돌아와도 캐슬링은 불가능합니다.

흑은 킹이 움직였기 때문에 캐슬링이 불가능합니다.

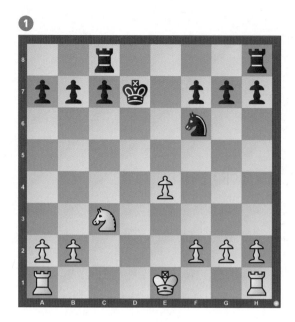

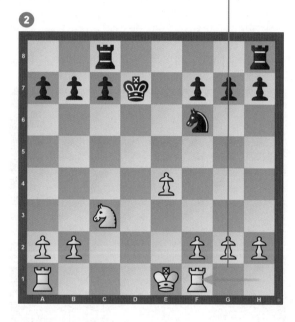

백은 룩을 f1로 움직였습니다.

흑은 a7에 있던 폰을 a6으로 전진시키는군요.

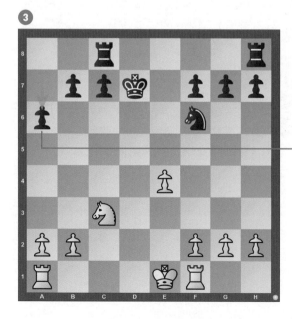

여기서 백은 룩을 다시 원래 자리로 되돌립니다. 다음 차례에 흑은 b7의 폰을 b5로 전진했습니다.

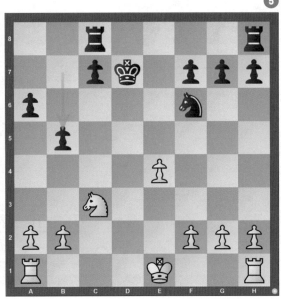

그렇다면 이 상황에서 백은 캐슬링을 어디로 할 수 있을까요?

퀸사이드로만 캐슬링을 할 수 있습니다. h1의 룩은 이미 움직였기 때문에 다시 원래 위치로 돌아오더라도 캐슬링을 할 수 없습니다. a1의 룩은 대국 중 움직인 적이 없고, e1의 킹도 마찬가지로 움직인 적이 없기 때문에 백이 원한다면 퀸사이드 캐슬링을 할 수 있어요.

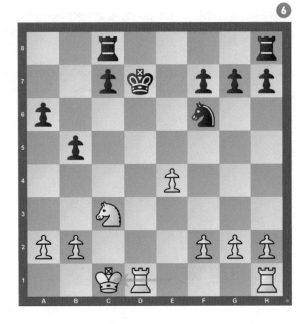

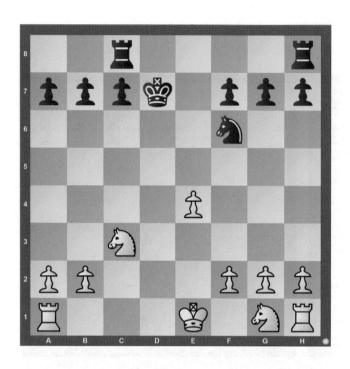

캐슬링을 하려는 킹과 룩 사이의 경로에 어떤 기물도 없어야 합니다.

백은 g1에 나이트가 있기 때문에 킹사이드로는 캐슬링을 할 수 없습니다. 하지만 퀸사이드 쪽은 킹과 룩의 사이에 어떤 기물도 없기 때문에 캐슬링을 할 수 있습니다.

체크 상태에 당했거나 캐슬링 이후 도착하는 지점 혹은 킹이 움직이는 경로가 공격 당한다면 캐슬링을 할 수 없습니다.

캐슬링은 킹과 룩이 움직이는 규칙이기 때문에 '체크를 캐슬링으로 피할 수 있는 것 아닐까?'라는 생각이 들 수 있습니다. 하지만 체크일 때는 캐슬링으로 체크를 벗어날 수 없습니다.

오른쪽과 같은 상황에서 백은 퀸사이드로 캐슬링을 할 수 없습니다. 퀸사이드 캐슬링을 하려면 e1에 있는 백의 킹이 왼쪽으로 2칸을 움직여야 하는데 d1로 흑 퀸이 올 수 있습니다. 이런 경우에는 캐슬링을 할 수 없습니다. 물론 캐슬링을 한 이후에 킹이 체크가 되는 자리여도 캐슬링은 불가능해요.

하지만 킹사이드 캐슬링은 가능합니다. 캐슬링의 모든 조건을 만족하고, 킹이 킹사이드로 이동하는 경로도 공격당하지 않고 있네요.

마찬가지로 백이 오른쪽과 같은 상황에서 퀸사이드 캐슬링을 하게 되면 h6의 흑 퀸에 의해 체크가 됩니다. 체스에서 체크가 되는 수는 둘 수 없기에 이 상황에서는 퀸사이드 캐슬링이 불가능합니다. 킹사이드 캐슬링은 문제없이 할 수 있지만요.

🛡️ 프로모션(승진)

체스에서 폰은 가장 약한 기물이지만, 폰이 상대 진영의 끝까지 이동하면 원하는 기물로 변하게 됩니다. 폰인 상태 그대로 남아 있을 수는 없으며 반드시 프로모션을 해야 합니다. 백은 폰이 8랭크까지, 흑은 폰이 1랭크까지 이동하면 프로모션이 됩니다.

폰을 퀸, 룩, 비숍, 나이트로 바꿀 수 있습니다. 일반적으로는 가장 강력한 기물인 퀸으로 프로모션하는 경우가 대부분이지만 상황에 따라 룩, 비숍, 나이트로 프로모션을 하는 경우도 있습니다.

다음과 같은 상황에서는 폰을 b7에서 b8로 움직이면 프로모션이 됩니다. 백은 가장 강력한 기물인 퀸으로 프로모션합니다.

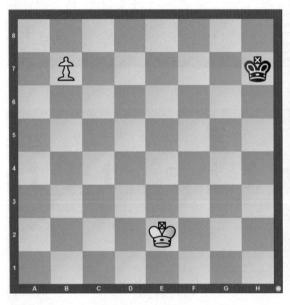 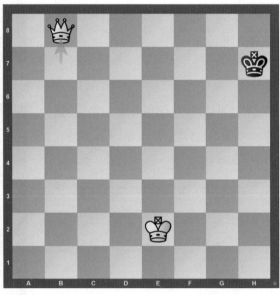

🛡️ 앙파상(En Passant)

앙파상을 영어로 쓰면 'in passing'으로, 번역하면 '지나가다'라는 뜻을 가지고 있습니다. 이 특수 규칙은 자주 나오지는 않지만 반드시 알고 있어야 하는 규칙입니다.

폰이 2칸 움직였을 때 상대편 폰이 바로 옆에 있다면 2칸 움직인 폰을 그 폰의 뒤로 가서 잡을 수 있습니다. 또 상대가 2칸 움직였을 때 바로 다음 턴에 즉시 잡아야만 앙파상이 가능합니다. 만약 이때 다른 수를 둔다면 이미 2칸을 움직인 폰을 잡는 앙파상은 가능하지 않습니다.

다음과 같은 상황에서 백은 폰을 2칸 움직입니다. 흑은 앙파상으로 폰을 잡을 수 있습니다.

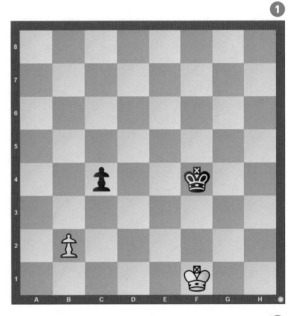

앙파상은 언뜻 보기에는 굉장히 이상한 규칙입니다. 왜냐하면 앙파상을 제외하고는 체스에서 상대 기물을 잡을 때는 잡히는 기물의 위치로 이동하며 잡기 때문이에요. 유일하게 앙파상만 빈자리로 가서 상대를 잡습니다.

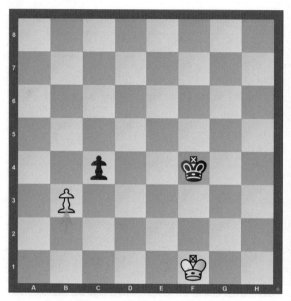 

단순하게 생각한다면 앙파상은 마치 2칸 움직였을 때 상대 폰이 1칸 움직인 것처럼 잡는 것과 같다고 생각하면 이해하기 쉽습니다.

앙파상이라는 특수 규칙이 생겨난 이유는 체스의 발전과 연관이 있습니다. 15세기 초창기 체스에서는 폰은 오직 1칸만 움직일 수 있었습니다. 이후 대국의 템포를 빠르게 하기 위해 폰의 시작 위치에서는 '1칸 혹은 2칸'을 선택하게 바뀌었어요. 폰의 2칸 이동 규칙이 생겨나면서 기존에는 무조건 잡히던 폰이, 2칸 움직여서 안 잡히는 상황이 발생하게 됩니다. 그래서 2칸 움직인 폰도 1칸 움직인 것처럼 가정하고 바로 다음 턴에만 잡을 수 있는 앙파상이 추가되었습니다.

하나 더

앙파상은 체스 규칙 중 모르는 사람이 가장 많은 규칙 중 하나입니다. p.39의 폰 미니 게임을 진행하며 앙파상을 연습해 보세요!

다음과 같은 상황에서 백은 폰을 2칸 움직였습니다. 흑은 폰을 앙파상으로 잡지 않고 킹을 움직였습니다. 백도 킹을 움직입니다.

이 상황에서 c4에 있는 폰이 c3으로 이동해서 앙파상으로 백의 폰을 잡을 수 있을까요?

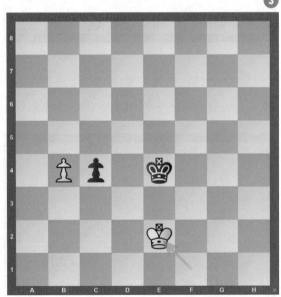

상대 폰이 2칸 움직인 바로 다음 턴에 앙파상을 해야 합니다. 바로 앙파상을 하지 않고 킹을 움직였기 때문에 앙파상은 불가능합니다.

다음과 같은 상황에서 백은 b2의 폰을 b4로 이동합니다. 흑은 킹을 g5로 이동하지요. 이제는 앙파상으로 b4를 잡을 수 없습니다.

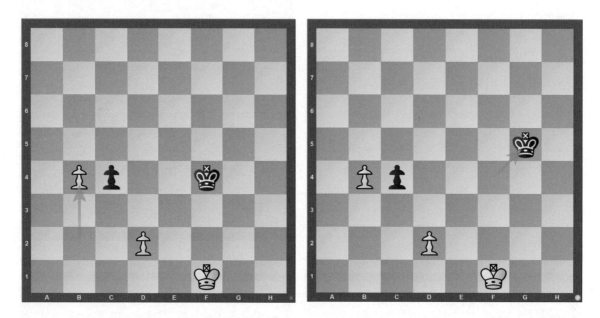

이때 백이 d4로 폰을 이동하는군요. 흑은 앙파상으로 b4의 폰을 잡을 수 없지만, 바로 전 턴에 백이 d4로 이동했기 때문에 d4의 폰을 앙파상으로 잡을 수는 있습니다.

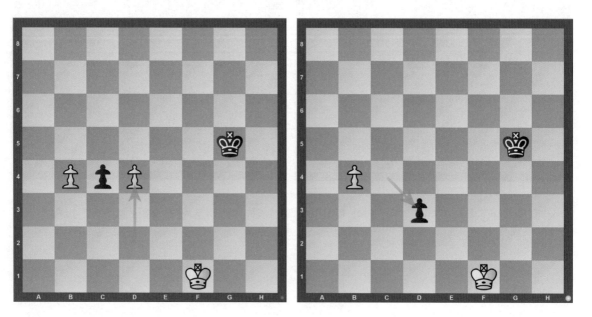

01 · 문제 ·

백은 킹사이드 캐슬링이 가능한가요?

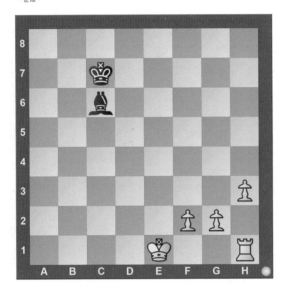

02 · 문제 ·

백은 킹사이드 캐슬링이 가능한가요?

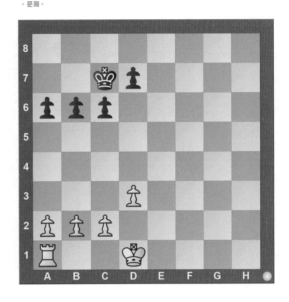

03 · 문제 ·

흑은 캐슬링이 가능한가요?

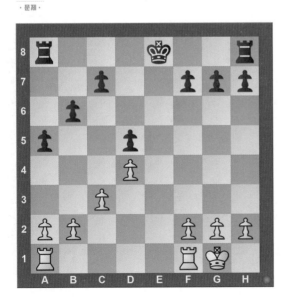

04 · 문제 ·

흑은 캐슬링이 가능한가요?

05
·문제·

다음과 같은 상황에서 백의 최선의 수는?

06
·문제·

다음과 같은 상황에서 흑은 어떤 기물로 프로모션하는 것이 좋을까요?

07
·문제·

백이 g파일의 폰을 g4로 2칸 움직인다면 흑은 앙파상으로 폰을 잡을 수 있나요?

08
·문제·

백이 만약 d파일의 폰을 1칸 위로 움직인다면 흑은 앙파상으로 폰을 잡을 수 있나요?

5 | 체스 기보를 읽고 쓰는 방법

체스의 발전은 체스의 기보가 없었다면 불가능했을 것입니다. 700년 전의 체스 기보도, 역사에 남을 유명한 명경기들도 체스 기보에 대해 배우면 쉽게 감상할 수 있습니다.

이 챕터에서 배우는 내용
- 체스 기보에서 기물을 표기하는 방법
- 각종 기호와 좌표를 이용해 수를 표기하는 방법

체스의 역사는 1500년 정도라고 추측되며, 현대 체스의 규칙이 정립된 지도 600년 이상이 되었습니다. 우리는 지금까지도 과거에 펼쳐졌던 수많은 명경기를 살펴볼 수 있습니다. 전 세계의 체스 플레이어들은 인터넷으로 쉽게 과거 체스 선수들의 명경기를 찾을 수 있습니다. 이런 것이 어떻게 가능할까요?

전 세계 체스 챔피언 바비 피셔와 미구엘 나이도프의 1970년 대국 기보
Photo: Michael L. Kaufman, 출처: commons.wikimedia.org/wiki/File:Fischer_Score_Card.jpg

체스 기보를 통해 많은 경기가 기록되어 왔기 때문입니다. 여러분은 과거의 명경기를 다시 볼 수 있고, 여러분의 대국 또한 기록할 수 있습니다. 무엇보다도 이 책을 더 쉽게 읽을 수 있도록 도와줍니다. 체스 기보야말로 체스를 두는 사람들이 반드시 익숙해져야 할 언어입니다.

기물의 표기	
킹(King)	약자 K
퀸(Queen)	약자 Q
룩(Rook)	약자 R
비숍(Bishop)	약자 B
나이트(Knight)	약자 N
폰(Pawn)	약자 P(폰의 약자는 대부분 사용하지 않습니다)

수를 기록하는 기호	
x	잡기
+	체크
#	체크메이트
0–0	킹사이드 캐슬링
0–0–0	퀸사이드 캐슬링
?	나쁜 수
??	아주 나쁜 수
!	좋은 수
!!	아주 좋은 수
!?	흥미로운 수
?!	의심스러운 수

모든 기보를 적을 때는 몇 번째 수인지를 표시합니다. 예를 들어 첫 번째 수라면 1. (백의 수) (흑의 수) 두 번째 수라면 2. (백의 수) (흑의 수)로 표시합니다. 체스에서는 백과 흑이 둘 다 수를 두었을 때를 '한 수'라고 얘기합니다.

이 책에서 '1.'으로 표시된 수는 백의 첫 번째 수, '1...'으로 표시된다면 흑의 첫 번째 수라는 뜻입니다. 기보를 작성할 때는 다음 순서를 따르며, 괄호 표시는 적어야 하는 상황에서만 적습니다.

> 움직이는 기물을 표시합니다 + (만약 특정 칸으로 움직일 수 있는 같은 기물이 여러 개라면 움직이는 기물의 파일과 랭크를 표시) + (만약 기물을 잡는다면 소문자 x를 추가) + 움직이는 칸을 적습니다 + (체크나 체크메이트가 되었다면 끝에 기호를 추가합니다)

이렇게만 보면 이해하기 어렵죠? 실제 기보 예제를 통해 어떻게 기보를 읽는지 살펴봅시다. 여러분의 체스판을 배치해 두고 체스 기물을 직접 움직이면서 기보를 따라해 보면 기보와 더 빠르게 익숙해질 수 있습니다.

1.f3?: 폰을 움직일 때는 기물 기호를 적지 않습니다. 폰이 도착하는 자리를 적습니다.

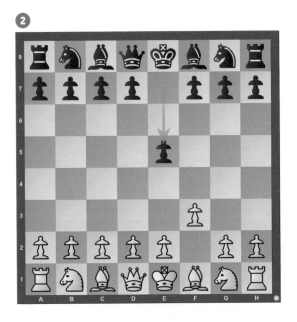

1...e5: 흑은 킹 앞의 폰을 2칸 이동했습니다.

2.g4??: 폰이 움직였기 때문에 기물 기호 없이 도착한 자리를 적습니다(이 수는 최악의 수이기 때문에 아주 나쁜 수를 의미하는 '??' 기호를 붙여 줍니다).

2...Qh4#!: 퀸이 움직였기 때문에 제일 앞에 퀸의 기물 기호인 'Q'를 작성합니다. 그 후에 움직인 자리 'h4'를 표시합니다.

백의 킹은 체크에서 벗어날 수 없으므로 흑이 체크메이트로 대국을 승리합니다. 체크메이트의 표시인 '#'을 붙여 줍니다(마지막으로 이 수는 좋은 수이기 때문에 '!' 기호를 붙였습니다).

이 체크메이트는 체스에서 가장 빠르게 2수 만에 끝나는 방법입니다. 이렇게 f 폰을 초반부터 움직이는 것은 아주 위험합니다. 백이 이렇게 둔다면 아주 큰 실수를 한 것이기 때문에 이를 '바보의 메이트(Fool's Mate)'라고 부르죠.

다음으로는 체스에서 초보자 간의 대국에서 자주 나오는 '철학자의 메이트(Scholar's Mate)'를 살펴보면서 기보를 연구해 봅시다.

1.e4 e5: 각자 중앙의 폰을 2칸씩 움직였습니다.

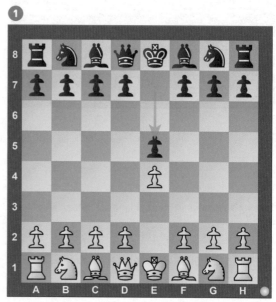

2.Bc4 Nc6: 백은 비숍을 움직였기 때문에 비숍의 약자인 'B', 흑은 나이트를 움직였기 때문에 앞에 'N'을 붙여 줍니다. 그 후 이동하는 칸을 적습니다.

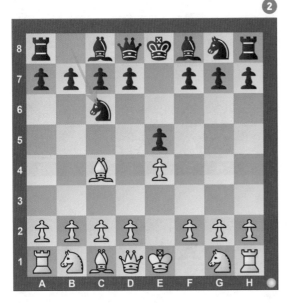

3.Qh5 Nf6??: 백은 퀸이 'h5'로 갔기 때문에 Qh5로 표시합니다. 흑은 나이트를 'f6'으로 움직였기 때문에 Nf6으로 표시합니다.

4.Qxf7#: 백은 퀸으로 f7에 있던 흑 폰을 잡으며 체크를 겁니다. 흑 킹은 백의 퀸을 잡으면 c4의 비숍에 의해 체크가 되기 때문에 퀸을 잡을 수 없습니다. 흑 킹은 체크에서 벗어날 방법이 없기 때문에 체크메이트로 백이 승리합니다.

퀸이 움직였기 때문에 'Q', 상대의 기물을 잡았기 때문에 'x', 'f7'로 움직였고, 체크메이트가 되었기 때문에 기보 표시는 'Qxf7#'으로 작성합니다.

1.e4 e5 2.Nf3 Nc6 3.Bc4 Bc5: 체스에서 자주 나오는 유명한 오프닝 '지우코 피아노(Guicco Piano)'의 모양입니다.

이때 백이 캐슬링을 할 때는 어떻게 표시할까요? 킹사이드 캐슬링은 **4.0-0**으로 표시합니다.

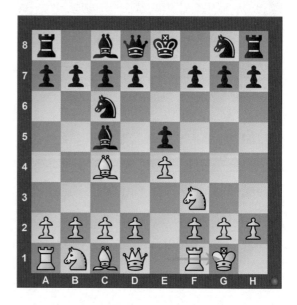

체스 오프닝의 이름

체스에는 초반 백과 흑의 수순의 조합에 따라 부르는 이름이 있습니다. 오프닝의 이름은 다양하게 붙여집니다. 인물의 이름을 따서 지어지는 경우(Alekhine Defence, Nimzo-Larsen Attack, Caro-Kann 등)도 있고, 지역 이름을 따서 지어지는 경우(French Defence, Scandinavian Defence 등)도 있습니다.

만약 이동해야 하는 칸에 갈 수 있는 같은 종류의 기물이 여러 개인 경우 기존과 같이 기보를 적으면 정확히 어떤 기물이 이동했는지 모를 때가 있습니다. 다음과 같은 상황에서 룩이 비숍을 잡는다고 해보죠. 기존처럼 Rxa4로 표시한다면 a2에 있는 룩이 비숍을 잡았는지, a6에 있는 룩이 비숍을 잡았는지 알 수 없게 됩니다.

이런 상황에서는 움직이는 기물의 파일 혹은 랭크를 표시합니다. 현재 2개의 룩은 둘 다 a파일에 있기 때문에 파일로는 구별이 되지 않아 랭크를 이용해 구별합니다. a2의 룩이 나이트를 잡는다면 'R2xb4', a6에 룩이 나이트를 잡는다면 'R6xb4'의 형태로 표시합니다.

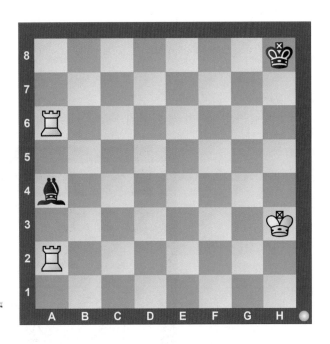

오른쪽 그림에서 백의 룩 2개가 모두 1랭크에 있군요. 위치한 파일은 다르기 때문에 나이트를 잡는 기보의 표시는, a1의 룩이 나이트를 잡으면 'Raxc1', f1의 룩이 나이트를 잡으면 'Rfxc1'로 표시합니다.

앞으로 이 책의 내용은 체스 기보를 통해 여러분이 빠르게 기물의 움직임을 파악할 수 있도록 작성됩니다.

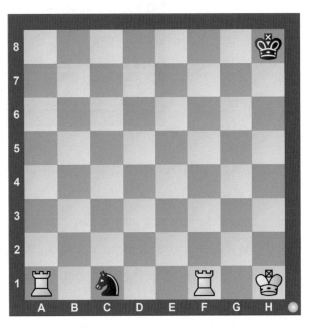

폰이 기물을 잡을 때의 움직임을 기록하는 것은 특별한 규칙을 가지고 있습니다.

폰이 기물을 잡을때의 움직임을 기록하는 방법은

① 움직이는 폰이 위치한 파일을 소문자로 적습니다.

② 상대 기물을 잡는 표시를 소문자 x로 적습니다.

③ 움직인 자리를 적습니다.

④ 만약 프로모션을 한다면 대문자로 프로모션 하는 기물의 기호를 그 뒤에 적습니다.

⑤ 폰을 움직인 수가 체크라면 +, 체크메이트라면 #을 추가합니다.

다음과 같은 상황에서 백은 d4의 폰으로 e5의 흑 폰을 잡고 싶어합니다. 이 수를 어떻게 기록할까요?

① d4의 폰이 움직였기 때문에 움직이는 폰이 위치한 파일을 적습니다. d파일에 있는 폰이기 때문에
    먼저 'd'를 적습니다.

② 그 후 이 수는 상대 폰을 잡기 때문에 잡는다는 표시인 'x'를 추가합니다.

③ 마지막으로 폰은 e5로 이동하기 때문에 'e5'를 추가합니다.

④ 이 움직임을 적는 방법은 'dxe5'와 같은 형태가 됩니다.

그렇다면 프로모션을 할 때는 어떻게 기보를 기록할까요? 프로모션을 할 때는 먼저 폰이 움직이는 칸을 적고 그 뒤에 프로모션하는 기물의 종류를 대문자로 기록합니다.

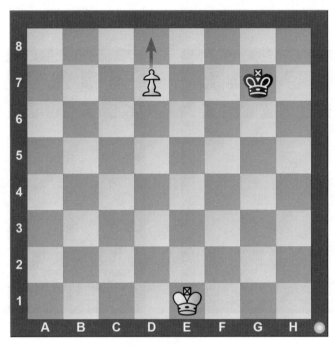

백의 차례

위와 같은 상황에서 백이 폰을 d8로 이동해서 퀸으로 프로모션한다면 'd8Q'로 표시합니다.

01 ·문제·
다음과 같은 움직임을 체스 기보로 작성해 보세요.

02 ·문제·
다음과 같은 움직임을 체스 기보로 작성해 보세요.

03 ·문제·
백은 퀸사이드로 캐슬링을 할 예정입니다. 퀸사이드 캐슬링의 기보를 작성해 보세요.

04 ·문제·
다음과 같은 움직임을 체스 기보로 작성해 보세요.

05 · 문제 · 다음과 같은 움직임을 체스 기보로 작성해 보세요.

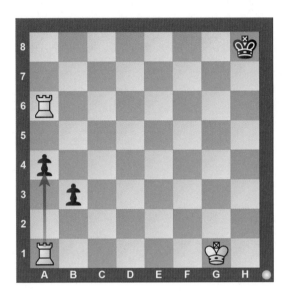

06 · 문제 · 백은 다음과 같이 움직이면서 퀸으로 프로모션을 할 예정입니다. 이 움직임을 체스 기보로 작성해 보세요.

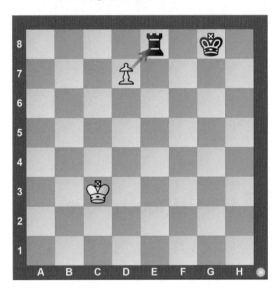

07 · 문제 · 흑의 폰은 d5로 움직이고, 백은 앙파상으로 폰을 잡는 수를 기보로 작성해 보세요.

08 · 문제 · 다음과 같은 움직임을 체스 기보로 작성해 보세요.

6 | 체스의 에티켓

이제 체스에 대한 모든 규칙을 익혔으니 여러분은 실제 대국을 둘 수 있습니다.
체스는 두 사람 간의 대국이기 때문에 체스 대국에서 반드시 지켜야 할 에티켓에 대해 알아봅시다.

이 챕터에서 배우는 내용
- 만진 기물은 반드시 움직여야 하는 터치 무브
- 체스의 예절

터치 무브(Touch Move)

자신의 차례 때 자신의 기물에 손이 닿았는데, 그 기물이 규칙상 움직일 수 있다면 손을 댄 기물을 반드시 움직여야 합니다.

백은 b4의 흑 비숍에게 체크를 당하고 있는 상황입니다. 백은 체크를 벗어날 수 있는 다양한 방법이 있지만, 만약 백이 자신의 차례에서 d1의 퀸을 손으로 잡았다면 d1의 퀸을 움직여서 체크를 막을 수 있기 때문에 터치 무브 규칙상 'Qd2'로 움직여야 합니다.

물론 퀸이 막으면 흑의 비숍에게 퀸이 잡히겠지만 어쩔 수 없습니다. 이 터치 무브 규칙은 모든 체스 대회에 적용되는 규칙이자 에티켓입니다.

만약 상대의 기물을 내 차례에 만졌다면, 잡을 수 있는 경우에는 반드시 잡아야 합니다. 흑은 백의 d5 폰이 자신의 손에 닿았다면 규칙상 이 폰을 잡을 수 있으므로 반드시 잡아야 합니다.

이 포지션에서는 d7의 룩이 d5의 폰을 'Rxd5'로 잡을 수 있습니다.

만약 백이 g2의 룩을 만진 경우에는 터치 무브 규칙이 적용되지 않습니다. g2의 룩이 움직이면 체크에 걸리고, 체스에서는 내 킹이 체크가 걸리게 되는 수를 둘 수 없습니다. 규칙상 둘 수 없는 수이므로, 룩이 움직이는 대신 다른 수를 두면 됩니다.

마찬가지로 a1의 비숍을 손으로 잡았더라도 이 비숍은 체스 규칙상 움직일 수 없으므로 비숍 대신 다른 기물을 움직여도 됩니다.

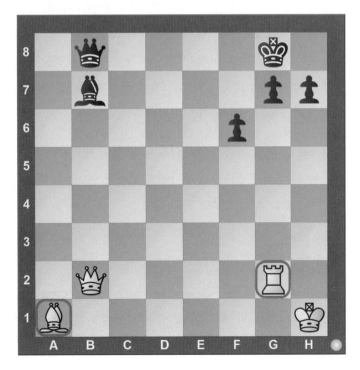

내가 손으로 잡은 기물을 움직이고 나서 손을 떼면 체스에서는 수가 완료된 것이며, 그 수는 다시 변경할 수 없습니다. 손에 기물을 쥔 상태라면 기물이 갈 수 있는 어느 칸이든 이동할 수 있지만, 일단 손을 떼고 나면 이제는 상대 차례가 되는 것이죠.

이것이 체스에서 신중함이 중요한 이유입니다. 실수해도 바꿀 수 없기 때문에 수를 결정하고 실제로 두기 전에 신중하게 내가 실수하지 않았는지를 고려하는 것이 좋습니다.

체스의 인사 방법

체스 대국을 시작할 때, 그리고 대국이 끝날 때 서로 악수를 합니다. 대국이 끝날 때 진 쪽이 악수를 청하면서 '기권하겠습니다'라고 얘기합니다. 숙련된 체스 플레이어들은 '기권하겠습니다'를 얘기하지 않고 시계를 멈춘 다음 악수를 청하는 경우가 대부분입니다. 숙련된 플레이어들은 이기고 있는지, 지고 있는지를 서로 명확하게 알고 있기 때문이에요.

만약 무승부를 신청하고자 한다면 반드시 수를 두고, 무승부를 제안해야 합니다. 체스 시계를 사용한다면 수를 두고, '무승부를 제안합니다'라고 얘기하고 시계를 눌러야 하지요. 무승부를 받을지, 받지 않을지는 제안을 받은 상대가 자신의 차례 동안 선택할 수 있습니다. 만약 무승부 제안을 수락한다면 서로 악수를 하며 대국이 마무리되며, 무승부 제안을 거절하는 방법은 다음 수를 두면서 대국을 계속 이어가고 싶다는 것을 표시하면 됩니다.

대국을 둘 때는 얘기를 하지 않고 두는 것이 예의입니다. 체스는 집중력이 많이 필요한 게임이다 보니 얘기를 하는 것이 상대방의 생각에 방해가 될 수 있기 때문이에요.

체스 대회에서 악수하는 것은 매우 중요시됩니다. 세계체스연맹의 규정에는 모든 선수들은 악수하는 것이 권장되며, 만약 상대 선수의 악수를 거절하는 경우에는 실격될 수 있다고 명시되어 있습니다.

7 | 기초 체크메이트 패턴

체스를 처음 배울 때 가장 어려운 점은 유리한 상황에서 상대 킹을 체크메이트로 만드는 것입니다. 이 챕터에서 기초 끝내기 패턴에 익숙해진다면 여러분은 어떻게 유리한 상황에서 확실히 이길 수 있는지를 배울 수 있습니다.

이 챕터에서 배우는 내용
- 계단 메이트
- 킹+퀸 vs. 킹 체크메이트
- 킹+룩 vs. 킹 체크메이트

계단 메이트

룩 2개, 혹은 퀸 1개, 룩 1개보다 더 많게 상대보다 유리하면 쉽게 승리할 수 있습니다. 바로 계단 메이트를 이용하면 됩니다! 왼발, 오른발 차례차례 계단을 올라가는 것처럼 룩으로 상대 킹을 포위할 수 있습니다.

1.Rb4+: 룩을 3랭크와 4랭크에 연속으로 배치하며 체크를 겁니다. 흑의 킹은 5랭크로 갈 수밖에 없어요.

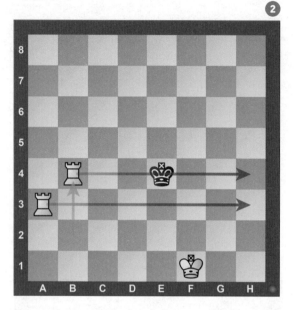

1...Kd5: 여기에서는 어떤 룩으로 체크를 걸어야 할까요? 바로 a3의 룩으로 체크를 걸어야 합니다. 우리는 흑 킹을 위로 움직이게 하여 포위하고 있습니다. b4의 룩을 b5로 움직이면 흑 킹은 다시 아래쪽으로 내려올 것입니다.

a3의 룩을 '왼발', b4의 룩을 '오른발'이라고 생각해 보세요. 아까 오른발이 움직였으니까, 이제는 왼발이 움직일 차례겠지요?

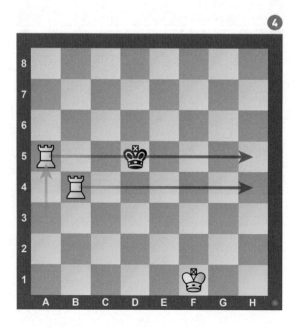

2.Ra5+: 4랭크와 5랭크를 포위합니다. 흑 킹은 6랭크로 올라갈 수밖에 없습니다.

2...Kc6: 이때 백이 만약 Rb6을 두면 킹에게 룩이 잡히게 됩니다. 2개의 룩의 랭크를 유지하며 반대편으로 보내 줍니다. 지금은 왼쪽에 룩이 있으니 오른쪽으로 보내 주면 됩니다.

오른쪽으로 보낼 때 두 룩의 파일을 겹치지 않게 보내는 것이 빠르게 체크메이트를 노릴 수 있습니다. 룩의 파일이 겹치게 되면 룩의 이동이 제한되기 때문이에요.

상황에 따라 상대 킹을 위쪽, 아래쪽, 왼쪽, 오른쪽으로 모는 것을 선택하면 됩니다. 모든 상황에서 2개의 룩으로 체크메이트를 성공할 수 있도록 연습해 보는 것을 추천합니다.

3.Rh4 Kb6 4.Rg5 Kc6 5.Rh6+: 5랭크와 6랭크를 포위하며 체크를 겁니다. 흑 킹은 7랭크로 올라가야 합니다.

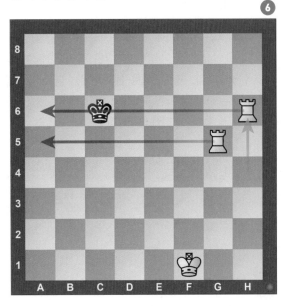

5...Kd7 6.Rg7+ Ke8 7.Rh8#: 체크메이트로 백이 승리합니다.

이런 상황에서 기물이 많을 때 체크메이트 시키기가 더 어려워요! 어떻게 해야 할까요?

먼저 우리는 룩 2개로 체크메이트를 하는 방법을 배웠습니다. 퀸과 룩, 직선으로 움직이는 기물은 체크메이트를 시키는 것이 아주 쉽습니다. 쉬운 방법은 상대의 폰을 다 잡고, 백의 비숍과 나이트는 쓰지 않고 퀸과 룩으로 계단 메이트를 만들면 됩니다. 여러분의 체스판에 직접 움직이며 연구해 보세요.

승리 예시

1.Bf8+ Kxf8 2.Rd7 Ke8 3.Qc8#

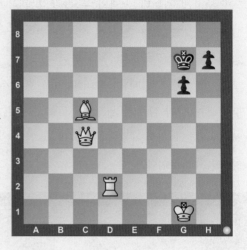

🛡️ 킹 + 퀸 vs 킹

이렇게 퀸이 하나밖에 없어도 이길 수 있을까요? 물론 이길 수 있습니다! 하지만 방법을 모르면 퀸 하나로 체크메이트를 하는 것은 쉽지 않습니다. 킹과 퀸으로 상대 킹을 체크메이트 시키는 방법에 대해 살펴봅시다.

기억해야 하는 중요 포인트는 다음과 같습니다.

① 체크메이트를 하려면 반드시 상대 킹을 체스판의 가장자리까지 몰아야 합니다. 가장자리가 아니라면 절대 체크메이트가 되지 않습니다.

② 킹과 퀸이 반드시 같이 협력해야 합니다. 퀸 혼자서는 절대 체크메이트를 완성할 수 없습니다.

먼저 상대 킹을 가장자리까지 몰아내야 하는 것이 중요합니다. 어떻게 하면 빠르게 상대 킹을 가장자리로 몰아낼 수 있을까요? 가장 쉬운 방법은 퀸을 잡히지 않는 선에서 상대 킹에 최대한 가까이 배치하는 것이 중요합니다.

보통 나이트가 공격하는 모양을 만들면 상대 킹을 빠르게 가장자리로 몰아낼 수 있습니다. 초보자들이 가장 많이 하는 실수는 퀸으로 무조건 체크를 만들고 보는 것입니다. 체크를 거는 것만으로는 상대 킹을 가장자리로 몰아낼 수 없습니다.

1.Qd3: 퀸이 나이트가 움직이는 모양이라고 생각해 보세요. 자연스럽게 킹으로 갈 수 있죠? 이런 모양으로 배치하면 상대 킹을 빠르게 가장자리로 몰아낼 수 있습니다. 이후에는 상대 킹의 움직임을 따라 하면서 퀸을 움직이면 쉽게 가장자리까지 몰아낼 수 있어요!

1...Ke6 2.Qd4: 상대 킹은 1칸 위로 움직였기 때문에 백 퀸도 1칸 위로 움직이면서 포위망을 유지합니다.

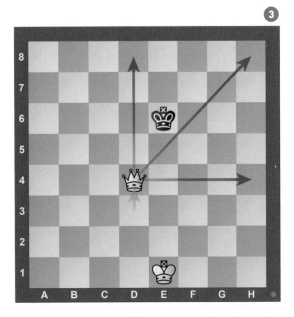

2...Kf5 3.Qe3: 상대 킹이 오른쪽 아래로 1칸 움직였군요. 백 퀸도 오른쪽 아래로 1칸 움직입니다.

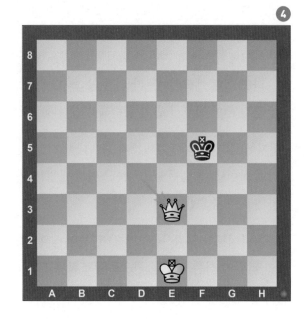

3...Kf6 4.Qe4 Kg7 5.Qf5 Kh8: 상대 킹은 드디어 가장자리로 이동했습니다. 이때가 아주 중요합니다.

① 상대 킹이 나올 수 없게 퀸을 배치해야 합니다. 예를 들어 상대 킹이 8랭크에 있다면 퀸을 7랭크에 둡니다.

　킹이 1랭크에 있다면 퀸을 2랭크에, 킹이 a 파일에 있다면 퀸을 b파일에, 킹이 h파일에 있다면 퀸을 g파일에 배치합니다. 이렇게 해야만 상대 킹은 계속 가장자리에 머물게 되고 체크메이트를 시도하기 쉬워집니다.

② 상대 킹이 가장자리에 있게 만들면서도, 움직일 수 있는 최소 1칸은 만들어 주어야 합니다. 상대 킹이 움직일 수 있는 칸이 하나도 없다면 스테일메이트로 무승부가 됩니다.

6.Qg6??: 이렇게 되면 흑 차례에서 둘 수 있는 수가 없습니다. 흑 킹이 움직이면 체크가 되기 때문입니다. 그리고 흑 차례에서 체크 상태도 아니므로, 스테일메이트에 의해 무승부가 됩니다. 그렇다면 어떻게 해야 했을까요?

6. Qd7!: 아주 좋은 수입니다! 상대 킹은 이제 h8, g8, f8에서만 움직일 수 있습니다. 이렇게 킹이 가장자리에서 나오지 못하도록 성공적으로 포위했다면 이제는 킹을 불러오기만 하면 됩니다. 상대 킹과 최대한 가까이 올 때까지 불러오면 됩니다.

6...Kg8 7.Kf2 Kf8 8.Kf3 Kg8 9.Kf4 Kf8 10.Kf5 Kg8 11.Kg6: 이렇게 최대한 가깝게 이동합니다. 이렇게 이동할 때 중요한 점은 상대 킹에 너무 가깝게 붙으려고 하면 스테일메이트가 되는 상황이 있습니다.

11...Kf8 12.Kh7??: 오른쪽과 같은 상황이 되면 스테일메이트가 됩니다. 킹이 붙을 때는 체스 보드의 가장자리로 가지 않으면서 상대 킹에게 최대한 가까이 가는 것이 중요합니다. 항상 불리한 쪽의 킹이 움직일 수 있는 자리가 있는지 확인하면서 스테일메이트를 조심해 주세요! 다시 이전으로 돌아가 봅니다.

12.Qf7#: 다음과 같은 상황처럼 백과 흑의 킹이 1줄 차이가 난다면 퀸이 흑 킹의 정면으로 가 체크메이트가 됩니다.

킹은 킹끼리 붙을 수 없기 때문에 흑 킹은 f7의 퀸을 잡을 수 없고, 어디로 움직여도 체크가 되기 때문에 체크메이트가 됩니다. 이러한 체크메이트 모양을 '죽음의 키스(Kiss of death)'라고 얘기합니다. 상대 킹과 가까이서 체크를 거는 퀸의 모습에 죽음의 키스라는 이름이 붙여졌습니다.

죽음의 키스는 이기고 있는 쪽의 킹과 상대 킹이 1개 이하의 파일, 랭크 차이로 있을 때 퀸을 '상대 킹의 정면'으로 보내서 체크메이트를 시키는 패턴입니다. 죽음의 키스 외에도 킹과 퀸으로 만드는 다양한 체크메이트 모양이 있습니다.

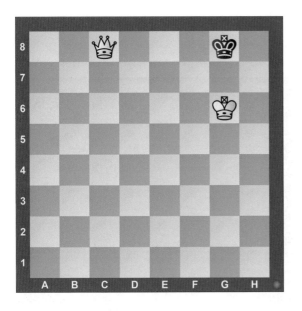

왼쪽 그림과 같이 킹이 같은 파일이나 랭크에서 마주 보면서 흑 킹이 가장자리에 있다면, 퀸이 옆에서 체크를 걸어 체크메이트를 할 수 있습니다.

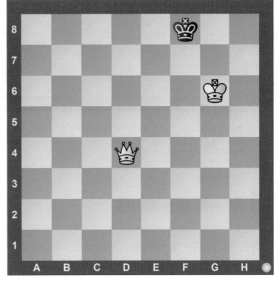

오른쪽 그림과 같이 흑 킹은 가장자리에 있으면서 백 킹과 파일 하나가 차이가 날 때 퀸이 옆에서 2칸 차이로 체크를 걸면 체크메이트가 되는 패턴도 있습니다.

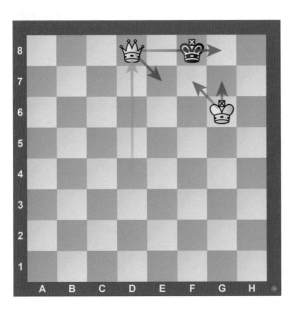

1.Qd8#: 흑 킹은 가장자리에 있으면서 백 킹과 파일 하나가 차이가 날 때(백 킹: g파일, 흑 킹: f파일) 퀸이 옆에서 2칸 차이로 체크를 걸면 체크메이트(백 퀸: d8, 흑 킹: f8로, 2칸 차이)가 만들어집니다.

흑 킹이 가장자리 구석에 있다면(예: a1, h1, a8, h8) 백 킹과 흑 킹의 차이가 2파일 또는 2랭크 이상 차이 나더라도 1수 만에 체크메이트가 만들어집니다.

1.Qg7#

킹 + 룩 체크메이트

대국을 두다가 룩 하나만 남을 때도 체크메이트가 가능합니다.

킹과 룩으로 체크메이트를 만드는 방법은 킹과 퀸으로 체크메이트를 만드는 방법과 많은 면에서 비슷합니다. 물론 룩은 퀸보다 약한 기물이기 때문에 난이도는 더 어렵긴 하지만요. 퀸은 혼자서도 상대 킹을 가장자리로 몰아낼 수 있는 반면, 룩은 혼자서는 상대 킹을 체스보드의 가장자리로 몰 수 없기 때문에 반드시 킹의 도움이 필요합니다.

룩과 킹으로 체크메이트를 만드는 데 가장 중요한 원칙은 다음과 같습니다.
① 유리한 쪽의 킹과 룩은 반드시 협력해야 합니다.
② 상대 킹을 체스보드의 가장자리까지 몰아야 합니다. 상대 킹이 가장자리에 있어야만 체크메이트를 완성할 수 있습니다.

구체적인 체크메이트 순서는 다음과 같습니다

① 룩의 이동 경로로 상대 킹을 포위합니다.

② 룩이 안전하다면 내 킹을 상대 킹에 가깝게 접근시킵니다.

③ 킹과 룩을 이용해서 점점 더 상대 킹의 이동 경로를 좁힙니다.

④ 상대 킹을 체스보드의 가장자리까지 몰면 체크메이트를 시도합니다.

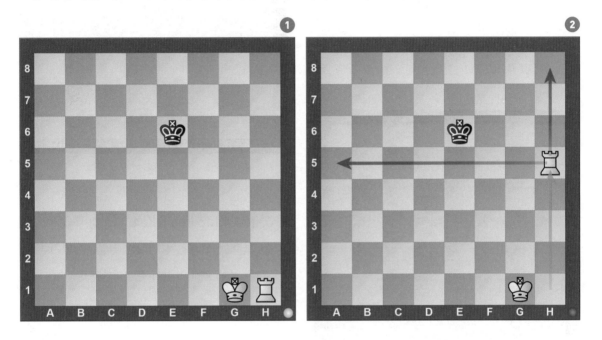

1.Rh5: 상대 킹이 6랭크에 있기 때문에 룩을 5랭크에 두어서 상대 킹이 5랭크로 내려오지 못하게 합니다.

1...Kf6: 상대 킹은 룩을 공격하기 위해 이동합니다.

룩으로 사각형 상자를 만든다고 생각하면 좋습니다. 박스를 좁히면서 상대 킹을 가장자리로 몰아가는 겁니다!

2.Kg2: 룩은 이미 5랭크에서 킹을 포위하고 있기 때문에 이동하지 않고, 킹을 상대 킹에 가까이 이동시킵니다.

2...Kg6 3.Rd5: 룩은 5랭크를 유지한 채로 중앙으로 보냅니다. 상대 킹은 여전히 5랭크 쪽으로는 올 수 없습니다.

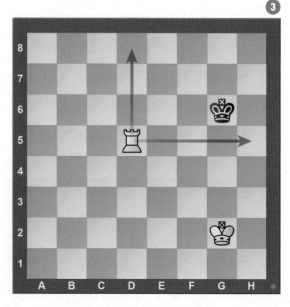

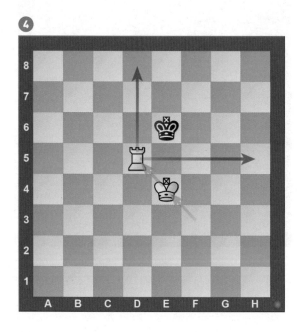

3...Kf6 4.Kf3 Ke6 5.Ke4: 타이밍에 맞게 킹이 룩을 보호했습니다. 킹끼리는 붙을 수 없기 때문에 룩의 포위망에 여전히 갇혀 있습니다.

5...Ke7 6.Ke5: 6.Rd6으로 킹을 포위하면 룩이 잡히기 때문에 흑 킹을 가장자리로 몰아내기 위해 백 킹을 접근시킵니다. 킹끼리는 서로 붙을 수 없다는 점을 이용하면 상대 킹의 경로를 줄일 수 있습니다.

6...Kf7 7.Rd7+: 킹과 룩을 이용해 점점 흑 킹을 체스보드의 가장자리로 몰아내고 있습니다.

7...Kg6 8.Re7 Kg5 9.Rg7+: 룩으로 포위망을 만드는 것 외에 상대 킹을 빠르게 체스보드 가장자리로 몰아낼 수 있는 또 다른 방법입니다. 킹끼리 1칸 차이로 마주 보고 있는 상태에서 킹의 옆에서 체크를 걸면 킹은 반드시 가장자리로 향하게 됩니다.

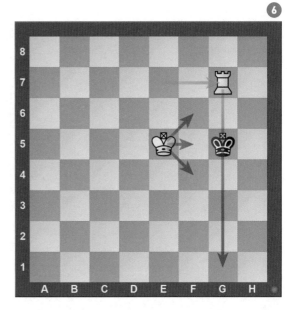

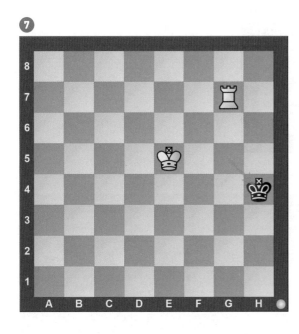

9...Kh4: 이제 흑 킹은 체스보드 가장자리로 밀려나게 되었습니다. 이제부터는 킹이 접근하되 하나의 랭크, 하나의 파일 차이로 접근해야 합니다. 지금은 흑 킹이 4랭크에 있기 때문에 1랭크 차이, 즉 5랭크로 킹이 접근합니다.

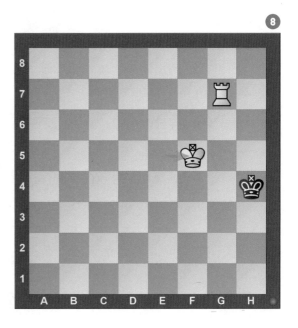

10.Kf5: 이 상태에서 10...Kh5 11.Rh7#가 되기 때문에 반드시 킹은 아래쪽으로 가야 합니다.

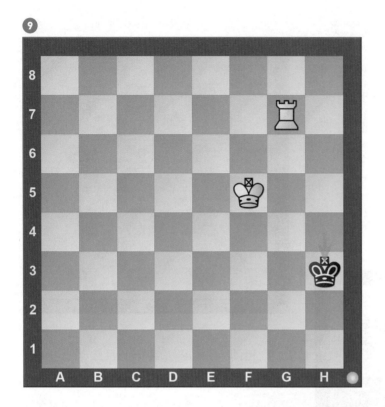

10...Kh3: 이렇게 대각선으로 킹이 배치될 때 룩은 움직이지 않고 킹이 따라갑니다.

11.Kf4 Kh2 12.Kf3 Kh1 13.Kf2 Kh2 14.Rh7#: 체크메이트에 성공했습니다.

오른쪽 그림과 같은 포지션은 흑 킹이 이미 체
스보드의 가장자리에 있는 포지션입니다. 백이
체크메이트를 성공시키려면 킹이 마주 보고 있
는 상태에서 룩이 옆에서 체크를 걸어야 합니다.

하지만 여기서 킹을 마주 보게 하려고 1.Kd6
을 두면 1...Ke8로 킹이 마주 보지 않게 됩니다.
이때는 룩을 이용해서 기다리는 수를 둬야 합
니다.

1.Rh7(만약 흑 킹이 1...Ke8로 오면 2.Rh8#)

1...Kc8 2.Kd6 Kb8 3.Kc6 Ka8 4.Kb6 Kb8:
이제 상대 킹은 우리 킹에게 마주 보게 올 수밖
에 없습니다.

5.Rh8#: 체크메이트에 성공했습니다.

연습문제

01
백 차례에서 체크메이트를 성공하는 수는 무엇일까요?

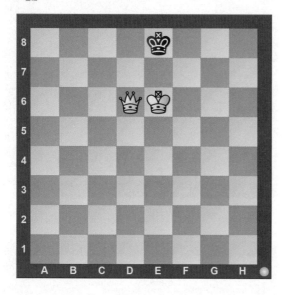

02
백 차례에서 체크메이트를 성공하는 수는 무엇일까요?

03
백 차례에서 체크메이트를 성공하는 수는 무엇일까요?

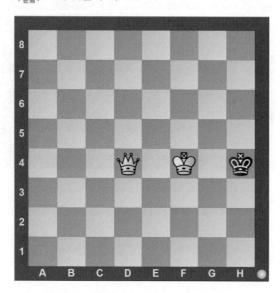

04
백 차례에서 체크메이트를 성공하는 수는 무엇일까요?

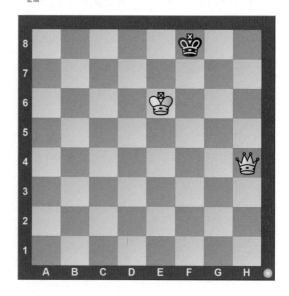

05
문제
흑 킹이 가장자리인 8랭크에서 나오지 못하게 포위하는 수는 무엇일까요?

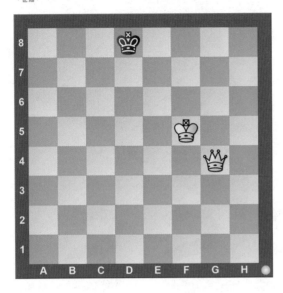

06
문제
흑 킹이 가장자리인 1랭크에서 나오지 못하게 포위하는 수는 무엇일까요?

07
문제
백 차례에서 체크메이트를 성공하는 수는 무엇일까요?

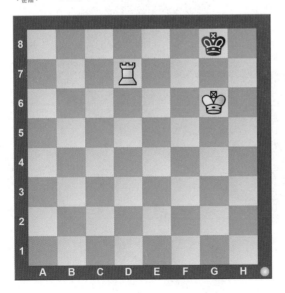

08
문제
백 차례에서 킹을 움직이는 것이 좋을까요? 룩을 움직이는 것이 좋을까요?

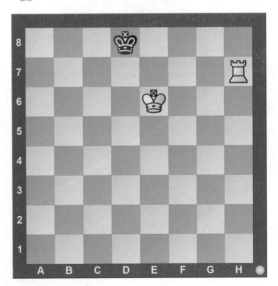

Part 2
수를 읽는 능력!
체스의 전술

이 파트에서는 체스의 전술에 대해 다룹니다. 체스에서 전술은 상대 수의 선택권을 제한하면서 확실한 이득을 얻는 과정을 얘기합니다. 체크메이트나 점수 이득을 노리는 경우가 많아요. 전술의 기본은 '상대가 어떤 수를 둬도 나에게 유리한 상황이 되는 상황'을 만드는 것입니다. 체스에는 다양한 종류의 전술들이 있으며, 체스를 잘 두기 위해서는 이러한 전술들을 정확하게 찾아내는 것이 매우 중요합니다. 전술을 통해 강제로 이득을 만들 수 있는 상황이 많고, 이득을 만들 수 있으면 유리하게 대국을 이끌 수 있기 때문입니다. 또한 전술 실력이 늘어날수록 여러분이 수를 읽는 능력도 좋아지고 체스 실력 자체도 빠르게 향상하게 됩니다. 매력적인 체스의 전술을 알아볼까요?

1 | 기물의 가치와 공격, 방어

체스 기물의 특색 있는 움직임만큼 각 기물의 가치는 다릅니다. 기물의 가치를 이용해 좋은 수를 계산하고 대국을 유리하게 이끌어 봅시다.

이 챕터에서 배우는 내용
- 각 기물의 힘과 가치
- 기물의 가치를 활용할 수 있는 타이밍
- 기물 가치를 통해 유불리를 평가하는 방법

기물의 가치

체스는 '전쟁'을 본떠 만들어진 전략 게임입니다. 전쟁에서 승리하기 위해서는 무엇이 필요할까요? '좋은 무기', '뛰어난 전략' 등 다양한 대답이 나올 수 있지만 가장 기본적인 것은 '좋은 병사'가 얼마나 많은지가 중요합니다.

체스보드에는 킹, 퀸, 룩, 비숍, 나이트, 폰인 6가지 종류의 기물이 있고, 이 기물들은 여러분이 체스라는 전장에서 전투를 승리할 수 있게 도와주는 여러분의 부하입니다! 전쟁에서 승리하려면 여러분의 병사들이 어떤 능력과 힘을 가지고 있는지 알아야 합니다.

반드시 알아 두어야 하는 점은 '움직일 때 선택할 수 있는 자리가 여러 개인 기물일수록, 더 강력하다'는 점입니다. 체스에서 가장 약한 기물은 누구일까요? 바로 가장 움직일 수 있는 선택지가 적은 폰입니다. 알기 쉽게 가장 약한 폰의 힘을 1이라고 가정한다면, 폰을 기준으로 다른 기물들의 힘은 오른쪽 표와 같습니다.

체스 명언
이론이 얼마나 발전하고, 스타일이 급진적으로 바뀐다고 하더라도, 전술이 없는 체스는 상상할 수 없다.
_ 사무엘 레셰브스키(1930~1960년대 미국 체스 그랜드마스터)

기물의 종류	기물의 점수
폰	1
나이트	3
비숍	3
룩	5
퀸	9
킹	×

보통 이 힘을 체스에서는 점수로 표현합니다. 예를 들어서 폰은 1점, 퀸은 9점이죠. 일반적인 상황에서는 이 점수를 고려하면서 체스를 두어야 합니다. 그렇다면 기물들의 힘, 점수를 왜 사용할까요?

크게는 2가지 용도가 있습니다.
① 상황의 유불리를 파악할 때
② 기물의 교환이 좋은지 나쁜지를
　파악할 때

위와 같은 상황에서는 누가 더 유리할까요? 가지고 있는 기물의 차이를 비교해 봅시다. 먼저, 폰의 개수를 비교해 보면 백이 5개, 흑이 5개로 차이가 없습니다. 3점의 힘을 가진 비숍과 나이트를 비교해 볼게요. 3점의 힘을 가진 비숍과 나이트를 체스에서는 '마이너 기물'이라고 부릅니다.

백은 비숍 둘, 나이트 하나를 가지고 있으므로 총 9점의 마이너 기물을 가지고 있습니다. 흑은 나이트 두 개를 가지고 있으므로 총 6점의 마이너 기물을 가지고 있어요! 따라서 마이너 기물은 백이 3점 앞서고 있습니다.

다음으로는 퀸과 룩을 비교해 볼까요? 체스에서 퀸과 룩은 '메이저 기물'이라고 부릅니다. 퀸은 서로 없고, 룩은 백이 1개, 흑은 2개 가지고 있네요! 메이저 기물은 흑이 5점 앞서고 있습니다. 메이저 기물에서는 흑이 5점 앞서고, 마이너 기물에서는 백이 3점 앞서기 때문에 이를 합하면 흑이 2점 유리하다고 판단할 수 있습니다.

점수가 누가 유리한지 판단하는 기준의 전부는 아니지만 유불리 판단에 아주 중요한 기준 중 하나입니다.

다음과 같이 백이 첫 수로 **1.h4**를 두었습니다. 흑은 퀸 앞의 폰을 **1...d5**로 전진시킵니다.

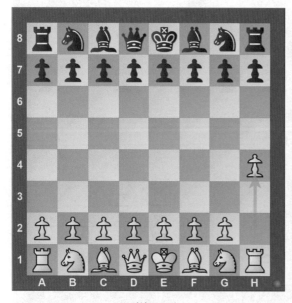

포지션 1: 1.h4

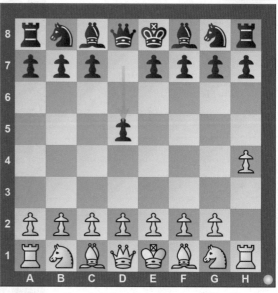

포지션 2: 1...d5

일반적으로 가장자리의 폰을 초반부터 올리는 것은 매우 좋지 않습니다. 오프닝 원칙이 궁금하다면 p.224를 참고하세요!

2.Rh3 백은 룩을 빨리 이용할 생각이군요? 여기서 c8의 비숍을 주목해 주세요! 흑은 **2...Bxh3**으로 백의 h3에 있는 룩을 잡을 수 있습니다. 그렇다면 과연 잡는 것이 이득일까요?

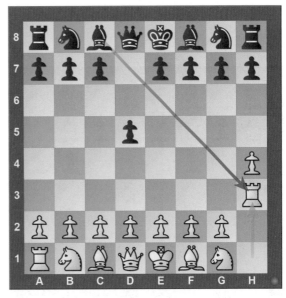

포지션 3: 2.Rh3

물론입니다! 왜냐하면 비숍이 다시 잡히기는 하지만 비숍은 3점, 룩은 5점이기 때문에 흑의 입장에서는 5점의 기물을 얻고, 3점의 기물을 잃었습니다. 차이를 계산하면 2점 이득이 되겠지요. 흑은 2점만큼 점수가 유리해졌습니다.

포지션 4: 2...Bxh3

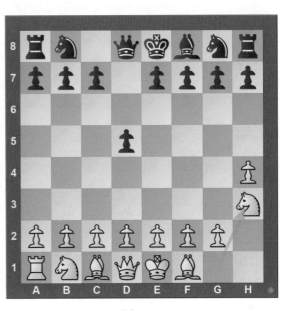

포지션 5: 3.Nxh3

다음과 같은 상황에서 백이 **1.Qxd7**을 하는 것은 좋은 생각일까요? 1.Qxd7을 진행하게 된다면 **1...Bxd7**로 잡히게 됩니다.

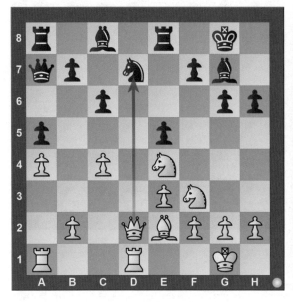

1...Bxd7 이후에 물론 백은 비숍을 다시 **2.Rxd7**로 잡을 수 있습니다.

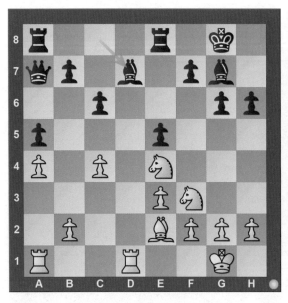

하지만 결과적으로 백은 9점의 퀸을 잃었고, 흑은 6점의 나이트와 비숍을 잃었습니다. 따라서 1.Qxd7은 백의 입장에서는 3점 손해를 보는 좋지 않은 교환입니다.

이렇게 기물을 교환할 때 유리한 교환인지, 불리한 교환인지를 점수 계산을 통해 쉽게 판단할 수 있기 때문에 교환을 시도할 때 체스의 점수 체계에 익숙해지는 것은 아주 중요합니다.

체스 점수는 유불리 판단과 교환의 판단에 도움을 주지만 점수로 이기고 지는 것은 아닙니다. 체스에서 이기는 방법은 점수가 아니라, 상대 킹을 체크메이트하는 것이에요! 하지만 점수가 높은 상황을 만드는 것이 게임을 유리하게 이끌어 갈 수 있는 이점(Advantage)을 만드는 것이므로 최대한 유리한 교환을 진행하도록 합니다.

 ## 공격

체스에서 공격은 상대 기물을 잡으려고 움직이는 것을 뜻합니다. 체스에서 상대 기물을 잡기 위해서는 공격을 시도하는 것이 일반적인 전략입니다.

오른쪽과 같은 상황에서 흑은 나이트로 e4 폰 을 잡으려고 시도합니다. 이를 체스에서는 공격(Attack)이라고 얘기하지요. 백은 폰을 e5로 이동해서 방어했습니다! 바로 나이트의 이동 경로에서 벗어나는 것이죠. 동시에 폰은 그 다음 수에 나이트를 잡으려고 시도합니다. 방어(Defend)를 하면서 동시에 상대 나이트를 공격했군요.

흑은 나이트를 잡히지 않기 위해 반드시 안전한 자리로 이동해야 합니다. 2...Nd5로 이동하면 안전해 보이는군요.

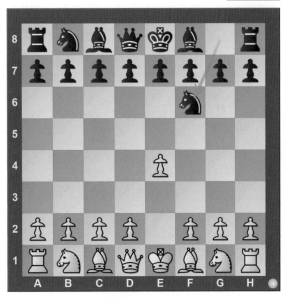

포지션 1: 1.e4 Nf6

포지션 2: 2.e5

다음과 같은 상황에서 백은 d2의 비숍을 이용해서 b6의 나이트를 잡으려 합니다. 하지만 한 번만 움직여서는 나이트를 잡을 수 없죠. 이럴 때는 나이트를 공격하기 위한 시도를 해야 합니다. 여기서 비숍이 나이트를 공격하는 방법은 2가지가 있습니다.

1.Be3 혹은 1.Ba5를 두는 것입니다. 여기서 2가지의 선택 중 어느 수가 좋은 선택일까요? 공격의 기본은 내 기물이 잡히지 않으면서 공격해야 한다는 것입니다.

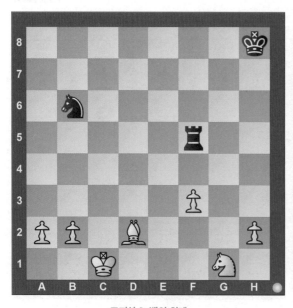

포지션 3: 백의 차례

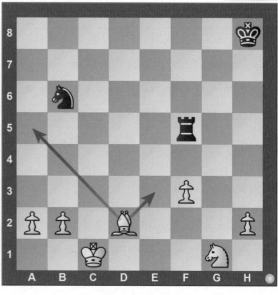

포지션 4: 비숍의 공격

1.Ba5로 움직이면 1...Rxa5로 룩에게 비숍이 잡힌다는 것을 알 수 있어요. 공격을 시도할 때는 공격하려고 이동하는 기물의 자리가 안전한지를 확실히 확인하는 것이 중요합니다. 상대 기물에게 잡히는 자리인지 수를 마지막으로 두기 전에 검토하는 습관을 갖는 것이 체스 실력을 향상시키는 지름길입니다!

따라서 1.Be3이 안전한 공격입니다. 비숍은 상대에게 잡히지 않으면서 안전하게 b6의 나이트를 공격했습니다. 흑이 이에 대처하지 않는다면 백은 다음 턴에 2.Bxb6으로 나이트를 잡을 것입니다.

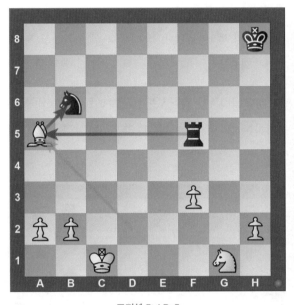

포지션 5: 1.Ba5

포지션 6: 1.Be3

때로는 상대의 실수로 방어가 없는 상대의 기물을 잡을 수 있을 때가 있습니다. 이러한 기물을 '공짜 기물'이라고 얘기합니다. 이를 잘 찾기 위해서는 내 기물과 상대 기물의 경로에 계속해서 집중하는 것이 중요합니다.

오른쪽 그림에서 흑의 경로를 잘 그려 본다면 1...Qxb5가 가능하다는 것을 찾을 수 있습니다.

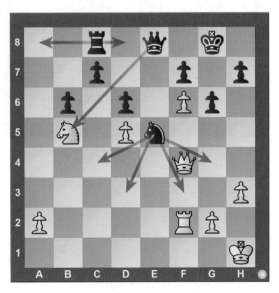

방어

그렇다면 상대의 공격에는 어떻게 대응할까요? 체스에서 방어(Defend)는 이러한 상대의 공격을 대응하기 위한 수단입니다. 방어의 방법에는 총 5가지가 있습니다.

잡기

상대가 내 기물을 잡으려고 한다면 공격하는 기물을 잡는 방법입니다.

다음과 같은 상황에서 흑의 룩은 위험한 상황입니다. c3의 백 비숍이 h8의 흑 룩을 공격하고 있기 때문이에요. 여기서는 어떻게 룩을 안전하게 만들 수 있을까요?

룩을 공격하고 있는 c3을 잡는 것이 가장 좋은 해결책입니다. **1...Nxc3 2.dxc3**, 백과 흑은 비숍과 나이트, 3점의 기물을 서로 교환하면서 흑은 룩을 방어하는 데 성공합니다. 만약 1...Nxc3을 하지 않았다면 흑은 5점의 손해를 감수해야 했을 것입니다.

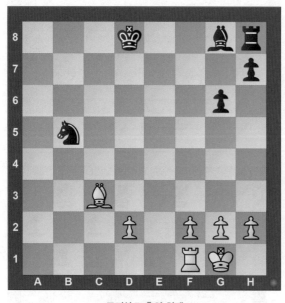

포지션 7: 흑의 차례

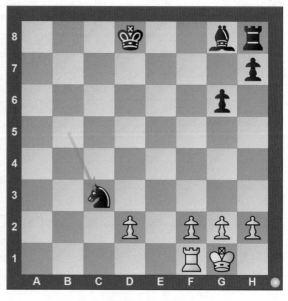

포지션 8: 1...Nxc3

막기

막기는 상대의 이동 경로를 막으면서 기물이 잡히지 않도록 하는 방어 방법입니다.

다음과 같은 상황에서 b5의 비숍이 e2의 백 폰을 공격하고 있습니다. 여기서 어떻게 백의 e2 폰을 지킬 수 있을까요?

여기서는 폰을 이용해 흑 비숍의 경로를 막을 수 있습니다. **1.c4**, 폰으로 흑 비숍을 공격하면서 동시에 흑 비숍이 e2 폰을 잡지 못하게 비숍의 경로에 기물을 놓는 것입니다. 중요한 것은 길을 막을 때 길을 막는 기물도 안전해야 합니다.

여기서 막고 있는 백의 c4 폰은 안전한가요? 물론입니다! b3의 폰이 c4의 폰을 보호해 주고 있기 때문에 만약 1...Bxc4를 하면 2.bxc4로 백이 2점 이득을 보는 교환이 됩니다. 따라서 흑의 최선은 비숍을 다른 곳으로 이동시키는 것이고 그렇게 되면 e2 폰의 방어에 성공합니다.

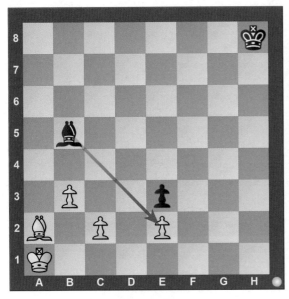

포지션 9: 백의 차례

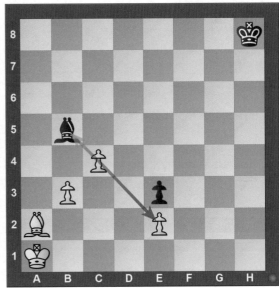

포지션 10: 1.c4

다만 이 막기를 이용한 방어는 기물을 뛰어넘는 나이트를 상대로는 불가능하다는 점, 꼭 기억하세요!

피하기

피하기는 가장 자주 사용하는 방어 방법 중 하나로 공격당하는 기물이 상대의 이동 경로에서 벗어나는 방어 기술입니다.

다음과 같은 상황에서는 나이트가 위험합니다. 여기서는 나이트를 피하는 것 외에는 다른 방어가 불가능합니다. 그렇다면 어디로 가야 할까요?

나이트를 실제로 움직이기 전에 나이트의 움직임을 머릿속으로 상상해 보는 것이 중요합니다. 1.Nd4나 1.Ne5는 f6의 흑 비숍에게 나이트가 잡히게 됩니다. 따라서 여기서는 흑 기물에게 잡히지 않는 유일한 자리인 **1.Ne1**로 피해야만 나이트가 안전해질 수 있습니다.

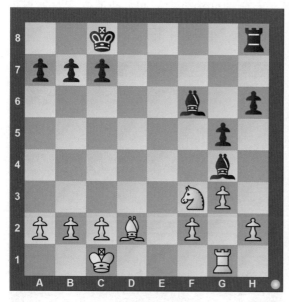
포지션 11: 백의 차례

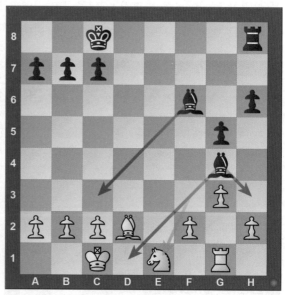
포지션 12: 1.Ne1

방어를 잘하는 방법?

방어를 잘하기 위해서는 항상 상대의 공격과 상대 기물이 내 진영으로 침투하는 길을 잘 살펴야 합니다. 위험을 인지해야만 그 위험에 대처할 수 있습니다. 먼저 상대 기물의 경로를 잘 살펴보고 위험한 기물을 찾아낸다면 그 후 5가지 방어 방법 중 어떤 것이 가장 안전하게 지킬 수 있는지를 판단하면 되겠습니다.

보호하기

보호하기는 자신의 기물을 이용해 상대 기물이 내 기물을 못 잡게 하거나, 잡으면 손해가 되게끔 만드는 방법입니다.

다음과 같은 상황에서 c4의 흑 룩이 b3의 백 킹에게 공격받고 있습니다. 여기서 어떻게 c4의 룩을 살려야 할까요?

유감스럽게도 여기서는 룩이 안전하게 도망갈 수 있는 자리가 하나도 없군요. 이 포지션에서 흑은 폰을 이용해 룩을 보호할 수 있습니다. **1...b5!**, 폰은 잡을 때는 1칸 앞쪽 대각선으로 가기 때문에 더 이상 백 킹은 흑 룩을 잡을 수 없습니다. 룩을 잡으면 b5 폰에 의해서 체크가 되어 반칙이 되기 때문입니다.

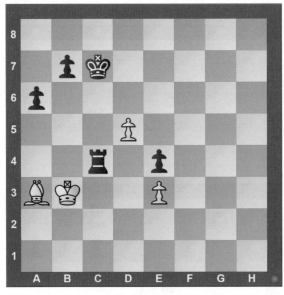

포지션 13: 흑의 차례

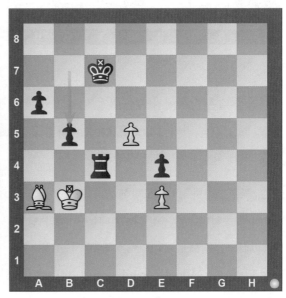

포지션 14: 1...b5

보호하기는 공격당하는 기물이 공격하는 기물의 가치와 동등하거나 더 약해야 합니다. 내가 수비해야 하는 기물이 더 강한 경우에는 불가능하지요. 또 보호하는 기물도 최대한 약한 기물일수록 안전합니다.

포지션 15: 흑의 차례

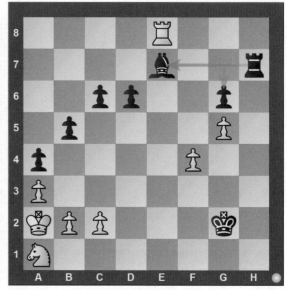

포지션 16: 1...g6

다음과 같은 상황에서 흑은 폰을 움직여서 룩의 길을 열었습니다. h7의 룩은 이제 e7의 비숍을 보호하고 있습니다. 만약 **1...g6 2.Rxe7**을 하면 **2...Rxe7**로 흑이 2점 유리한 교환을 하기 때문에 백은 사실상 비숍을 잡을 수 없는 거예요.

오른쪽 그림과 같은 상황에서는 백 퀸이 룩에 의해 공격받고 있습니다. 이때는 너무나 당연하게도 1.a3으로 퀸을 보호해 봤자 소용이 없습니다. **1.a3 Rxb4 2.axb4**로 진행되면 백은 퀸을 잃고 흑은 룩을 잃기 때문에 4점 손해가 되거든요.

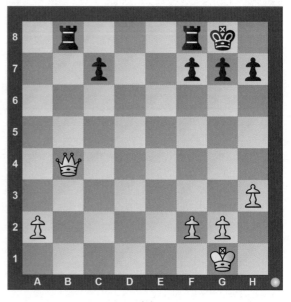

포지션 17

카운터 어택

체스에서 카운터 어택은 상대가 내 기물을 공격할 때 나도 상대의 기물을 공격하면서 점수 손해를 피하는 방어법입니다.

다음과 같은 상황에서 백은 위기입니다. e5의 흑 나이트가 c4의 비숍과 퀸을 동시에 공격하고 있습니다. 만약 퀸이 피하면 비숍이 잡힐 수밖에 없는 상황이에요. 여기서 백은 아주 좋은 방어법을 찾아 냅니다.

1.Bb5!, 흑이 퀸을 공격했으므로 백도 같이 퀸을 공격합니다. 1...Nxd3 2.Bxe8로 대응하거나 상대의 퀸이 피하면 백의 퀸도 피할 수 있기 때문에 카운터 어택을 통한 방어에 성공했습니다!

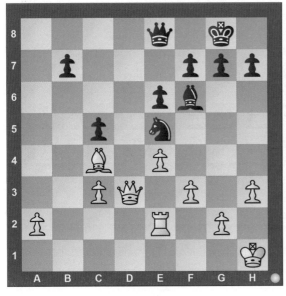

포지션 18: 백의 차례

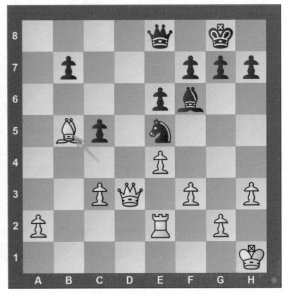

포지션 19: 1.Bb5

그렇다면 다른 방어보다 카운터 어택이 가장 좋은 거 아닌가요? 공격하면서 수비도 한다니! 저는 공격이 좋아요!

실제로 카운터 어택은 모든 방어법에서 가장 위험한 방법 중 하나입니다. 카운터 어택을 성공하기 위해서는 상대의 모든 수를 파악하여 좋은 수가 없을 때만 가능하기 때문에 카운터 어택은 최후의 수단 중 하나라고 생각해야 합니다.

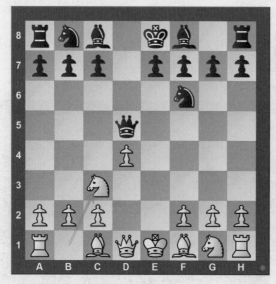

흑의 차례

1...Bg4? 2.Qxg4 Nxg4 3.Nxd5

일반적으로는 d5의 흑 퀸이 백 나이트에 의해 위험하므로 도망가야 합니다. 하지만 여기서 흑이 같이 퀸을 공격하면서 카운터 어택으로 방어한다고 생각해 봅시다. 1...Bg4? 2.Qxg4 Nxg4 3.Nxd5, 퀸은 서로 교환되었고 백은 첫수에 퀸을 희생하면서 흑의 비숍 하나를 더 잡아서 3점 이득이 되었습니다. 카운터 어택을 할 때는 항상 신중해야 합니다!

여러 기물로 공격하기 & 방어하기(카운팅)

체스에서 기물 하나의 공격만으로는 공격이 충분하지 않은 상황이 자주 나옵니다.
여러 기물로 공격해서 압박하여 이득이 되는 경우가 많아요.

다음과 같은 포지션에서 백은 d2의 퀸과 e3의 비숍으로 d4의 흑 비숍을 공격하고 있습니다. 체스에서 공격으로 이득을 보기 위해서는 공격 기물이 보호 기물보다 1개 이상 더 많아야 합니다. 지금 상황에서는 d4 비숍에 대한 백의 공격 기물은 2개, 흑의 방어 기물은 f5의 나이트 1개입니다. 백이 공격 기물이 더 많으므로 **1.Bxd4 Nxd4 2.Qxd4**로 진행하면 3점 이득을 볼 수 있습니다.

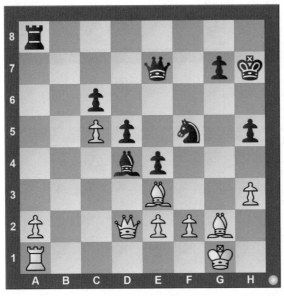

포지션 20: 백의 차례

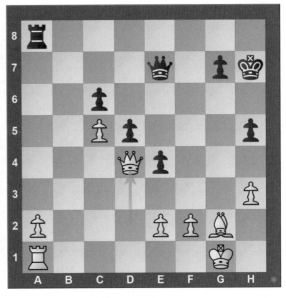

포지션 21: 1.Bxd4 Nxd4 2.Qxd4

수 계산을 정석적으로 하는 방법은 머릿속으로 기물들을 움직여 보면서 누가 이득인지를 파악하는 것입니다. '내가 잡으면… 상대가 잡고, 또 내가 잡으면, 상대가 잡고, 내가 또 잡고, 잡고, 잡고…'

이렇게 생각을 하면 계산을 정확하게 하지 못하는 상황이 자주 발생하게 됩니다. 하지만 이를 쉽고 정확하게 파악하는 쉬운 방법이 있어요. 공격 기물과 방어 기물의 수를 세어 보는 것입니다.

오른쪽과 같은 상황에서 백이 g7의 나이트를 공격하는 기물은 퀸, 룩 2개, 나이트입니다. 백의 공격 기물은 총 4개입니다. 흑이 g7의 나이트를 방어하고 있는 기물은 룩 2개, 나이트 1개지요. 흑의 방어 기물은 총 3개입니다.

백의 공격 기물이 1개 더 많기 때문에 여기서 **1.Nxg7**은 좋은 수이며, 3점 이득으로 백이 유리한 교환이 됩니다. 공격 기물과 방어 기물을 세는 것을 '카운팅(Counting)'이라고 합니다.

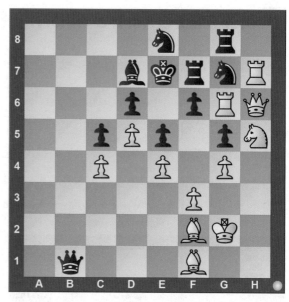

포지션 22: 1.Nxg7

다만 이 카운팅에는 몇 가지 주의 사항, 그리고 예외가 있습니다. 만약 상대의 방어 기물이 더 약한 종류의 기물이라면 이 방법을 사용할 수 없습니다.

예를 들어 오른쪽과 같은 포지션에서 백의 공격은 2개(같은 줄에 있는 룩이나 비숍, 퀸도 2개의 공격으로 간주합니다: 배터리)이며, 흑 d5의 폰에 대한 방어는 하나지만 당연히 백은 1.Rxd5로 잡으면 좋지 않습니다. **1.Rxd5 exd5 2.Rxd5**로 진행되면 백은 흑 폰 1개를 잡고, 흑은 5점을 얻기 때문입니다.

연습문제

01 다음과 같은 상황에서 기물이 앞서고 있는 쪽은 백, 흑 중 어디일까요? 유리한 쪽은 기물이 몇 점 앞서고 있나요?

02 백은 어떻게 흑의 기물을 안전하게 공격할 수 있나요?

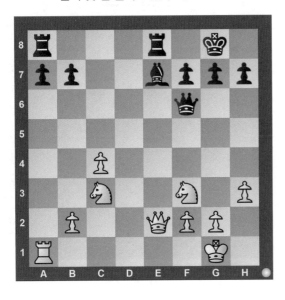

03 백은 어떻게 흑의 기물을 안전하게 공격할 수 있나요?

04 백 차례에서 공짜로 잡을 수 있는 수를 찾아보세요.

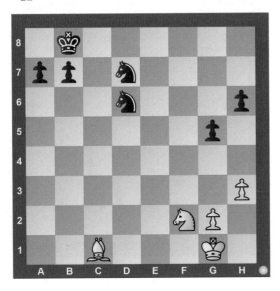

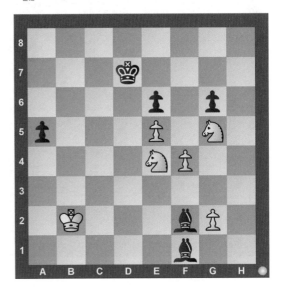

05 문제 백 차례에서 가장 좋은 수는 무엇일까요?

06 문제 백 차례에서 잡힐 위기에 있는 기물을 안전한 자리로 피해 보세요.

07 문제 백 차례에서 잡힐 위기에 있는 기물을 안전하게 지켜 보세요.

08 문제 흑 차례에서 기물을 잃지 않는 가장 좋은 방어수는 무엇일까요?

2 | Fork
포크

포크는 체스에서 가장 자주 등장하는 전술 패턴 중 하나로, 하나의 기물로 여러 개의 기물을 동시에 공격하는 상황을 얘기합니다.

이 챕터에서 배우는 내용
- 포크의 개념과 원리
- 각 기물이 포크를 거는 방법

백의 차례

1.Rg5+

g5의 룩이 흑의 킹과 나이트를 동시에 공격하는 게 보이나요? 체크이기 때문에 반드시 킹이 도망가야 하고, 그다음 턴에 백은 h5의 나이트를 무조건 잡을 수 있는 거예요.

체스에서 모든 기물은 포크를 걸 수 있습니다.

킹의 이동 거리는 1칸밖에 되지 않지만 상대 기물들이 모여 있을 때 킹 포크가 되는 경우가 있습니다. 초반, 중반보다는 킹이 활약하는 후반에 자주 사용할 수 있습니다.

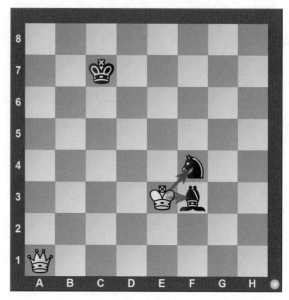

킹 포크

퀸 포크는 찾기 어려운 포크입니다. 퀸의 이동 경로가 가장 넓기 때문에 찾기는 어렵지만, 그만큼 상대 입장에서도 퀸 포크는 예측하기 어렵습니다.

공격 루트가 직선-직선, 직선-대각선, 대각선-대각선 등 다양하게 시도할 수 있습니다. 오른쪽과 같은 상황에서는 직선-대각선 공격을 이용한 포크입니다.

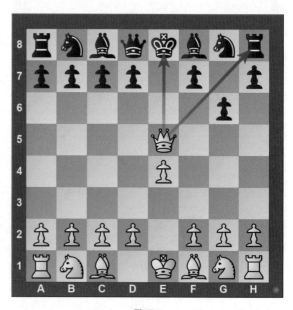

퀸 포크

룩 포크는 직선으로 위치한 상대 기물을 동시에 공격합니다. 특히 룩이 강력해지는 중반, 후반에 자주 나오게 됩니다. 오른쪽과 같은 상황에서는 흑 킹이 백 룩에 의해 체크가 걸렸기 때문에 반드시 킹이 피해야 합니다. 그 후 백 차례에 g4에 있는 흑 나이트를 잡을 수 있습니다.

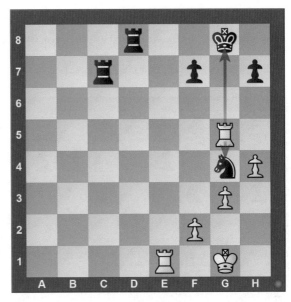

룩 포크

대각선으로 이동하는 비숍은 밝은 칸에 있는 비숍, 어두운 칸에 있는 비숍이 있지요? 이 특성을 잘 살펴봐야 합니다. 비숍 포크는 같은 색에 있는 기물만 공격할 수 있습니다. 오른쪽과 같은 상황에서는 흑의 e8 킹과, e4 나이트가 둘 다 밝은 칸에 있습니다. 비숍으로 절묘하게 포크가 걸린 모습입니다. 흑은 체크이기 때문에 킹이 피해야 하고 백은 비숍으로 나이트를 잡을 수 있어요.

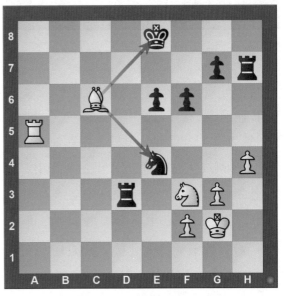

비숍 포크

나이트는 절대 다른 색의 칸을 동시에 공격하지 못합니다. 따라서 나이트 포크를 찾으려면 내가 공격하려는 기물이 같은 색의 칸에 있는지 살펴봐야 합니다!

여기서는 f7의 나이트는 d8, h8이라는 어두운 칸에 있는 흑 퀸과 룩을 동시에 공격하고 있습니다. e8의 킹은 f7의 나이트를 잡지 못해요! c4의 백 비숍이 보호해 주고 있으니까요. 흑의 퀸이 e7로 피하게 되면 다음 차례에 f7의 나이트는 h8의 룩을 잡을 수 있습니다.

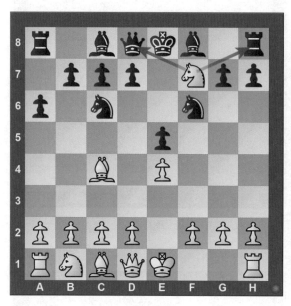

나이트 포크

1...Qe7 2.Nxh8

체스에서 가장 약한 폰도 포크를 걸 수 있습니다! 폰 포크는 상대 기물이 같은 랭크에서 2칸 떨어진 채로 위치해야 합니다. 오른쪽 그림과 같은 상황에서는 4랭크에 백의 비숍과 나이트가 있으며, c4, e4에 있으므로 폰으로 동시에 공격할 수 있죠? 비숍이나 나이트가 피하면 피하지 않은 기물을 폰으로 잡을 수 있습니다.

포크를 어떻게 하면 쉽게 찾을 수 있나요?
포크를 찾으려면 방어가 없는 상대 기물을 잘 찾아 보세요!

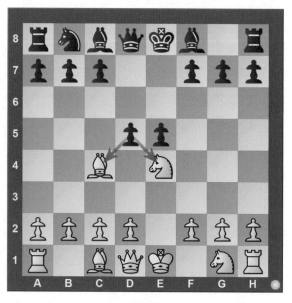

폰 포크

연습문제

01
· 문제 ·

백 차례에서 포크 전술을 찾아보세요.

02
· 문제 ·

백 차례에서 포크 전술을 찾아보세요.

03
· 문제 ·

흑 차례에서 포크 전술을 찾아보세요.

04
· 문제 ·

백 차례에서 포크 전술을 찾아보세요.

05 ·문제· 백 차례에서 포크 전술을 찾아보세요.

06 ·문제· 백 차례에서 포크 전술을 찾아보세요.

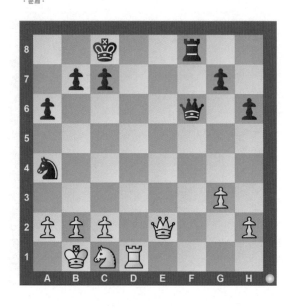

07 ·문제· 흑 차례에서 포크 전술을 찾아보세요.

08 ·문제· 흑 차례에서 1...Nxb3 또는 1...Rxb3으로 백의 나이트를 잡을 수 있습니다. 어떤 수가 더 좋은 수일까요?

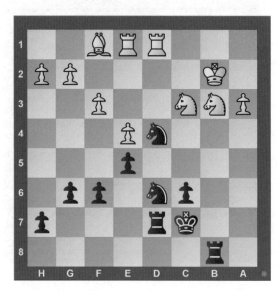

3 | Pin 핀

핀은 '고정시키다'라는 뜻을 가진 단어입니다. 체스에서 상대 기물을 움직이지 못하게 하면서 이득을 추구하는 전술인 핀은 체스에서 가장 자주 나오는 전술 중 하나입니다.

이 챕터에서 배우는 내용
- 핀의 개념
- 절대핀과 상대핀의 차이
- 핀을 이용해 이득을 보는 방법

기물을 공격할 때 상대 기물이 움직이면 경로에 더 가치 있는 기물이 잡히거나, 킹이 체크를 당할 때 핀을 걸고 있다고 얘기합니다. 핀은 퀸, 룩, 비숍으로만 시도할 수 있으며, 장거리 기물이어야 합니다. 킹, 나이트, 폰은 핀을 걸지 못합니다.

절대핀과 상대핀

초보자들이 초반에 퀸을 빨리 뺄 때 나오는 실수입니다. 흑의 배치를 보면 c6의 흑 퀸과 e8의 흑 킹은 같은 대각선에 위치해 있습니다. 이렇게 배치하는 것은 아주 위험합니다!

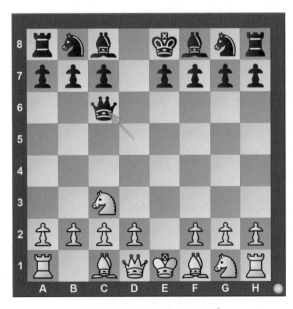

1.e4 d5 2.exd5 Qxd5 3. Nc3 Qc6?

b5의 비숍은 c3 나이트의 보호를 받으면서 c6의 흑 퀸을 공격하고 있습니다. 안타깝게도 흑은 c6의 퀸을 피할 수 없어요. c6에 있는 흑의 퀸은 핀에 걸렸습니다. 퀸이 피하면 킹이 체크 상태에 걸리기 때문입니다. 백은 성공적으로 다음 턴에 흑의 퀸을 무조건 잡을 수 있습니다.

이렇게 킹이 뒤쪽에 있어서 절대 움직일 수 없는 핀을 '절대핀(Absolute Pin)'이라고 부릅니다.

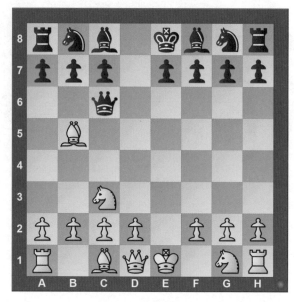

4. Bb5!

다음은 '상대핀(Relative Pin)'에 관한 예시입니다. 1...Rxd4를 두었지만 이는 치명적인 실수입니다. 여기서는 반드시 퀸으로 폰을 잡았어야 했습니다. 백이 2.Bc3!로 흑의 룩을 공격합니다. 물론 흑의 룩은 도망갈 수 있지만 만약 도망간다면 h8의 퀸이 잡힙니다.

따라서 흑은 룩을 피하지 않는 것이 더 낫습니다. 실질적으로 d4의 룩을 움직이면 손해이기 때문에 움직일 수 없습니다. d4 흑의 룩은 핀에 걸린 거예요. 백은 언제든지 비숍으로 룩을 잡을 수 있기에 확정적인 점수 이득을 얻게됩니다.

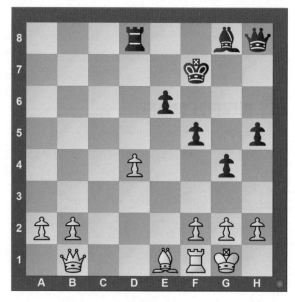

흑의 차례

상대핀을 걸 때 대부분의 경우는 핀에 걸린 기물이 움직이지 않지만 핀에 걸린 기물이 움직여서 다른 이득을 노리는 상황을 조심해야 합니다.

1...Rxd4?

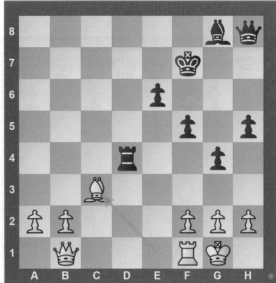

2.Bc3!

다음 포지션에서 흑의 h5 비숍이 백의 f3 나이트에 핀을 걸고 있고, 이 나이트는 못 움직인다고 생각한 흑은 다음 백의 수에 공략 당하게 됩니다. 백은 핀을 풀면서 6.Nxe5로 흑 폰을 잡습니다.

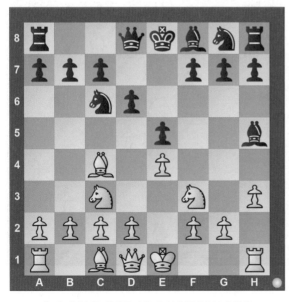

1.e4 e5 2.Nf3 d6 3.Bc4 Bg4 4.h3 Bh5 5.Nc3 Nc6

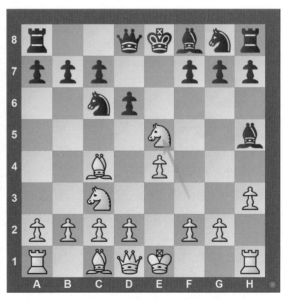

6.Nxe5!

흑이 퀸을 잡게 되면 어떻게 될까요? 백은 7.Bxf7+를 걸면 흑 킹은 e7밖에 피할 곳이 없습니다.

6...Bxd1

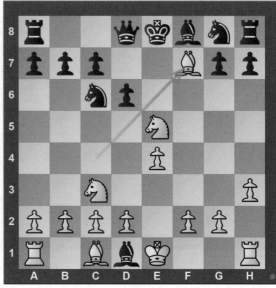

7.Bxf7+

7...Ke7 8.Nd5#: 흑의 킹은 도망갈 자리가 없습니다. 상대핀을 풀면서 멋진 퀸 희생 체크 메이트를 백이 만들어 냈습니다!

하나 더

희생(Sacrifice)은 무엇인가요?

체스에서 희생은 내 기물을 포기하면서 다른 전술이나 위치적인 이점을 얻고자 하는 수입니다. 가치 있는 기물을 상대의 더 약한 기물에게 일부러 잡히게 해서 다른 이득을 얻죠. 보통 희생은 찾기 어렵지만, 상대의 예측을 뛰어넘어 희생으로 게임을 승리하면 정말 기분이 좋답니다.

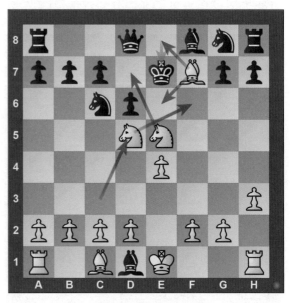

7...Ke7 8.Nd5#

흑의 g4 비숍이 f3 나이트에 핀을 걸고 있지만 백은 여기서 놀라운 수를 찾아냅니다. 비숍으로 폰을 잡으면서 희생 플레이에 들어갑니다!

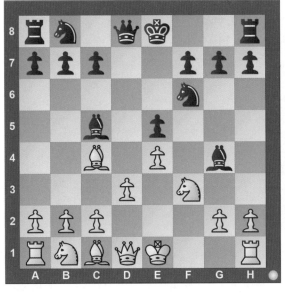

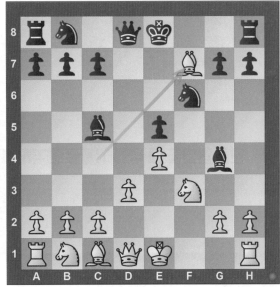

1.Bxf7+!

나이트가 e5의 폰을 잡으면서 킹과 비숍을 동시에 공격합니다(포크). 강제 수순이 진행된 후 백은 비숍과 나이트를, 흑은 비숍과 나이트, 폰 2개를 잡혀, 희생 플레이로 백이 2점 유리한 포지션이 됩니다!

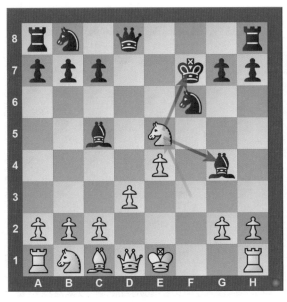

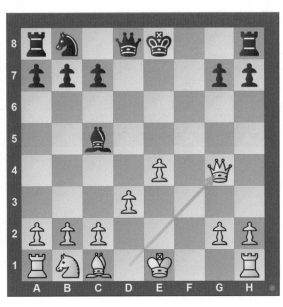

1...Kxf7 2.Nxe5+

2...Ke8 3.Nxg4 Nxg4 4.Qxg4

하나
더

강제수(Forcing Move)는 무엇인가요?

강제수는 상대가 반드시 대응해야 하는 수를 의미합니다. 그 대응의 수순은 제한될 수밖에 없기 때문에 상대의 수를 예측하기도 쉬워집니다. 많은 전술은 강제수를 포함하고 있으며, 대표적인 강제수는 체크메이트 위협, 체크, 잡기, 공격을 동반하게 됩니다.

핀을 걸었을 때 추가 기물로 공격하기

핀을 걸었을 때는 바로 점수 이득이 되는 경우도 있지만, 대부분은 핀을 건 것만으로는 점수 이득이 되지 않는 경우도 많습니다.

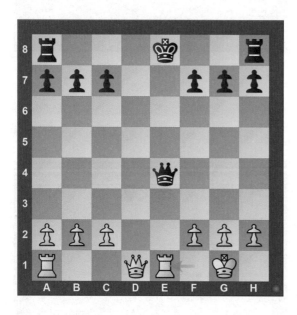

왼쪽 그림과 같은 상황에서는 룩으로 퀸을 핀 걸었기 때문에 퀸은 도망가지 못하고 백은 다음 턴에 점수 이득을 확실하게 볼 수 있습니다.

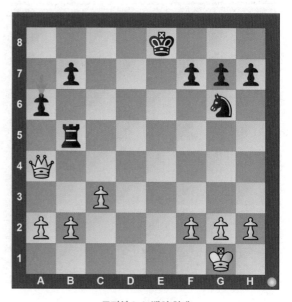

오른쪽 그림과 같은 상황에서는 흑의 b5 룩은 움직이지 못하지만 a6의 폰이 지켜주고 있기 때문에 퀸으로 룩을 잡을 수는 없습니다. 그렇다면 어떻게 해야 할까요?

포지션 1-1: 백의 차례

포지션 1-2

오른쪽 그림과 같은 상황에서도 백의 b5 비숍이 흑의 c6 나이트에 핀을 걸고 있지만 두 기물의 가치는 같기 때문에 핀 자체만으로는 이득을 볼 수 없습니다. 이때 약한 기물로 추가로 공격하면 됩니다!

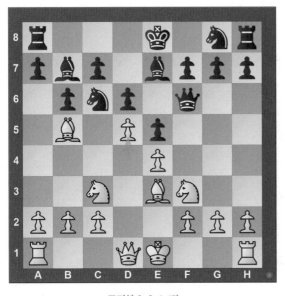

포지션 2-2: 1.d5!

이럴 때는 최대한 가치가 낮은 기물로 핀에 걸린 기물을 공격해 주는 것이 가장 좋습니다.

폰으로 룩을 공격합니다. 흑은 정말 룩을 피하고 싶겠지만 핀이라서 피할 수가 없어요! 다음 차례에 폰으로 룩을 잡으면 점수 이득이 됩니다. 1.c4를 폰으로 룩을 공격합니다.

1.c4!

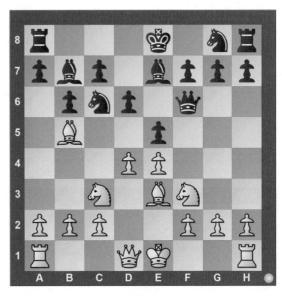

포지션 2-1

이제 흑의 나이트는 위험하며, 다음 턴에 잡히게 됩니다. **1...a6 2.dxc6 axb5 3.cxb7**, 백이 3점 이득으로 교환이 진행됩니다.

핀에 걸린 기물은 움직일 수 없다는 사실에 주목한다면 핀에 걸린 기물이 보호하고 있는 기물을 잡을 수 있을 때가 많다는 것을 알 수 있습니다.

백의 b3 비숍이 흑의 f7 폰을 핀 걸고 있다는 사실이 보이나요? f7의 폰은 움직일 수 없기 때문에 g6의 흑 폰은 방어가 없는 것과 마찬가지입니다.

백의 차례

퀸은 핀 덕분에 안전하게 폰을 잡으면서 체크메이트로 대국을 승리합니다.

1.Qxg6#

오른쪽 그림과 같은 상황에서 백은 어떻게 핀을 걸고 있을까요? 바로 d7의 폰에 핀을 걸고 있습니다. 왜냐하면 그곳에 폰이 다른 파일로 움직인다면 d1의 백 룩에게 d8의 흑 퀸이 잡힙니다! 이를 파악했다면 d7 폰이 지키고 있는 기물을 잡는 수가 좋다는 것을 알 수 있습니다.

백의 차례

흑은 폰으로 비숍을 잡으면 룩에게 퀸이 잡히며, 비숍을 잡지 않으면 f7의 룩이 핀에 의해 잡힙니다. 핀을 이용해 새로운 핀을 만드는 멋진 수네요!

1.Bxe6!

01 백 차례에서 핀을 걸면서 기물 이득을 노릴
수 있는 수는 무엇일까요?

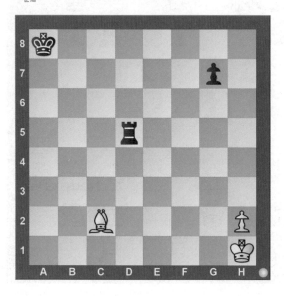

02 백 차례에서 핀을 걸면서 기물 이득을 노릴
수 있는 수는 무엇일까요?

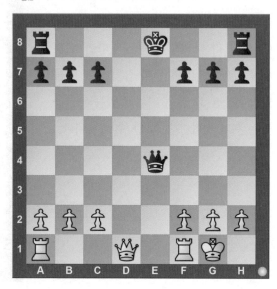

03 백 차례에서 핀을 걸면서 기물 이득을 노릴
수 있는 수는 무엇일까요?

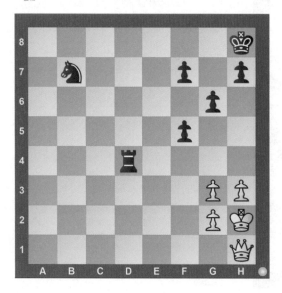

04 백 차례에서 핀을 걸면서 기물 이득을 노릴
수 있는 수는 무엇일까요?

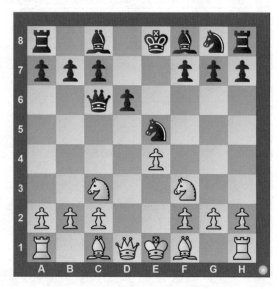

05

백의 b5 비숍은 흑의 c6 나이트가 움직이지 못하게 핀을 걸고 있습니다. 이를 이용해 이득을 보는 수는 무엇일까요?

06

백 차례에서 핀을 걸면서 기물 이득을 노릴 수 있는 수는 무엇일까요?

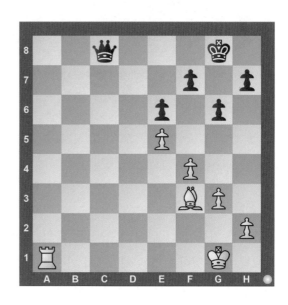

07

백 차례에서 핀을 걸면서 기물 이득을 노릴 수 있는 수는 무엇일까요?

08

백 차례에서 핀을 이용해 체크메이트를 성공해 보세요.

4 | Skewer
스큐어

스큐어는 직선, 대각선으로 한 줄에 있는 기물을 공격하는 전술입니다. 핀과 유사하지만 핀과의 차이점이 있어요. 그 차이점에 대해 알아봅시다.

이 챕터에서 배우는 내용

- 스큐어 전술의 개념
- 스큐어 전술을 찾는 방법

핀 전술

중요한 기물이 더 뒤에 있습니다. 흑의 킹이 룩보다 뒤에 있어요(킹은 체스에서 가장 중요한 기물입니다). 룩은 움직일 수 없습니다.

스큐어 전술

중요한 기물이 공격 경로의 앞에 있습니다. 흑 킹은 도망가야 하고, 뒤에 덜 중요한 기물인 룩이 잡히게 됩니다.

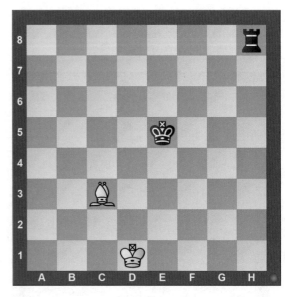

흑의 차례

조금 더 복잡한 상황에서의 스큐어 전술을 찾아봅시다. 왼쪽 그림과 같은 상황에서 백은 퀸과 비숍, 폰 5개를 가지고 있고, 흑은 퀸과 폰 5개만을 가지고 있기 때문에 점수상으로는 백이 더 유리합니다. 하지만 이 상황을 스큐어 전술로 역전시킬 수 있어요!

흑은 백의 킹과 퀸이 같은 직선에 있다는 것에 주목합니다. 1...Qd1로 킹을 체크로 겁니다. 흑의 킹이 체크를 벗어나려면 킹이 움직일 수밖에 없습니다.

1...Qd1+

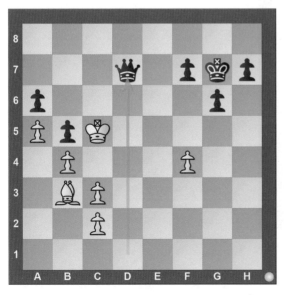

2.Kc5 Qxd7

흑은 퀸을 공짜로 잡았고, 상황은 역전되었습니다.

스큐어를 빠르게 찾기 위해서는 상대 기물의 배치를 열심히 관찰하는 것이 중요합니다. 백의 c4 퀸과 a2 룩이 같은 대각선에 있는 것이 보이나요? 바로 퀸과 룩을 공격해 보아요!

흑의 차례

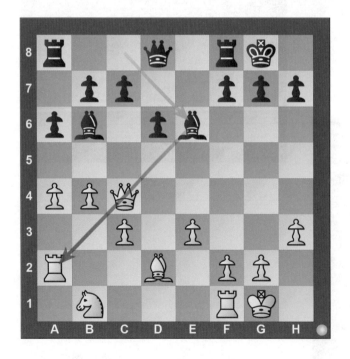

비숍은 f7 폰의 보호를 받으며 안전하게 퀸을 공격합니다. 퀸이 피하면 a2의 룩은 잡힐 수밖에 없습니다.

1...Be6!

연습문제

01 백 차례에서 스큐어 전술을 이용해 기물 이득을 볼 수 있는 수는 무엇일까요?

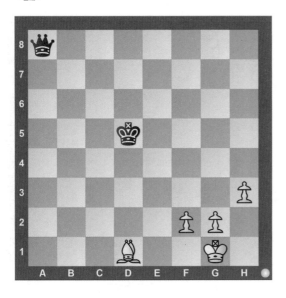

02 백 차례에서 스큐어 전술을 이용해 기물 이득을 볼 수 있는 수는 무엇일까요?

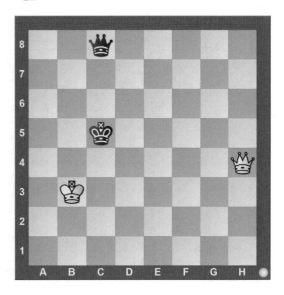

03 백 차례에서 스큐어 전술을 이용해 기물 이득을 볼 수 있는 수는 무엇일까요?

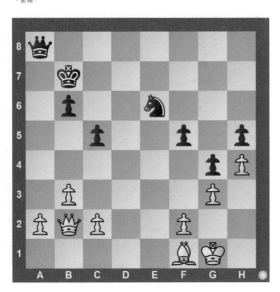

04 백 차례에서 스큐어 전술을 이용해 기물 이득을 볼 수 있는 수는 무엇일까요?

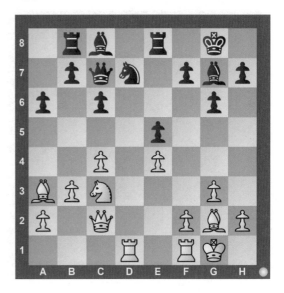

05 · 문제 · 흑 차례에서 스큐어 전술을 이용해 기물 이득을 볼 수 있는 수는 무엇일까요?

06 · 문제 · 흑 차례에서 스큐어 전술을 이용해 기물 이득을 볼 수 있는 수는 무엇일까요?

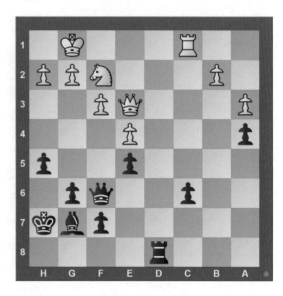

07 · 문제 · 흑 차례에서 스큐어 전술을 이용해 유리하게 대국을 진행할 수 있는 수는 무엇일까요?

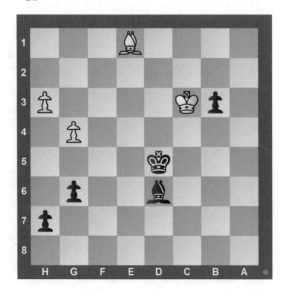

08 · 문제 · 흑 차례에서 스큐어 전술을 이용해 기물 이득을 볼 수 있는 수는 무엇일까요?

Discovered Attack
디스커버드 공격

디스커버드 공격은 2개의 기물로 2개 이상의 기물을 동시에 공격하는 것입니다. 보통 공격을 가로막고 있던 기물을 이동하면서 가려져 있던 기물이 공격하면 2개의 기물로 2개의 공격을 할 수 있게 됩니다.

이 챕터에서 배우는 내용
- 디스커버드 공격을 시도하는 방법
- 디스커버드 체크의 활용
- 더블 체크의 활용

e1에 있는 백의 룩이 보이나요? 만약 e2에 비숍이 다른 자리에 있다면 e1의 룩은 e6의 흑 퀸을 공격할 수 있습니다. 그렇다면 e2의 비숍을 움직여 퀸을 공격합니다. 비숍을 어디로 움직이는 게 좋을까요? 평범하게 Bf1로 움직여 상대가 룩의 공격을 눈치챘다면 안전한 자리로 도망갈 수 있을 거예요.

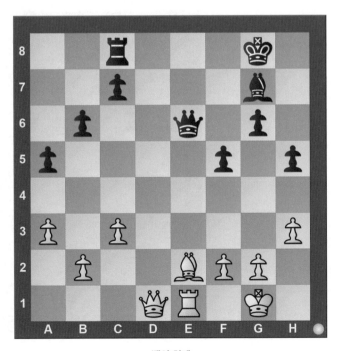

백의 차례

비숍을 이동한 후 공격했지만 흑 퀸은 안전한 자리로 피합니다. 그렇다면 어떻게 해야 할까요? 비숍이 움직이면서 가장 강한 다른 기물을 공격하는 것이 중요합니다.

1.Bf1대신 1.Ba6!를 두면 디스커버드 공격에 성공합니다.

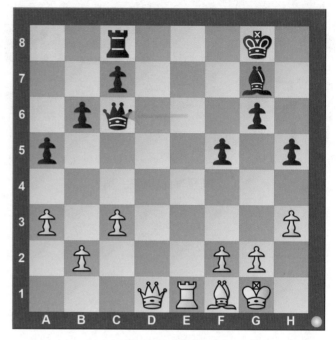

1.Bf1 Qc6

룩은 흑의 퀸을 공격하기 때문에, 비숍은 퀸 외에 가장 강한 기물을 공격하면 됩니다. 오른쪽 그림과 같은 상황에서는 c8의 룩이 좋겠네요. 비숍이 룩의 길을 열어 주면서 e1의 룩은 e6의 퀸을 공격하죠. a6으로 이동한 비숍은 동시에 룩을 공격합니다.

흑은 더 가치 있는 기물을 살려야 하기 때문에 퀸을 피하겠지요? 퀸이 피하면 비숍으로 룩을 잡으면서 점수 이득이 됩니다.

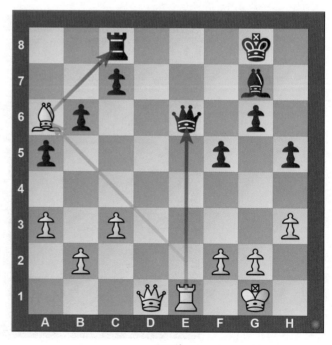

1.Ba6!

디스커버드 공격 중에서도 강력한 패턴이 있습니다. 이동하는 기물이 체크를 걸면서 공격한다면 디스커버드 체크(Discovered Check)가 됩니다. 체스에서 체크는 무조건 벗어나야 하기 때문에 아주 강력한 공격이 되어요!

오른쪽과 같은 상황에서 백에게 가장 좋은 수는 무엇일까요? e2에 퀸이 있기 때문에 e5의 나이트가 이동하면 체크를 걸 수 있습니다. 디스커버드 체크가 가능한 거예요! 그렇다면 나이트는 어떻게 이동해야 할까요? 나이트는 가장 가치가 높은 기물을 공격하는 것이 좋습니다.

1.e4 e5 2.Nf3 Nf6 3.Nxe5 Nxe4? 4.Qe2 d5 5.d3 Nf6?

퀸은 흑 킹에 체크를 걸고 있고, 나이트는 흑의 퀸을 공격합니다. 흑은 체크를 벗어나야 하는데 체크를 벗어나면서 d8의 퀸을 살릴 수가 없습니다. 백은 무조건 다음 수에 퀸을 나이트로 잡을 수 있습니다.

6.Nc6+!

현재 백의 비숍은 위험한 상태입니다. b6의 나이트와 c7의 퀸이 공격하고 있어요! 방어는 c2의 퀸밖에 없습니다. 그렇다면 어떻게 해야 할까요? 비숍이 e6의 폰을 잡으면서 체크를 겁니다.

이 수는 c2에 퀸이 없다면 안 좋은 수가 되겠지요? c8의 비숍에게 잡히니까요. 하지만 c2의 백 퀸이 방어가 없는 c7 퀸을 공격하기 때문에 좋은 수가 됩니다. 백은 비숍을 내주고 퀸을 잡았습니다. 6점 이득을 얻은 상태로 교환되었습니다.

백의 차례

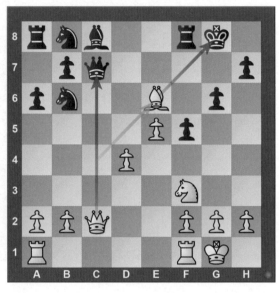

1.Bxe6+ 1...Bxe6 2.Qxc7

3대 세계 체스 챔피언인 카파블랑카의 디스커버드 체크 활용을 살펴봅시다.

세계 체스 챔피언인 카파블랑카가 백을 잡고 있는 상황입니다. 백은 어떻게 점수 이득을 노릴 수 있을까요?

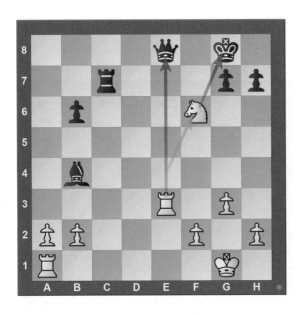

백은 나이트를 희생하면서 나이트는 체크를, 룩은 퀸을 공격합니다. 다음 턴에 백은 흑의 퀸을 잡을 수 있습니다. 디스커버드 체크 중에서도 특히 강력한 패턴은 '더블 체크(Double Check)'입니다.

1.Nf6+!

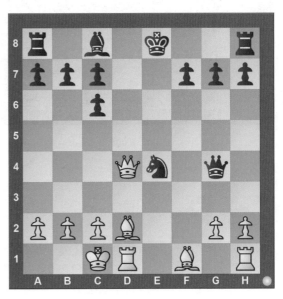

현재 흑의 킹은 캐슬링이 되어 있지 않군요. 여기서 백은 아주 놀라운 수를 찾아냅니다.

Maczuski – Kolisch, 1864년 경기

퀸을 희생합니다. 퀸을 희생하는 이유는 그 이후 더블 체크 전술을 노리기 위함입니다.

1.Qd8!!

d1의 룩과 g5의 비숍이 흑 킹을 동시에 체크 걸고 있습니다. 바로 더블 체크입니다. 멋진 체크메이트네요!

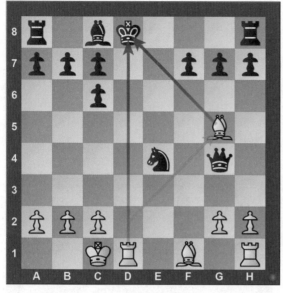

1...Kxd8 2.Bg5+

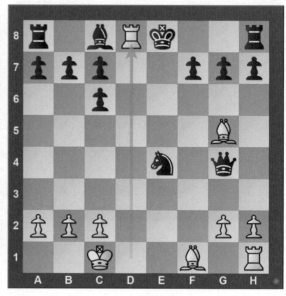

2...Ke8 3.Rd8#

포크와 디스커버드 공격을 묶어서 '더블 어택(Double Attack)'이라고 얘기합니다. 포크는 하나의 기물로 2개 이상의 기물을 공격하고, 디스커버드는 2개의 기물로 2개 이상의 기물을 공격한다는 차이점이 있어요!

연습문제

01
문제

백 차례에서 디스커버드 공격으로 점수 이득을 볼 수 있는 수는 무엇일까요?

02
문제

백 차례에서 디스커버드 공격으로 점수 이득을 볼 수 있는 수는 무엇일까요?

03
문제

흑 차례에서 디스커버드 공격으로 점수 이득을 볼 수 있는 수는 무엇일까요?

04
문제

흑 차례에서 디스커버드 공격으로 점수 이득을 볼 수 있는 수는 무엇일까요?

05 ·문제·
백 차례에서 디스커버드 체크로 점수 이득을 볼 수 있는 수는 무엇일까요?

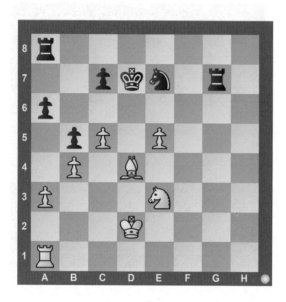

06 ·문제·
흑 차례에서 흑은 체크에 걸려 있는 상황입니다. 체크를 어떻게 벗어나는 것이 가장 좋을까요?

07 ·문제·
백 차례에서 더블 체크를 이용해 체크메이트를 성공하는 수는 무엇일까요?

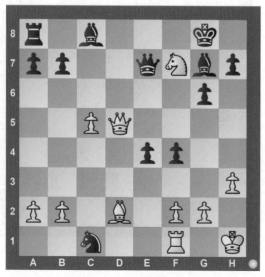

08 ·문제·
흑은 백의 c7 나이트에 의해 포크가 걸려 있는 상황입니다. 이 상황을 역전할 수 있는 수는 무엇일까요?

6 | Removing the guard
방어자 제거

방어자 제거 패턴은 방어가 존재하는 기물을 잡거나, 유인해서 이득을 보는 방법입니다.

이 챕터에서 배우는 내용
- 방어자 제거 전술의 개념
- 방어자 제거 전술을 활용하는 방법

다음과 같은 상황에서 백은 2개의 공격을 가지고 있습니다. f4의 나이트가 e6의 비숍을 공격하고 있으며 c1의 나이트는 b3의 나이트를 공격하고 있어요. 둘 중 어느 것을 잡을지 어떻게 판단할까요? 두 가지 가능성 모두를 계산해 보는 것이 중요합니다.

만약 **1.Nxb3**으로 진행하면 흑의 최선의 수는 무엇일까요? e6의 비숍이 다시 되잡을 수 있다는 것, 눈치채셨나요? **1...Bxb3** 이후 동등한 교환이 됩니다. 여기서 먼저 **1.Nxe6+**를 시도하면 어떻게 될까요? 흑은 체크이기 때문에 좋은 수는 **1...fxe6**밖에 없습니다. 그 후 b3 나이트의 방어가 없어졌기 때문에 **2.Nxb3**으로 3점 이득을 볼 수 있습니다.

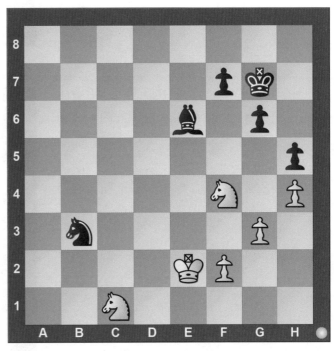

백의 차례

방어자 제거를 성공하기 위해서는 2개 이상의 공격이 있어야 하며, 상대가 방어하고 있는 기물을 없애는 수를 두면서 이득을 볼 수 있습니다.

오른쪽 그림과 같은 상황에서는 g5의 백 비숍이 f6의 흑 나이트를 공격하고 있으며, g3의 백 퀸은 g4의 흑 비숍을 공격하고 있습니다.

1.Bxf6!(g4 비숍의 방어기물인 나이트를 잡습니다) **1...Bxf6 2.Qxg4**

백의 차례

백은 3점의 이득을 얻었습니다. 백이 잡은 기물은 6점이며, 흑이 잡은 기물 3점입니다.

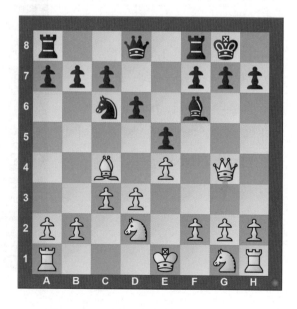

1.Bxf6! Bxf6 2.Qxg4

01
문제

백 차례에서 방어자 제거 전술을 이용해 기물 이득을 만들어 보세요.

02
문제

백 차례에서 방어자 제거 전술을 이용해 기물 이득을 만들어 보세요.

03
문제

흑 차례에서 방어자 제거 전술을 이용해 기물 이득을 만들어 보세요.

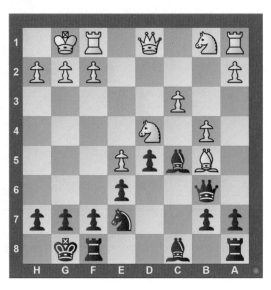

04
문제

흑 차례에서 방어자 제거 전술을 이용해 게임에서 승리해 보세요.

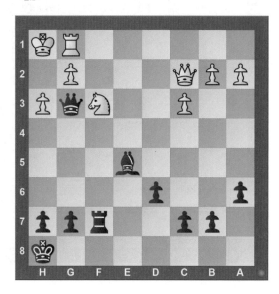

7 | Overload
과부하

과부하는 한 가지 기물이 너무 많은 방어 역할을 하고 있을 때 이를 이용해 이득을 보는 패턴입니다.

이 챕터에서 배우는 내용

- 과부하 전술의 개념
- 과부하 전술의 활용 방법

g8의 흑 퀸은 c8의 비숍, f7의 룩, g6의 룩을 동시에 보호하고 있습니다. 혼자서 너무 많은 기물을 방어하고 있네요. 그렇다면 백은 어떻게 해야 이득을 볼 수 있을까요?

백은 룩을 교환합니다. 흑은 다시 되잡지 않으면 5점 손해이기 때문에 되잡을 수밖에 없습니다. 그 후에 백은 2.Qxc8로 비숍을 공짜로 잡을 수 있습니다.

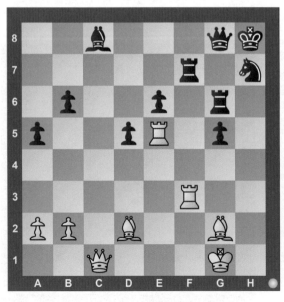 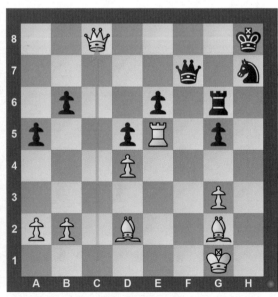

1.Rxf7! Qxf7 2.Qxc8

오른쪽 그림과 같은 상황에서 백은 어떻게 과부하를 이용해 이득을 볼 수 있을까요?

현재 백은 킹의 위치가 매우 좋습니다. c5의 흑 룩과 e5의 흑 나이트를 둘 다 공격하고 있어요. 흑의 두 기물은 d6의 폰에 의해 보호되고 있습니다. 그렇다면 폰이 과부하되어 있는 거예요.

1.Rxe5! (d6의 폰을 유인합니다) **1...dxe5 2.Kxc5**

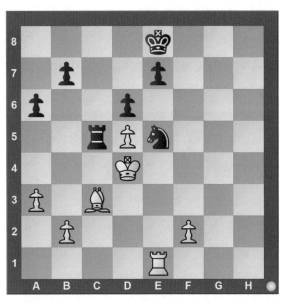

백의 차례

백은 룩과 나이트를 잡았고 흑은 룩만 잡았기 때문에 3점 이득이 됩니다.

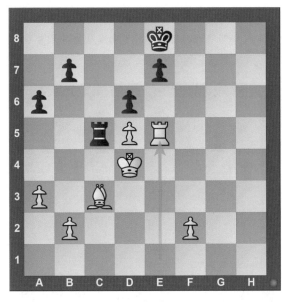

1.Rxe5! dxe5

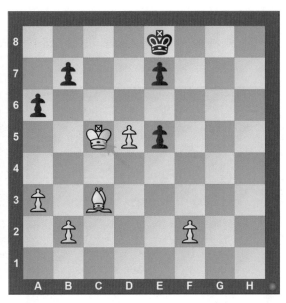

2.Kxc5

연습문제

01
·문제·
백 차례 과부하 전술을 이용해 기물 이득을 만들어 보세요.

02
·문제·
흑 차례에서 과부하 전술을 이용해 기물 이득을 만들어 보세요.

03
·문제·
백 차례에서 과부하 전술을 이용해 기물 이득을 만들어 보세요.

04
·문제·
백 차례에서 과부하 전술을 이용해 기물 이득을 만들어 보세요.

8 | Decoy 디코이

디코이는 상대 기물을 특정 칸으로 유인해서 이득을 보는 방법으로, 특히 희생을 통해 유인하는 경우가 많습니다.

이 챕터에서 배우는 내용

- 디코이 전술의 개념
- 디코이 전술의 실전 활용

백은 여기서 어떻게 확실하게 기물 이득을 볼 수 있을까요? **1.Rg8+**, 스큐어를 거는 룩 희생입니다. 만약 1...Ke7로 움직여도 퀸이 잡히기 때문에 흑은 1...Kxg8로 대응할 수밖에 없습니다.

1.Rg8+

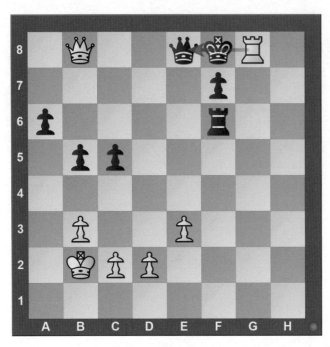

2. Qxe8+

백은 룩을 희생해서 흑 퀸의 유일한 방어기물인 킹을 끌어냈습니다. 그 후 2.Qxe8+로 백은 안전하게 흑의 퀸을 잡을 수 있습니다.

4대 세계 체스 챔피언이었던 알레킨이 멋진 디코이 공격을 보여 준 장면입니다. 오른쪽 그림과 같은 상황에서 a3의 백 퀸이 f8의 흑 룩을 공격하는 것이 보이나 요? 하지만 g8의 흑 킹이 보호하고 있기 때문에 1.Qxf8을 하면 손해가 됩니다. 그렇다면 킹을 어떻게 끌어낼까요?

1.Bxh7+로 비숍으로 체크를 걸면서 킹을 유인한 다음 비숍을 희생해서 흑의 룩을 잡습니다. 백은 3점 이득을 보았습니다.

1.Bxh7+ 1...Kxh7 2.Qxf8

01
·문제·
흑 차례에서 디코이 전술을 이용해 기물 이득을 노려 보세요.

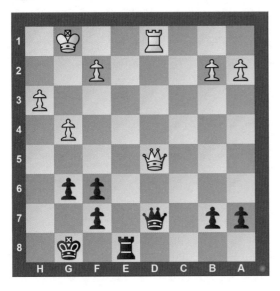

02
·문제·
백 차례에서 디코이 전술을 이용해 기물 이득을 노려 보세요.

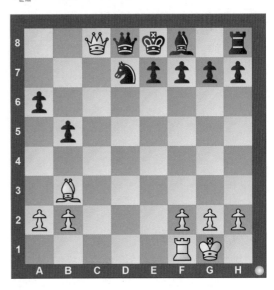

03
·문제·
백 차례에서 디코이 전술을 이용해 기물 이득을 노려 보세요.

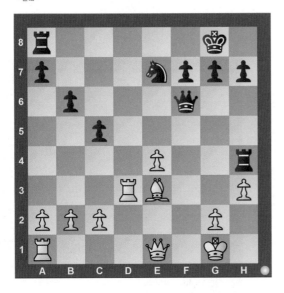

04
·문제·
백 차례에서 디코이 전술을 이용해 이 불리한 상황을 어떻게 역전할 수 있을까요?

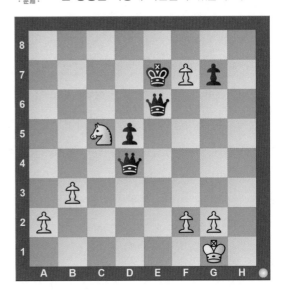

9 | In-between Move
사잇수

사잇수는 서로 위협을 가하고 있을 때 일반적으로 예상하는 위협에 대처하는 수가 아닌 시간을 버는 수를 의미합니다.

이 챕터에서 배우는 내용

- 사잇수 전술의 개념
- 사잇수 전술의 실전 활용

시간(Time)이란?

체스에서 시간은 '턴'을 의미합니다. 체스는 서로 한 턴씩 번갈아 두는 게임이기 때문에 기본적으로 주어진 턴은 같지만 때로는 '턴을 벌었다(Gain a time)'라고 표현하는 경우가 있습니다. 보통 체크, 잡기, 공격을 통해 상대의 선택지를 줄이고 수를 강제함으로써 좋은 상황을 만드는 경우 '시간에서 이득을 봤다'라고 얘기합니다.

체스에서 시간은 체스 시계에서의 시간이라는 의미도 있지만, 이렇게 전략적인 요소의 '시간' 개념도 있다는 것을 명심하세요!

오른쪽 포지션은 서로 공격을 가하고 있는 특수한 포지션입니다. a3의 백 퀸과 e7의 흑 비숍, b1의 흑 퀸과 c2의 백 비숍이 서로를 공격하고 있어요. 또 중요한 점은 흑은 1...Qf1#를 노리고 있다는 점입니다. 그렇다고 1.Bxb1을 하면 1...Bxa3으로 서로 퀸을 교환하는 결과가 나오게 됩니다. 이 상황에서 백은 어떻게 이득을 볼 수 있을까요?

흑은 백이 Bxb1을 하고 퀸이 교환될 것이라
고 예상했지만 백은 그 예측보다 더 좋은 수를
찾아냅니다. **1.Qa8+!** 로 안전하게 이동하며 체
크를 겁니다. 이제는 백 퀸은 위험하지 않고,
흑 퀸만 위험하게 되지요. 무엇보다 흑은 체크
에서 벗어나는 수를 둬야만 합니다.

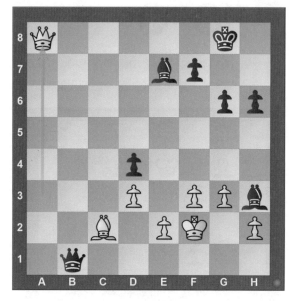

1.Qa8+!

1...Kg7 2.Bxb1 으로 진행되면 백은 아무런
손해 없이 퀸을 공짜로 잡을 수 있었습니다.

이렇게 상대가 둘 것이라고 예측되는 수 사
이에 내가 먼저 강제수를 통해 이득을 보는 수
를 '사잇수'라고 합니다.

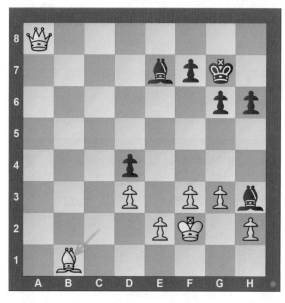

1...Kg7 2.Bxb1

연습문제

01
문제

디스커버드 공격을 이용한 사잇수 전술을 활용해 기물 이득을 보는 수는 무엇일까요?

02
문제

흑 차례에서 사잇수 전술을 이용한 흑의 최선의 수는 무엇일까요?

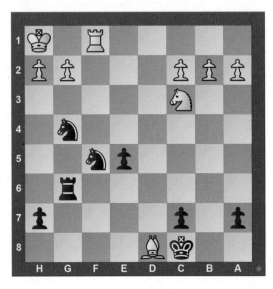

03
문제

흑 차례에서 사잇수 전술을 이용한 흑의 최선의 수는 무엇일까요?

04
문제

백 차례에서 백은 1.Bxb7을 하고 싶지만 1...cxb4로 퀸이 위험한 상황입니다. 이 상황에서 어떻게 이득을 볼 수 있을까요?

10 | 트랩
Trapped Piece

트랩은 기물이 도망가지 못하게 퇴로를 막고 이득을 획득하는 전술이며, 다양한 상황에서 나오게 됩니다.

이 챕터에서 배우는 내용

- 트랩 전술의 개념
- 트랩 전술의 실전 활용

현재 백의 퀸이 h6까지 깊숙이 들어와 있는 포지션입니다. 언뜻 볼 때는 백의 퀸이 굉장히 강력해 보이지만 실제로 킹에 압박을 넣고 있는 기물은 퀸밖에 없기 때문에 백의 퀸이 이렇게 깊숙이 들어온 것은 실수라고 볼 수 있습니다.

거기에 퇴로는 c1~h6 대각선밖에 없는 상황입니다. g5의 비숍은 d8의 퀸의 보호를 받으며 백 퀸을 공격합니다. h6의 퀸은 어디로 이동하든지 잡힙니다. 완벽하게 갇혀버린 셈이에요!

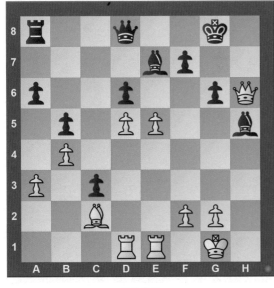

흑의 차례

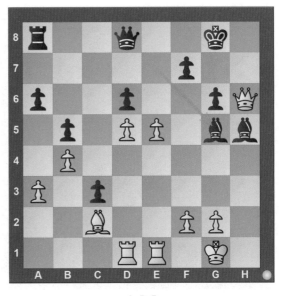

1...Bg5

때로는 세계 체스 챔피언도 이런 전술에 당한 적이 있습니다. 전설적인 세계 체스 챔피언십 중 하나인 1972년 스파스키와 바비 피셔의 대국입니다.

바비 피셔가 흑을 잡은 이 포지션에서 서로 폰 개수가 동등한 비숍 엔드 게임에 접어들었습니다. 바비 피셔는 이때 비숍으로 h2의 폰을 공짜로 잡는 결정을 합니다.

이 상황에서 백은 2.g3을 올려서 비숍의 퇴로를 차단합니다! 만약 **2...Bg1**로 피하더라도 **3.Ke2**로 인해 비숍은 f2 폰을 잡을 수 없고 백의 킹이 접근해 흑 비숍이 잡힙니다. 당연히 **2...Bxg3**은 f2의 폰이 보호하고 있기 때문에 점수 손해가 됩니다. 바비 피셔는 h 폰을 올려서 비숍의 퇴로를 만들 생각을 합니다만 역부족입니다.

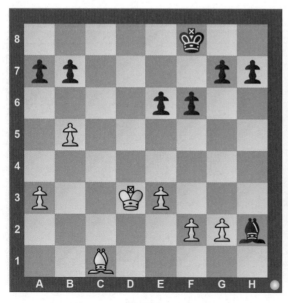

1...Bxh2

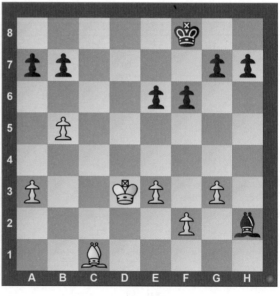

2.g3

흑은 이제 다음 턴에 비숍이 킹에게 잡히기 때문에 어쩔 수 없이 폰을 잡고 희생합니다. 이제 백에게 유리한 엔드 게임으로 진행되고 스파스키는 대국에서 승리했습니다.

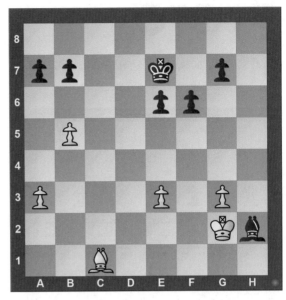

2...h5 3.Ke2 h4 4.Kf3 Ke7 5.Kg2 hxg3 6.fxg3

체스 명언

① 체스는 삶이다.

② 나는 심리학을 믿지 않는다. 좋은 수를 믿는다.

_ 바비 피셔

연습문제

01
문제

흑 차례에서 트랩 전술을 이용해 점수 이득을 노리는 수는 무엇일까요?

02
문제

흑 차례에서 트랩 전술을 이용해 점수 이득을 노리는 수는 무엇일까요?

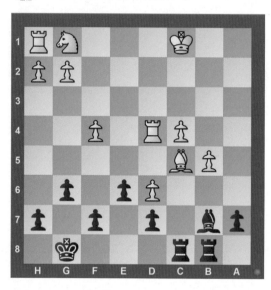

03
문제

백 차례에서 트랩 전술을 이용해 점수 이득을 노리는 수는 무엇일까요?

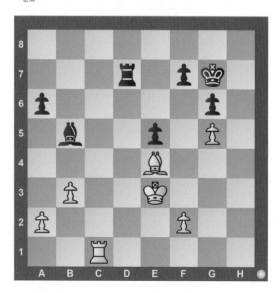

04
문제

백 차례에서 트랩 전술을 이용해 점수 이득을 노리는 수는 무엇일까요?

Interference

11 | 간섭

간섭은 공격 받은 기물과 그 수비 사이에 끼어들어서 상대의 방어를 방해하는 전술입니다. 나오는 빈도가 많지 않은 전술이지만 그렇기 때문에 자주 간과되고 수비하는 입장에서 예측하기 어려운 전술이기도 합니다.

이 챕터에서 배우는 내용

- 간접 전술의 개념
- 간접 전술의 활용

4대 세계 체스 챔피언 알레킨은 이 전술 한 방으로 대국에서 승리합니다. 알레킨은 e파일에서 퀸과 룩으로 강력한 압박을 넣고 있습니다. 하지만 바로 1...Qxe2를 하는 것은 a6에 백 퀸이 있기 때문에 손해입니다. a6의 퀸과 e2의 비숍은 서로를 보호해 주고 있습니다. 그렇다면 이 상황에서 어떻게 해야 할까요?

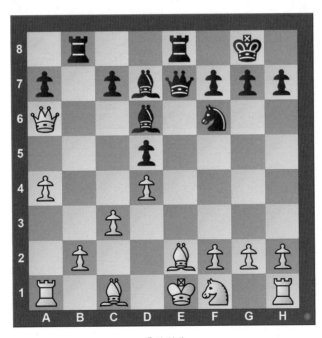

흑의 차례

1...Bb5!로 충격적이지만 아주 강력한 수를 둡니다. a4의 백 폰, a6의 백 퀸, e2의 백 비숍 모두 b5를 노리고 있지만 백은 누구로도 잡을 수 없습니다.

2.Qxb5 Rxb5로 점수 손해가 되며, 여전히 흑은 Qxe2로 체크메이트 위협을 가지고 있습니다. 2.Qa5로 퀸이 피하면 2...Qxe2#로 흑이 체크메이트하여 대국을 승리합니다. 2.axb5는 퀸의 길을 막기 때문에 2...Qxe2로 체크메이트가 되어 흑이 승리합니다.

이렇게 간섭 전술은 일반적으로 큰 점수 이득, 혹은 체크메이트로 마무리되는 강력한 전술 중 하나입니다.

체스 명언

체스의 모든 것을 배우기에 인생은 짧다.

_ 알렉산더 알례킨

01 흑 차례에서 간섭 전술을 이용해 점수 이득
을 노리는 수는 무엇일까요?

02 흑 차례에서 간섭 전술을 이용해 점수 이득
을 노리는 수는 무엇일까요?

03 흑 차례에서 간섭 전술을 이용해 점수 이득
을 노리는 수는 무엇일까요?

04 백 차례에서 간섭 전술을 이용해 프로모션
을 성공하는 수는 무엇일까요?

Part 3
이기는 게임을 위한 체크메이트 패턴

체크메이트는 체스의 승리 목표이기 때문에 여러 가지 체크메이트 패턴을 아는 것은 많은 대국을 더 쉽게 이길 수 있게 만들어 줍니다. 또 강력한 킹 공격을 조립하는 기본기가 됩니다. 다양한 체크메이트 패턴을 배워 실전에서 멋지게 체크메이트에 성공해 보세요!

1 Back-rank Mate
백 랭크 메이트

초반에 킹을 캐슬링하는 경우가 많습니다. 킹을 폰의 뒤에 두기 위해서지요. 하지만 중반 및 후반에는 이 때문에 체크메이트가 되기도 합니다. 룩과 퀸이 가장 뒤쪽의 랭크로 들어가서 체크메이트를 노리는 전술을 백 랭크 메이트라고 합니다.

이 챕터에서 배우는 내용
- 백 랭크 메이트의 패턴
- 백 랭크 메이트의 활용

현재 c파일에 백의 퀸과 룩이 중첩되어 있습니다. 이를 '배터리'라고 합니다. 여기서 백은 퀸을 희생하면서 체크메이트를 만들 수 있습니다.

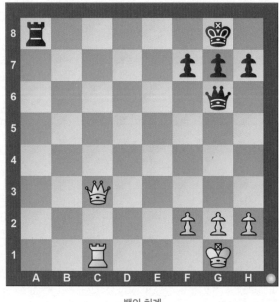

백의 차례

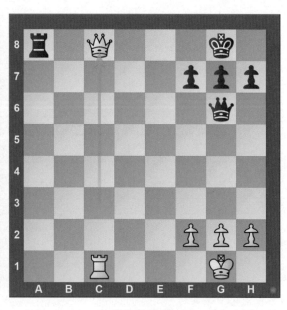

1.Qc8+ Rxc8

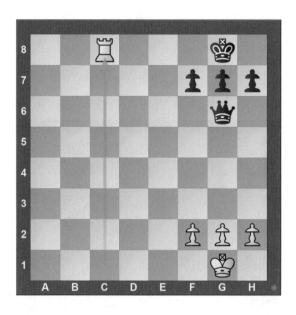

백은 퀸을 희생했지만 흑 킹은 7랭크의 폰 때문에 퇴로가 없습니다. 체크메이트로 백이 승리합니다. 백 랭크 메이트를 성공하기 위해서는 백 랭크를 방어하고 있는 방어 기물을 최대한 없애거나 유인해야 합니다.

오른쪽 포지션에서 평범하게 1.Rxd8+를 한다면 1...Rxd8 2.Rxd8 Qxd8로 룩 교환밖에 할 수 없습니다. 오른쪽 그림과 같은 상황에서 a8의 룩과 c7의 퀸이 백 랭크를 방어하고 있는 기물입니다. 어떻게 흑의 방어를 무너뜨릴 수 있을까요?

2.Rxc8#

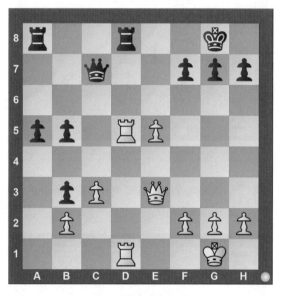

백의 차례

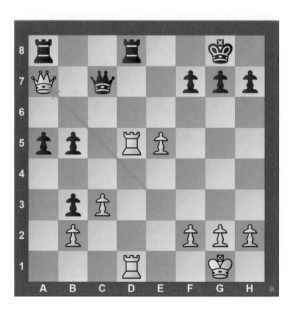

1.Qa7!는 아주 강력한 수입니다. 백의 퀸은 희생할 준비가 되었습니다. 흑이 퀸을 잡게 되면 체크메이트를 당하게 됩니다.

1...Qxa7 2.Rxd8+ Rxd8 3.Rxd8#로 게임이 끝나거나 1...Rxa7 2.Rxd8+ Qxd8 3.Rxd8#로 끝나게 됩니다. 1...Qc8로 안 잡고 버티게 되면 2.Qxa8 룩 이득으로 매우 유리한 포지션이 됩니다.

연습문제

01 흑 차례에서 백 랭크 메이트를 성공하는 수는 무엇일까요?

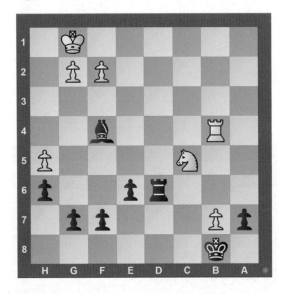

02 백 차례에서 백 랭크 메이트를 성공하는 수는 무엇일까요?

03 백 차례에서 백 랭크 메이트를 성공하는 수는 무엇일까요?

04 백 차례에서 디코이를 이용해 백 랭크 메이트를 성공하는 수는 무엇일까요?

2 | Battery Mate
배터리를 이용한 메이트

체크메이트는 하나의 기물로도 가능할 때가 있지만 대부분의 경우 2개 이상의 기물이 필요한 경우가 많습니다. 배터리는 무엇이고, 어떻게 이를 체크메이트에 활용할까요?

이 챕터에서 배우는 내용

• 배터리의 개념
• 배터리를 이용한 체크메이트의 활용

배터리는 퀸, 룩 비숍을 같은 직선, 혹은 같은 대각선에 일렬로 배치하는 것을 말합니다. 다음과 같은 포지션에서는 어떻게 배터리가 되어 있을까요? 백의 퀸과 비숍에 주목해 주세요. 대각선으로 일렬로 배치되어 있다는 것을 알 수 있습니다. 백은 여기서 **1.Qxg7#**를 두면 이기게 됩니다.

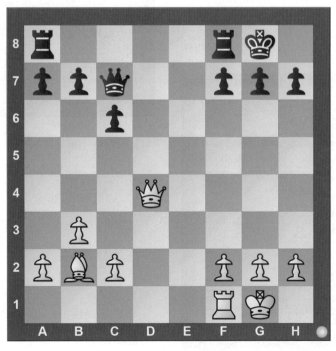

포지션 1-1: 백의 차례

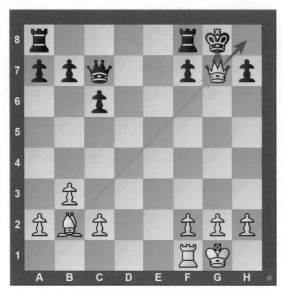

포지션 1-2: 1.Qxg7#

퀸은 b2 비숍의 보호를 받고 있습니다. 그렇기 때문에 흑 킹은 퀸을 잡을 수 없고 체크메이트가 만들어집니다.

오른쪽 그림과 같은 상황에서 백은 어떻게 체크메이트를 노릴 수 있을까요? 바로 배터리를 만들어서 체크메이트를 노리는 것이 가장 좋은 수입니다.

포지션 2-1

1.Qh2로 h2의 퀸과 h1의 룩을 배터리로 만들었습니다. 다음 수에 백은 Qh8을 둘 예정입니다. 놀랍게도 이 공격을 흑이 막는 것이 불가능합니다. h8은 추가적으로 방어하는 것은 불가능하기 때문이에요. 백은 손쉽게 체크메이트에 성공할 수 있습니다.

이렇게 배터리는 체크메이트를 노리는 아주 강력한 무기가 될 수 있습니다.

포지션 2-2

01
·문제·

백 차례에서 배터리를 이용해 체크메이트를 만드는 수는 무엇일까요?

02
·문제·

백 차례에서 배터리를 이용해 체크메이트를 만드는 수는 무엇일까요?

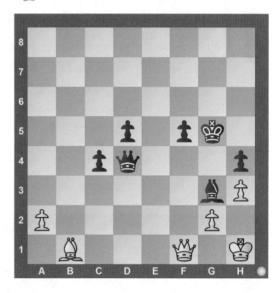

03
·문제·

백 차례에서 배터리를 이용해 체크메이트 위협으로 점수 이득을 만드는 수는 무엇일까요?

04
·문제·

백 차례에서 배터리를 이용해 체크메이트를 성공하는 방법은 무엇일까요?

3 | Smothered Mate
스모더드 메이트

스모더드 메이트에서 Smother는 '질식하다'라는 뜻을 가지고 있습니다. 체스에서 스모더드 메이트는 자신의 팀에 갇혀서 킹이 움직일 수 없는 경우를 얘기합니다.

이 챕터에서 배우는 내용
- 스모더드 메이트의 개념
- 스모더드 메이트의 활용

1497년, Lucena의 연구

백이 점수가 불리한 왼쪽 그림과 같은 상황에서 백은 아주 멋지게 체크메이트를 완성할 수 있습니다.

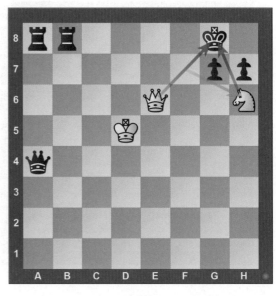

1.Qe6

1.Qe6+ Kh8(만약 1...Kf8 2.Qf7#로 백이 승리합니다) **2.Nf7+ Kg8 3.Nh6+**, 백은 강력한 더블 체크를 겁니다. 마찬가지로 **3...Kf8**은 **4.Qf7# 3...Kh8 4.Qg8+**로 체크를 겁니다.

4.Qg8+

b8의 룩을 유인하기 위한 퀸의 멋진 희생입니다. h6의 나이트 덕분에 흑은 킹으로는 퀸을 잡을 수 없고 반드시 룩으로 퀸을 잡아야 합니다.

흑의 킹은 자신의 팀에 갇혀서 나이트에게 체크메이트를 당했습니다. 퀸 희생을 통한 스모더드 메이트는 실전에서도 자주 활용할 수 있는 패턴이기 때문에 완벽하게 숙지하는 것이 좋습니다.

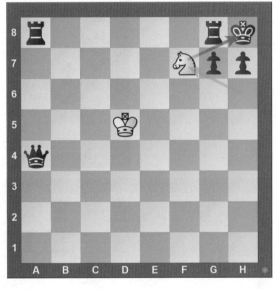

4...Rxg8 5.Nf7#

스모더드 메이트를 통해 다중 위협을 걸면서 점수 이득을 얻는 것도 가능합니다. 백의 퀸과 나이트 2개가 흑의 킹을 압박하고 있습니다. 여기서 가장 좋은 수는 무엇일까요? **1.Nd6!**입니다.

백의 차례

g4의 퀸이 방어가 없는 것은 개의치 않습니다. 2.Nf7#로 스모더드 메이트를 노리면서 2.Qxa4로 퀸을 공짜로 잡을 위협을 합니다. 1...Qxg4 2.Nf7#

1...Be8, 흑은 체크메이트를 예방할 수밖에 없습니다. 2.Qxa4, 백은 스모더드 메이트 위협을 이용해 퀸을 공짜로 잡을 수 있었습니다.

1...Be8 2.Qxa4

1...Qxg4 2.Nf7#

연습문제

01
문제

백 차례에서 1수 체크메이트가 되는 수는 무엇일까요?

02
문제

백 차례에서 2수 체크메이트가 되는 수는 무엇일까요?

03
문제

흑 차례에서 스모더드 메이트를 성공하는 수는 무엇일까요?

04
문제

세계 체스 챔피언이었던 바비 피셔가 어린 시절 둔 대국 중 하나입니다. 흑 차례에서 체크메이트를 성공하는 방법은 무엇일까요?

Arabian Mate

4 | 아라비안 메이트

아라비안 메이트는 룩과 나이트를 이용한 체크메이트로, 체스 역사상 가장 오래된 체크메이트 패턴 중 하나입니다.

이 챕터에서 배우는 내용

- 룩과 나이트의 연계 공격 패턴
- 아라비안 메이트의 활용

아라비안 메이트는 나이트가 f6에 있을 때 나이트의 보호를 받으면서 룩이 g8이나 h7로 체크를 걸면서 체크메이트를 만드는 패턴입니다. 다음과 같은 포지션에서 백은 1.Rh7을 둡니다. 룩은 흑 킹에 체크를 걸고 있으며, 나이트는 동시에 h7의 룩을 보호하며 g8 칸을 공격하고 있습니다. 흑 킹은 피할 곳이 없기 때문에 체크메이트가 됩니다.

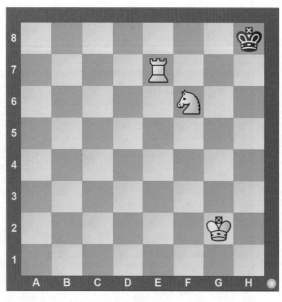

백의 차례

1.Rh7#

다음과 같은 포지션에서는 g5의 백 폰이 f6의 나이트를 보호하며 h6으로 흑 킹이 오지 못하게 막고 있습니다. 이때 아라비안 메이트 패턴으로 룩이 g8로 오면 f6 나이트의 보호를 받으며 체크를 걸고 체크메이트를 만들 수 있습니다. 이를 응용한다면 다양한 상황에서 아라비안 메이트를 성공할 수 있습니다.

백의 차례

1.Rg8#

백의 나이트가 f6에 아주 좋은 자리에 위치해 있습니다. 그렇다면 우리는 아라비안 메이트 패턴을 생각할 수 있습니다. 룩이 g8이나 h7로 온다면 체크메이트를 만들 수 있다는 얘기죠.

1.Qxf8+, 아주 멋진 희생으로 흑 킹은 잡을 수밖에 없습니다. 1...Kxf8 2.Re8+로 나이트의 보호를 받으며 체크를 겁니다. 2...Kg7 3.Rg8#, 퀸의 희생을 통해 멋진 체크메이트를 만들어 냈습니다.

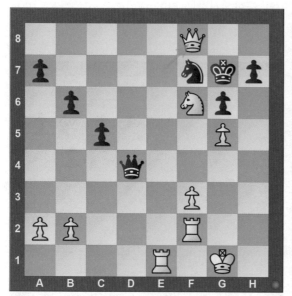 

체스의 역사는 1500년 전 인도의 차투랑가라는 게임에서 시작되었습니다. 인도에서 아라비아를 걸쳐 유럽으로 전파되면서 지금의 체스 규칙이 정립되었죠. 과거 아라비아 지방에서의 체스는 퀸이 없었습니다. 따라서 룩과 나이트를 이용한 체크메이트 패턴이 연구되었고, 이를 아라비안 메이트라고 부르게 됩니다.

01
· 문제 ·

흑 차례에서 아라비안 메이트를 만드는 방법은 무엇일까요?

02
· 문제 ·

백 차례에서 아라비안 메이트를 만드는 방법은 무엇일까요?

03
· 문제 ·

백 차례에서 아라비안 메이트를 만드는 방법은 무엇일까요?

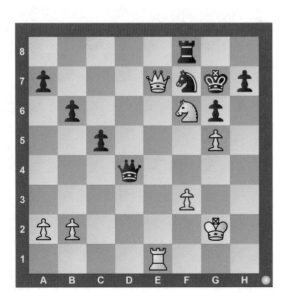

04
· 문제 ·

1대 세계 체스 챔피언 슈타이니츠의 실전 포지션입니다. 흑 차례에서 아라비안 메이트를 시도하는 좋은 수는 무엇일까요?

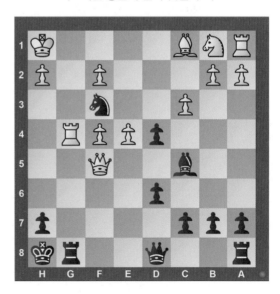

아나스타샤의 메이트

아나스타샤의 메이트는 '아나스타샤와 체스'라는 소설에서 이름을 따온 체크메이트 패턴입니다. 아나스타샤의 메이트도 아라비안 메이트와 마찬가지로 나이트와 룩을 이용한 체크메이트 공격입니다.

이 챕터에서 배우는 내용

- 룩과 나이트의 체크메이트 연계
- 아나스타샤의 메이트 활용

아나스타샤의 메이트의 핵심 패턴은 무엇일까요?

① 나이트가 백의 경우에는 e7, 흑의 경우에는 e2에 배치되어 있습니다.

② 흑의 킹이 h8에 있고 폰에 의해 막혀 있어서 움직일 곳이 없어야 합니다(백의 킹일 경우는 h1).

③ h파일을 어떤 수단을 이용해서든 열게 만듭니다(희생을 이용하는 경우가 많습니다).

④ 룩이 h파일로 이동해서 체크메이트를 완성합니다.

오른쪽 그림과 같은 상황에서는 아나스타샤의 메이트의 모든 조건을 만족합니다.

백의 차례

1.Qxh7+ Kxh7 2.Rh4#로 멋지게 아나스타샤의 메이트가 완성되었습니다.

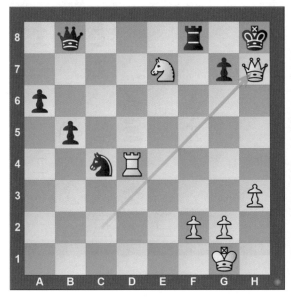

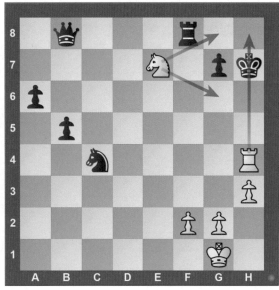

더 복잡한 상황에서 아나스타샤의 메이트 패턴을 살펴봅시다. 먼저 아나스타샤의 메이트를 성공하기 위해서는 나이트의 위치는 e2가 되어야 합니다.

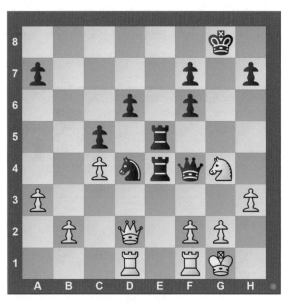

흑의 차례

1...Ne2+ 나이트가 체크를 걸고 흑 퀸은 h2를 보호하고 있기 때문에 백 킹은 h1로 이동할 수밖에 없습니다.

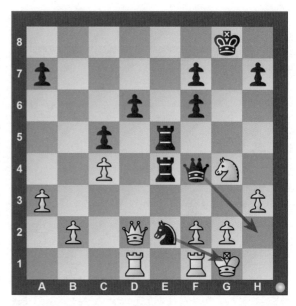

1...Ne2+

이제 h파일을 어떻게든 열어야 합니다. 어떻게 하면 흑은 h파일을 열 수 있을까요? h파일을 열기 위해서는 h3의 폰이 없어야 합니다. 여기서 우리는 유인 전술을 사용합니다. 2...Qxg4!로 폰이 지키고 있던 나이트를 잡으며 흑의 퀸을 희생합니다.

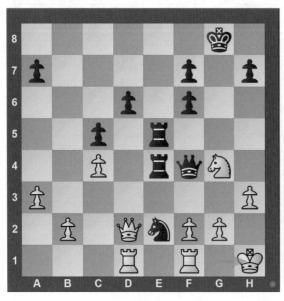

2.Kh1

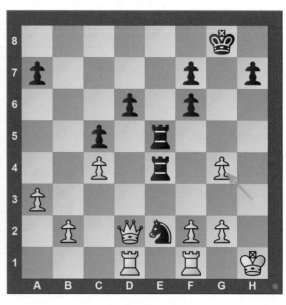

2...Qxg4! 3.hxg4

여기서 룩을 한 번 더 희생합니다. **3...Rh5!**
4.hxg5 Rh4#로 완벽하게 체크메이트가 만들
어진 모습입니다.

만약 전체적인 기물이 밀린다 하더라도 쉽게 포기하지 마세요. 체스보드의 특정 영역에, 특히 상대의 킹 쪽에 강력
한 기물이 상대보다 더 많이 배치되어 있으면 체크메이트로 게임을 역전할 수 있습니다.

01
문제

백 차례에서 아나스타샤의 메이트를 성공하는 수는 무엇일까요?

02
문제

흑 차례에서 아나스타샤의 메이트를 성공하는 수는 무엇일까요?

03
문제

백 차례에서 아나스타샤의 메이트를 성공하는 수는 무엇일까요?

04
문제

흑 차례에서 아나스타샤의 메이트를 성공하는 수는 무엇일까요?

Boden's Mate
보든의 메이트

보든의 메이트는 1853년 보든의 경기에서 나온 체크메이트 패턴입니다. 그의 이름을 따서 보든의 메이트라는 이름을 붙였지요. 보통 상대가 퀸사이드 캐슬링을 했을 때 시도할 수 있는 체크메이트 패턴 중 하나입니다.

이 챕터에서 배우는 내용

- 대각선 2개를 포위하는 체크메이트 공격 패턴
- 보든의 메이트 활용

다음과 같은 상황에서 보든은 멋진 체크메이트 공격을 성공시킵니다. 이 포지션에서 중요한 점은 f5에 있는 비숍의 위치입니다. 좋은 비숍의 위치 덕에 현재 백 킹은 움직일 곳이 없는 상태입니다.

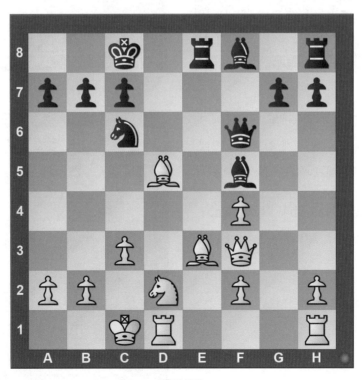

흑의 차례

1...Qxc3!, 퀸이 폰을 잡으며 체크를 겁니다. 퀸은 잡히지만 다음 턴에 비숍이 체크에 참여할 수 있어요. 백은 퀸을 잡는 것 외에는 선택지가 없습니다.

2.bxc3 Ba3#

두 비숍이 대각선으로 킹의 퇴로를 완전하게 포위하고 있습니다. 체크메이트로 보든은 15수 만에 이 경기를 이기게 됩니다.

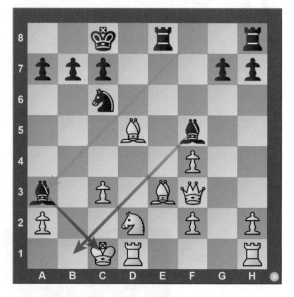

가끔은 킹이 중앙에 있는 경우에도 보든의 메이트가 나올 수 있습니다. 4대 세계 챔피언인 알렉산더 알례킨이 보여 준 체크메이트 패턴입니다.

1.e4 e6 2.d4 d5 3.Nc3 Bb4 4.Bd3 Bxc3+ 5.bxc3 h6 6.Ba3 Nd7 7.Qe2 dxe4 8.Bxe4 Ngf6 9.Bd3 b6

흑은 여기서 **9...b6?**라는 블런더를 둡니다.

블런더(Blunder)란 무엇인가요?

체스에서 블런더는 최악의 수, 실수(Mistake)를 말합니다. 보통은 시간 문제(남아 있는 시간이 부족해서), 부주의, 방심에서 나오는 경우가 많습니다. 보통 아마추어 레벨에서 많이 나오고, 마스터 레벨이 될수록 자주 나오지 않지만 사람은 완벽하지 않기 때문에 언제나 실수를 합니다. 심지어 세계 체스 챔피언도 블런더를 하기도 하죠. 블런더를 완전히 없앨 수는 없지만 줄이려고 노력할 수 있습니다. 블런더를 줄이는 것이 체스를 잘하기 위한 기본기가 됩니다.

세계 체스 챔피언 알레킨은 이 게임을 어떻게 승리했을까요? **10.Qxe6+**, a3의 비숍과 e6의 퀸이 완벽하게 킹을 포위합니다. 이 퀸의 희생으로 백은 강제로 체크메이트를 만들 수 있습니다.

10...fxe6 11.Bg6#, 보든의 메이트로 백이 승리합니다.

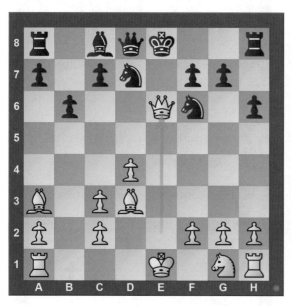

10.Qxe6!

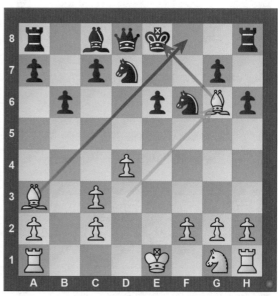

10...fxe6 11.Bg6#

보든의 메이트는 킹이 충분히 안전하게 방어되어 보이는 상황에서도 나올 수 있습니다. 2개의 비숍은 강력한 공격을 시도할 수 있어요!

01
·문제·
백 차례에서 어떤 수를 두어야 체크메이트가 될까요?

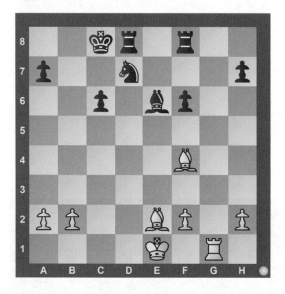

02
·문제·
백 차례에서 보든의 메이트를 성공하는 방법은 무엇일까요?

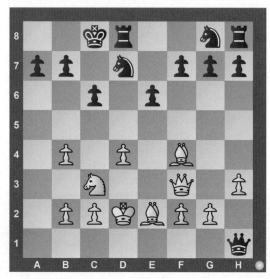

03
·문제·
흑 차례에서 체크메이트를 노리는 가장 좋은 수는 무엇일까요?

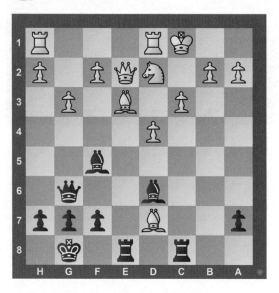

04
·문제·
백 차례에서 체크메이트를 성공하는 수는 무엇일까요?

Greco's Mate
그레코의 메이트

그레코의 메이트는 과거 이탈리아의 체스 작가 'Gioacchino Greco'의 이름을 따서 정립된 체크메이트 패턴입니다.

이 챕터에서 배우는 내용
- 퀸, 비숍, 나이트의 협력 공격 패턴
- 그레코의 메이트 활용

그레코의 메이트의 기본적인 패턴은 백을 기준으로, 흑의 킹은 킹사이드 캐슬링이 되어 있는 상태에서 백의 비숍은 a2, b3, c4, 백 나이트는 g5, 백 퀸은 h5에서 공격하는 체크메이트 패턴을 의미합니다. 보통 흑의 나이트가 f6에 없을 때 자주 나타나는 체크메이트 패턴입니다.

백은 체크메이트를 노리기 위해서 **1.Qh5**로 이동합니다.

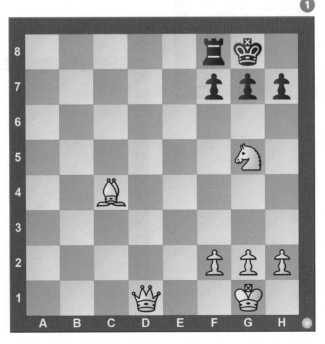

다음 수에 백은 2.Qh7로 체크메이트를 노릴
것이기 때문에 흑은 반드시 이를 막아야 합니
다. 1...h6

2.Bxf7+, 이때 비숍으로 체크를 겁니다. 만약
2...Rxf7로 되잡게 되면 3.Qxf7+ Kh8 4.Qf8#로
백이 승리합니다.

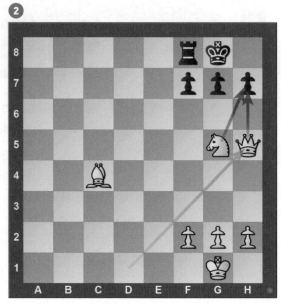

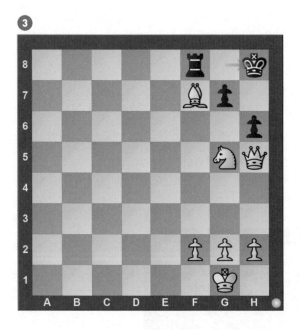

만약 2...Kh8을 두면 어떻게 백은 이 게임을
마무리할 수 있을까요?

백은 g5의 나이트가 위험하지만 신경 쓰지 않
습니다. 오히려 3.Qg6으로 들어가서 다음 수에
다시 4.Qh7#를 노립니다. 흑은 이제 체크메이
트를 막을 방법이 없습니다.

3...hxg5 4.Qh5#

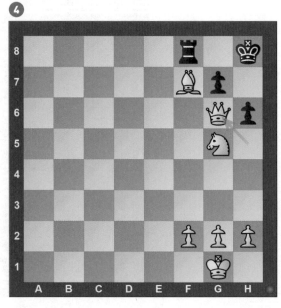

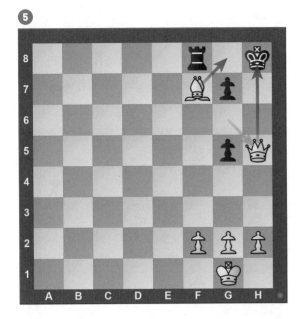

5

흑이 폰으로 나이트를 잡으면 **4.Qh5**로 이동하여 비숍과 퀸의 협력으로 체크메이트가 완성됩니다.

오른쪽 그림과 같은 상황에서 백은 그레코의 메이트를 성공하기 매우 좋은 포지션입니다.

1.Bc4+ Kh8 2.Ng5 h6 3.Qg6!

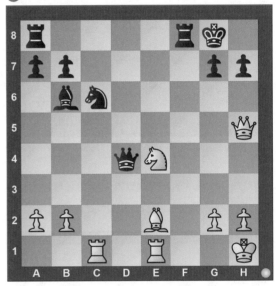

1

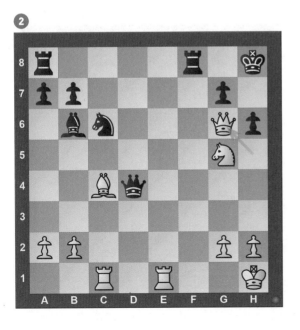

2

흑은 **4.Qh7#**를 막을 수 없습니다. 나이트를 잡으면 **4.Qh5#**가 됩니다.

01 백의 최선의 수는 무엇일까요?

02 백 차례에서 그레코의 메이트를 성공하는 수는 무엇일까요?

03 백 차례에서 그레코의 메이트를 성공하는 수는 무엇일까요?

04 백 차례에서 그레코의 메이트를 성공하는 수는 무엇일까요?

Legal's Mate
8 | 리갈의 메이트

리갈의 메이트는 오프닝에서 나오는 함정(Trap) 중 하나로 1700년대 프랑스 국적의
체스 플레이어 'Sire de Legal'의 이름을 딴 체크메이트 패턴입니다.

이 챕터에서 배우는 내용
- 오프닝에서의 체크메이트 패턴
- 리갈의 메이트 개념
- 리갈의 메이트 활용

1.e4 e5 2.Nf3 Nc6 3.Bc4 d6 4.Nc3 Bg4?!: 흑은 빠르게 비숍으로 핀을 거는 것을 선택합니다만 그
다지 좋지 않은 수입니다. 4...Be7로 전개를 지속하는 것이 더 좋은 수입니다. 자연스러운 전개처럼
보이는 4...Nf6도 5.Ng5때문에 좋지 않습니다.

5.h3: 먼저 비숍을 쫓아냅니다.
만약 흑이 5...Bxf3으로 나이트를
잡는다면 6.Qxf3으로 백은 빠른
전개를 가지게 됩니다.

5...Bh5: 흑은 핀을 유지하고 싶
어하지만 이는 실수입니다.

여기서 백에게 최선의 수는 무엇
일까요?

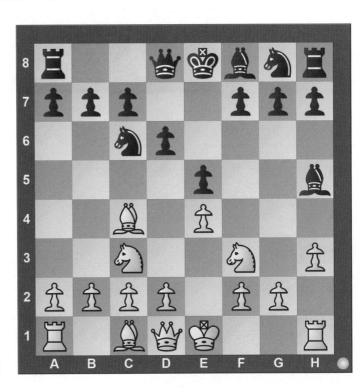

6.Nxe5!: 놀라운 전술입니다. 흑의 핀을 무시하고 e5의 폰을 잡습니다. 흑이 어떤 수를 두던지 백의 이득이 됩니다. 흑의 최선의 수는 비숍으로 퀸을 잡지 않는 것입니다.

6...Nxe5 7.Qxh5 Nxc4 8.Qb5+ 이후 **9.Qxc4**로 기물을 회수하고 백은 폰 하나를 앞서게 됩니다. 만약 **6...Bxd1**로 퀸을 잡는다면 어떻게 될까요?

6...Bxd1 7.Bxf7+ Ke7 8.Nd5#

백은 퀸을 희생하고 비숍과 나이트를 이용해 멋진 체크메이트를 만들어 냈습니다. 이렇게 상대 핀을 풀어내며 퀸을 희생하여 비숍과 나이트로 체크메이트를 만드는 방법을 리갈의 메이트라고 부릅니다.

하나 더

체스 트랩은 무엇인가요?

'체스 트랩(Chess Traps)'은 함정을 의미합니다. 상대가 당연해 보이는 수를 두게 되면 이득이 되는 전술을 뜻합니다. 리갈의 메이트는 '리갈 트랩'이라고 불리기도 해요. 퀸을 잡으면 체크메이트가 되니까요! 체스에는 수많은 트랩이 존재합니다.

01
·문제·
흑 차례에서 체크메이트를 성공하는 수는 무엇일까요?

02
·문제·
리갈의 메이트에 대한 설명에 있었던 변화 수 중 하나로, 백이 나이트를 잡을 수 있는 방법은 무엇일까요?

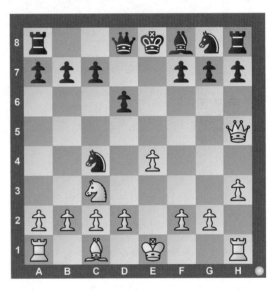

03
·문제·
백 차례에서 가장 좋은 수는 무엇일까요?

04
·문제·
흑 차례에서 리갈의 메이트를 시도하기 좋은 수는 무엇일까요?

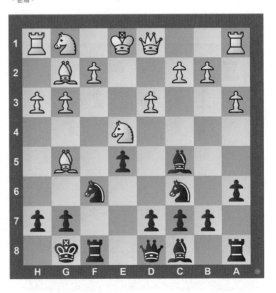

9 | Blackburne's Mate
블랙번의 메이트

비숍 2개가 협력해서 체크메이트하는 블랙번의 메이트는 1800년대 영국의 체스 플레이어 'Joseph Blackburne'의 이름을 딴 체크메이트 패턴입니다.

이 챕터에서 배우는 내용
- 퀸 희생을 통한 체크메이트 패턴
- 블랙번의 메이트 개념

블랙번의 메이트의 기본적인 패턴은 백 기준으로 나이트가 g5에 있고 2개의 비숍은 a1~h8 대각선, b1~h7 대각선에 위치한 상태여야 합니다. 블랙번의 메이트도 자주 나오는 패턴은 아니지만 공격 아이디어가 교훈적이기 때문에 충분히 배울 가치가 있는 체크메이트 패턴입니다.

백의 기물 위치들은 좋아 보입니다. 그렇다면 백은 어떻게 결정적인 공격을 가할 수 있을까요?

1.Qxh5!: 매우 강력한 퀸의 희생 공격입니다. 퀸을 잡지 않으면 2.Qh7#, 2.Qh8# 위협이 동시에 있습니다.

1...gxh5 2.Bh7#

비숍 2개로 완벽한 체크메이트가 되는 모습입니다.

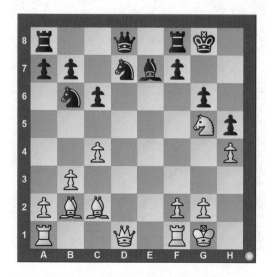

연습문제

01 백 차례에서 체크메이트를 완성해 보세요.
· 문제 ·

02 백 차례에서 체크메이트를 완성해 보세요.
· 문제 ·

03 흑 차례에서 체크메이트를 2수 만에 완성해 보세요.
· 문제 ·

04 흑 차례에서 블랙번의 메이트를 시도하는 수는 무엇일까요?
· 문제 ·

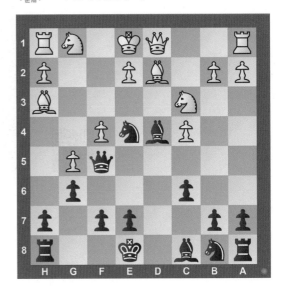

Pillsbury's Mate
10 | 필스버리의 메이트

Harry Nelson Pillsbury라는 미국의 재능 있는 체스 선수는 1889년 대국에서
아주 멋진 수 계산을 보여 줍니다. 상대가 이를 예측해 실제 대국에서는 이
메이트가 나오지 않았지만 필스버리의 노림수는 매우 인상적이었습니다.

이 챕터에서 배우는 내용

• 유인(Decoy)을 통한 체크메이트 공격
• 필스버리의 메이트 개념
• 필스버리의 메이트 활용

　　오른쪽 그림과 같은 상황에서 흑은
1...Qxg2를 두면 안 됩니다. 공짜로 폰을
잡으면서 h1의 룩도 공격하기 때문에 좋
아 보이는 수인데 왜 안 좋은 수일까요?

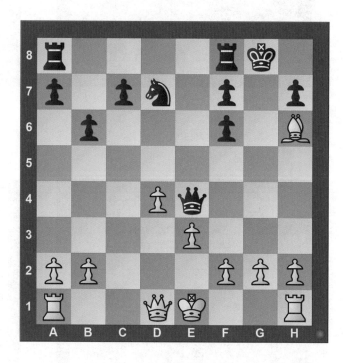

1...Qxg2 2.Qf3!라는 멋진 퀸의 희생
수가 있기 때문입니다.
　2...Qxf3 3.Rg1+ Kh8 4.Bg7+ Kg8
5.Bxf6+ Qg4 6.Rxg4#

퀸 희생을 통해 디스커버드 체크를 이용하여 룩과 비숍의 위치를 체크메이트하는 데 가장 이상적인
모양으로 바꿀 수 있었습니다!

컴비네이션은 무엇일까요?

컴비네이션은 특정 목적을 달성하기 위해 상대의 약점을 공격하는 강제 수순입니다. 특히 컴비네이션은 희생을 동
반하는 경우가 많아요. 필스버리의 메이트도 컴비네이션 중 하나입니다. 멋진 컴비네이션은 찾기 어려운만큼 탁월
한 수가 되는 경우가 많습니다.

01 · 문제 · 백의 최선의 수는 무엇일까요?

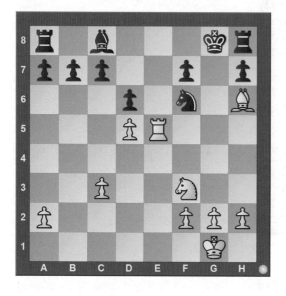

02 · 문제 · 흑 차례에서 필스버리의 메이트를 성공하는 수는 무엇일까요?

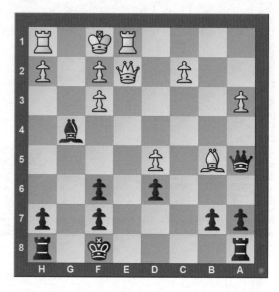

03 · 문제 · 흑 차례에서 필스버리의 메이트를 성공하는 수는 무엇일까요?

04 · 문제 · 흑 차례에서 필스버리의 메이트를 성공하는 수는 무엇일까요?

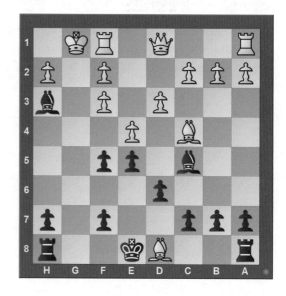

11 | Greek Gift
그릭 기프트

그릭 기프트는 캐슬링된 킹을 노리는 교훈적인 체크메이트 방법 중 하나입니다. 그릭 기프트는 비숍 희생으로 시작해서 나이트와 퀸을 이용해 체크메이트를 노립니다.

이 챕터에서 배우는 내용
- 그릭 기프트 체크메이트 패턴의 개념
- 그릭 기프트의 성립 조건
- 그릭 기프트의 실행 방법

그릭 기프트의 조건

① 상대 나이트가 방어에 참여하지 못하도록 백의 경우에는 e5, 흑의 경우에는 e4에 폰이 있어야 합니다.

② 백의 경우 비숍은 d3, 나이트는 f3, 퀸은 d1 혹은 e2 / 흑의 경우 비숍은 d6, 나이트는 f6, 퀸은 d8, 혹은 e7에 위치해야 합니다.

③ 백의 경우 g5, 흑의 경우 g4를 충분히 지배하고 있어야 합니다.

그릭 기프트의 실행

① 비숍으로 h7(흑의 경우는 h2)의 폰을 잡습니다.

② 상대 킹이 되잡을 때 나이트를 g5로 이동하며 체크를 겁니다(흑의 경우는 g4).

③ 상대 킹이 움직일 때 퀸을 최종 공격에 적절한 칸으로 이동합니다.

다음과 같은 상황은 그릭 기프트의 모든 조건을 만족시키고 있는 포지션입니다.

1.Bxh7+!: 비숍을 희생해서 흑의 킹을 끌어냅니다. **1...Kxh7**

만약 1...Kh8로 비숍을 잡지 않더라도 이 공격은 막을 수 없습니다. 2.Ng5 / 3.Qh5로 이동하면 흑은 체크메이트를 막기 어렵습니다.

2.Ng5+

2...Kg8

3.Qh5는 다음 수에 4.Qh7#를 위협합니다. **3...Re8 4.Qxf7+**로 먼저 f 폰을 잡아 줍니다.

4...Kh8 5.Qh5+ Kg8 6.Qh7+ Kf8 7.Qh8+ Ke7 8.Qxg7#로 체크메이트가 완성됩니다.

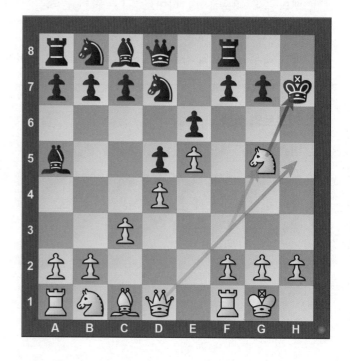

만약 **2.Ng5**에서 흑이 **2...Kh8**로 이동하면 **3.Qh5+ Kg8 4.Qh7#**

흑이 **2...Kh6 3.Nf7+** 디스커버드 체크로 퀸을 잡습니다.

흑의 **2...Kg6**이 가장 강력한 방어 수입니다.

오른쪽과 같은 상황에서 백에게는 3가지 선택이 있습니다.

① 3.Qg4 ② 3.Qd3+ ③ 3.h4

어느 수가 가장 좋을지는 흑의 기물 배치에 따라 다릅니다. 오른쪽과 같은 상황에서는 3가지 수 모두 백이 유리하게끔 대국이 진행됩니다.

3.Qg4

4.Nxe6+는 디스커버드 체크를 이용해 상대 퀸을 잡는 위협과 체크메이트 위협을 동시에 하는 강력한 수입니다. 예를 들어 **3...Qe7**로 퀸이 잡히는 것을 피할 수는 있지만 **4.Nxe6+ Kh7 5.Qxg7#**로 백이 이깁니다.

흑의 유일한 좋은 방어 수는 **3...f5**입니다. 디스커버드 공격을 방어할 때는 체크를 거는 기물을 공격하는 것이 효율적이죠.

3...f5 4.Qg3 f4 5.Bxf4, 백은 여전히 강력한 공격이 있습니다. 주요 위협은 **6.Qd3+**와 **6.Nxe6+**입니다.

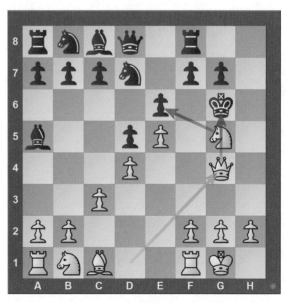

2...Kg6

3.Qd3+

킹이 도망갈 곳은 h파일밖에 없습니다. 하지만 h파일로 킹이 이동하면 백은 체크메이트를 성공할 수 있습니다.

　3...Kh6 4.Qh7#

　3...Kh5 4.Qh3+ Kg6 5.Qh7#

따라서 흑의 유일한 방어는 **3...f5**입니다. 3...f5 4.Qg3, 흑은 3.Qg4에서 살펴본 것과 마찬가지로 이 공격을 손해 없이 막을 수는 없습니다.

3.h4

이 수의 의도는 h5+를 위협하는 것입니다. 만약 h5를 성공한다면 흑 킹은 h6으로 움직일 수밖에 없고 그 후 Nxf7로 백은 퀸을 잡을 수 있습니다. 여기서는 흑이 h5를 저지하는 것이 불가능하기 때문에 h4는 아주 강력한 수입니다.

그릭 기프트가 나오는 상황마다 3번째 수에서 가장 좋은 수가 다르기 때문에 다양한 연습 문제를 풀어보면서 그릭 기프트를 자신의 무기로 만들기를 추천합니다.

01
·문제·
백 차례에서 그릭 기프트를 시작하기 위한 백의 첫 번째 수와 두 번째 수는 무엇일까요?

02
·문제·
백 차례에서 그릭 기프트로 체크메이트를 완성하는 수는 무엇일까요?

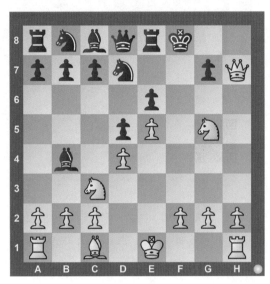

03
·문제·
백 차례에서 흑의 퀸을 잡을 수 있는 수는 무엇일까요?

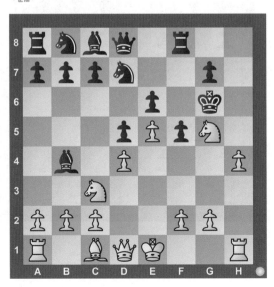

04
·문제·
백 차례에서 체크메이트를 시도하는 가장 좋은 수는 무엇일까요?

12 | Lasker's Double Bishop Sacrifice
라스커의 더블 비숍 희생

2대 세계 체스 챔피언인 에마뉴엘 라스커는 그의 경기에서 2개의 비숍을 연속으로 희생해서 킹을 공격하는 방법으로 대국을 승리하는 교훈적인 희생 공격을 보여 줍니다.

이 챕터에서 배우는 내용
- 라스커의 더블 비숍 희생의 개념
- 라스커의 더블 비숍 희생의 활용

백의 d3과 e5의 비숍이 흑의 킹편을 노리고 있습니다. 다음과 같은 상황에서 라스커는 아주 놀라운 킹 공격 아이디어를 생각해 냅니다.

1.Bxh7+! Kxh7 2.Qxh5+ Kg8: 먼저 비숍은 폰을 잡으면서 희생하고, 두 번째 비숍을 희생하기 전에 퀸으로 나이트를 잡으며 체크를 겁니다.

1889년 라스커 vs 바우어, 백의 차례

3.Bxg7! Kxg7: 두 번째 비숍을 희생하면서 폰이 지키던 킹 방어를 무력화합니다.

4.Qg4+ Kh7(4...Kf6 5.Qg5#)

5.Rf3: 룩을 h파일로 전환하는 룩 리프트 기술입니다. 다음 수에 Rh3#를 위협합니다.

5...e5 6.Rh3+ Qh6: 흑은 체크메이트를 막기 위해 퀸을 줄 수밖에 없습니다.

7.Rxh6+ Kxh6 8.Qd7!: 포크로 확실한 기물 이득으로 마무리됩니다.

에마뉴엘 라스커는 누구인가요?

에마뉴엘 라스커는 2대 세계 체스 챔피언이며, 수학자, 철학자로도 활동했습니다. 라스커는 유명한 과학자였던 아인슈타인과 친한 친구이기도 해요. 라스커는 1894년부터 1921년까지 무려 27년간 세계 체스 챔피언을 지켜냈으며, 이 기록은 아직까지도 깨지지 않고 있습니다.

라스커의 더블 비숍 희생의 조건

① 2개의 비숍이 킹을 노리고 있어야 합니다.

② 퀸이 h파일에서 빠르게 공격을 할 수 있어야 합니다.

③ 룩이 g, h파일로 빠르게 상대 킹을 공격할 수 있어야 합니다.

다음과 같은 상황은 라스커의 더블 비숍 희생의 3가지 조건을 모두 만족하고 있습니다.

1...Bxh2+ 2.Kxh2 Qh4+: 퀸이 빠르게 h파일에서 공격합니다.

3.Kg1 Bxg2 4.Kxg2 Qg4 5.Kh2 Rf6: 룩이 h파일로 올 수 있게 준비하는 수입니다.

6.Nxc7 Rh6#

흑의 차례

연습 문제를 통해 라스커의 더블 비숍 희생을 연습해 봅시다.

> ### 체스 명언
>
> 체스는 사랑처럼, 음악처럼 사람들의 마음을 행복하게 하는 힘을 가지고 있다.
>
> _ 지그베르트 타라쉬

연습문제

01 백 차례에서 체크메이트를 시도하기 위해
둘 수 있는 가장 좋은 수는 무엇일까요?

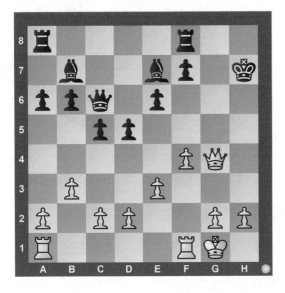

02 흑의 최선의 수는 무엇일까요?

03 백의 최선의 수는 무엇일까요?

04 흑의 최선의 수는 무엇일까요?

Part 4
대국의 시작!
체스의 오프닝

　체스의 진행은 크게 오프닝, 미들 게임, 엔드 게임으로 나누어져 있습니다. 오프닝은 일반적으로 초반 10~12수 정도까지 진행되며, 미들 게임은 본격적인 전투가 일어나는 중반, 엔드 게임은 기물이 적게 남아 있는 후반 상황을 뜻합니다. 체스는 항상 같은 포지션으로 시작하기 때문에 초반에 어떻게 대국을 시작할지 미리 계획을 세워 두는 것이 좋은 대국을 두기 위한 기초가 됩니다. 이 파트에서는 오프닝의 기본 원칙을 배우고 유명한 오프닝의 예제를 통해 심화된 플레이를 학습할 수 있습니다.

1 | 오프닝 원칙과 이상적인 전개

다양하게 초반 수를 두며 체스를 시작할 수 있으며, 많은 좋은 수가 있습니다. 체스에 처음 입문할 때 몇 가지 오프닝 원칙들을 충실하게 이행하면서 체스를 둔다면 오프닝부터 좋은 포지션을 가지고 게임을 진행할 수 있습니다.

이 챕터에서 배우는 내용

- 오프닝의 세 가지 원칙
- 각 기물의 좋은 시작 위치
- 캐슬링이 중요한 이유

오프닝의 3원칙

① 중앙을 폰으로 차지하라.
② 최대한 빠르게 다양한 기물을 중앙으로 전개하라.
③ 캐슬링으로 킹의 안전을 확보하라.

중앙을 폰으로 차지하라

체스의 첫 턴에는 기물들의 길이 막혀 있기 때문에 폰 또는 나이트밖에 움직일 수 없습니다. 그렇다면 폰을 움직이는 것이 좋을까요? 나이트를 움직이는 것이 좋을까요?

사실 폰을 움직이는 것도, 나이트를 움직이는 것도 모두 가능하고 둘 다 좋은 수지만 폰을 움직여 초반을 시작하는 것이 더 일반적입니다. 체스에서는 초반에 폰으로 중앙을 점령하고 중앙 칸들을 제어하는 것이 좋습니다.

그렇다면 왜 중앙을 폰으로 제어해야 할까요? 폰으로 중앙을 제어한다면 중앙을 통해서 내 기물들을 쉽게 다양한 장소로 이동할 수 있습니다. 기물들을 재배치하는 것이 훨씬 쉬워집니다. 기물들을 유연하게 사용할 수 있어요. 반면 중앙을 차지하지 못한 상대는 기물을 재배치하는 데 어려움을 겪게 됩니다. 또 상대의 기물들이 좋은 자리를 차지하는 것을 방해할 수 있습니다.

폰은 체스에서 가장 약한 기물이기 때문에 초반에 공격을 당해도 리스크가 적다는 것도 장점입니다. 다음과 같은 상황에서 백은 중앙을 폰으로 차지하고 흑은 나이트를 중앙으로 보냈습니다.

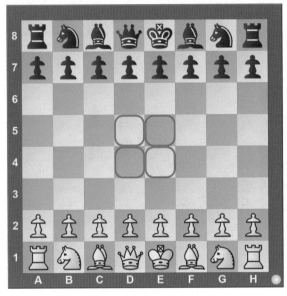

체스보드의 중앙

1.d4 Nc6

폰을 올려 나이트를 공격합니다. 폰으로 나이트를 다시 공격하고 나이트는 피할 수밖에 없습니다.

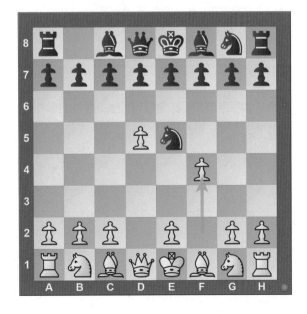

2.d5 Ne5 3.f4

백은 폰 3개로 중앙을 차지했고 나이트는 퀸에게 또 공격을 당합니다.

이제 흑은 나머지 기물들을 빼기 매우 어려운 상황이 되었습니다. 폰을 나이트보다 먼저 빼는 이유는 이렇게 나이트를 빠르게 뺄 경우 폰에게 쉽게 쫓겨날 위험성이 있기 때문입니다.

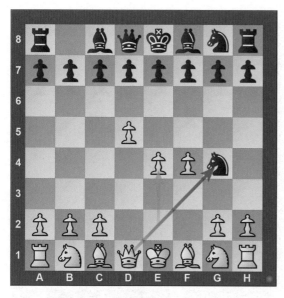

3...Ng4 4.e4

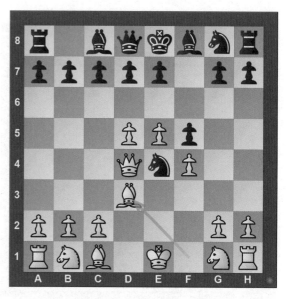

4...N4f6 5.e5 Ne4 6.Qd5 f5 7.Bd3

나이트를 빨리 빼는 좋은 오프닝도 있나요?

백이 1.d4를 둘 때 1...Nf6을 두는 수는 좋은 수입니다. 이를 '인디안 디펜스(Indian Defence)'라고 합니다.

1...Nf6을 두는 이유는 백의 2.e4를 방지하는 수입니다. 먼저 흑은 폰의 구조를 결정짓지 않고 백의 진행에 따라 원하는 폰 모양을 선택할 수 있다는 장점이 있습니다.

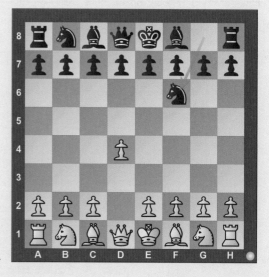

인디안 디펜스

최대한 빠르게 다양한 기물을 중앙으로 전개하라

체스에서 전개(Development)는 체스 기물들을 좋은 위치로 보내며 상대에 대한 공격을 준비하는 과정을 얘기합니다. 그렇다면 어디가 체스에서 좋은 자리일까요? 대부분의 기물은 중앙에서 더 강력합니다. 중앙에서 더 강력한 활동성을 가지기 때문입니다.

01 체스보드 가장자리의 나이트는 오직 2칸만 이동할 수 있습니다.

02 체스보드의 가장자리에 있는 나이트는 오직 4칸만 이동할 수 있습니다.

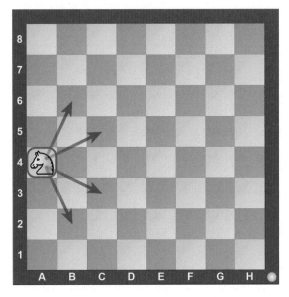

체스 명언

오프닝을 책처럼, 미들 게임을 마술사처럼, 엔드 게임을 기계처럼 두세요.

_ 루돌프 슈필만

03 중앙에 있는 나이트는 8칸 중 원하는 자리로 이동할 수 있습니다.

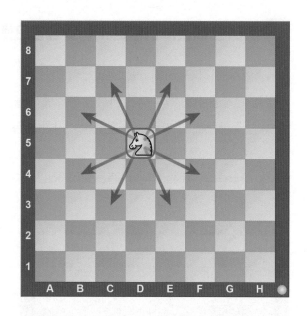

이처럼 대부분의 기물은 중앙에서 더 강력한 활동성과 영향력을 가지게 됩니다. 따라서 성공적인 공격을 위해서는 중앙으로 기물을 전개하는 것이 중요합니다.

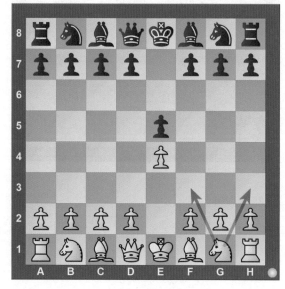

백의 차례

그렇다면 2.Nf3과 2.Nh3 중 더 좋은 수는 무엇일까요? 중앙 쪽으로 나이트를 전개하는 **2.Nf3**이 더 좋은 수입니다. f3의 나이트는 h3보다 더 좋은 활동성을 가지고 e5의 흑 폰을 공격하면서 전개할 수 있습니다.

또 체스를 처음 시작하는 초보자가 오프닝에서 하는 가장 큰 실수 중 하나는 몇 개의 기물만으로 공격을 시작하는 것입니다. 오프닝에서는 확실한 기회가 아닌 이상 최대한 다양한 기물을 전개하는 것이 더 좋습니다. 오프닝은 미들 게임에서 성공적인 공격을 위해 준비하는 단계로, 오프닝에서 어설픈 공격을 시도하면 쉽게 막히고 미들 게임에서 불리하게 대국을 진행하게 됩니다.

1.e4 e5 2.Nf3 Nc6 3.Bc4 Bc5 4.d3 Nf6 5.Ng5?!: 백은 벌써 공격을 시도합니다. c4의 비숍과 g5의 나이트가 f7의 폰을 노리고 있어요. 대신 5.Nc3, 5.0-0 등이 더 좋은 수입니다.

5...0-0: 흑은 캐슬링을 통해 f8의 룩으로 f7의 폰을 보호합니다.

6.Nxf7 Rxf7 7.Bxf7+ Kxf7: 이제 백은 전진된 기물이 아무것도 남지 않았습니다. 반면 흑은 c6, f6의 나이트, c5 비숍이 전개되어 있고 조만간 강력한 공격을 백보다 빠르게 시도할 수 있습니다.

캐슬링으로 킹의 안전을 확보하라

체스의 목적은 상대 킹을 체크메이트하는 것입니다. 그렇다면 내 킹이 위험하다면 내가 질 확률도 올라간다는 의미입니다. 내 킹의 방어가 불안하다면 아무리 유리하더라도 역전이나 무승부의 가능성이 남아 있게 됩니다. 그렇다면 어떻게 킹의 안전을 확보해야 할까요?

킹의 안전을 확보하기 위한 가장 유용한 해결책은 캐슬링입니다.

1.e4 e5: 백과 흑 모두 폰으로 중앙을 차지합니다.

2.Nf3 Nc6: 백은 나이트로 폰을 공격하고 흑도 나이트를 전개하며 폰을 지킵니다.

3.Bc4 Bc5: 백과 흑 모두 중앙으로 비숍을 전개합니다.

4.0-0: 백은 캐슬링을 통해 킹의 안전을 추구했습니다. 킹의 앞에는 나이트와 폰들이 있어 상대 기물은 쉽게 킹에 접근할 수 없습니다.

또 캐슬링은 가장 구석에 있는 룩을 전투에 최대한 빠르게 활용할 수 있게 도와주기 때문에 캐슬링을 통해 킹의 안전을 추구하는 것이 일반적인 오프닝 전략이라고 할 수 있습니다.

오른쪽 그림과 같은 상황은 오프닝 원칙에 따른 이상적인 기물 배치입니다. 폰 2개로 중앙을 차지했으며 모든 기물은 중앙 쪽으로 전개하여 공격을 시작할 준비를 마쳤습니다.

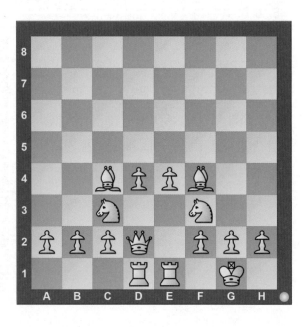

오프닝 원칙은 반드시 따라야 하나요? 오프닝 원칙대로 안 두면 불리한가요?

꼭 그렇지는 않습니다. 왜냐하면 상황에 따라서는 기본 오프닝 원칙을 벗어나서도 좋은 플레이를 할 수 있는 경우가 있기 때문입니다.

1.d4 d6 2.e4 g6 3.Nc3 Bg7 4.Be3 Nf6 5.f3 c6 6.Qd2 b5 7.h4 h5 8.Nh3 Bb7

Pirc Defense(1.e4 d6 2.d4 g6)의 진행

'피르츠 디펜스(Pirc Defense)'는 초반에 흑이 중앙을 차지하지 않는 오프닝 중 하나입니다. 중앙을 폰으로 차지하는 대신 기물로 중앙을 제어하고, 흑의 폰은 백의 폰 전진을 막기 위해 배치되고 있습니다. 또 백이 7.h4를 두자 7...h5를 두며 캐슬링을 최대한 미루는 모습도 보여 주고 있습니다. 그렇다고 이 포지션이 백에게 유리하고 흑에게 불리할까요? 사실 그렇지는 않아요. 서로 할만한 포지션입니다.

이렇게 오프닝 원칙들에는 많은 예외가 존재합니다. 그렇다면 오프닝 원칙은 어떤 의미가 있을까요? 예외가 있다면 쓸모없지 않을까요?

오프닝 원칙을 지키지 않고 플레이하는 것은 특정 오프닝에 대한 깊이 있는 이해, 체스 전반에 대한 폭넓은 이해가 필요합니다. 어떤 부분에서 원칙을 지키고, 어떤 부분에서 원칙에서 벗어나야 할지 명확하게 알고 있어야 해요.

따라서 체스에 입문하는 초보자는 오프닝 원칙에 맞추어 초반을 진행하는 것이 중요합니다. 오프닝 원칙은 체스를 시작하는 플레이어가 따를 수 있는 좋은 가이드라인입니다. 무엇보다 오프닝 원칙에 기반한 플레이는 초반에 다루기 쉽고 문제가 없이 탄탄한 상황으로 오프닝을 진행할 수 있습니다. 체스에 입문할 때는 오프닝 원칙에 기반해서 두면 좋지만 체스 초보를 벗어나 체스 이론을 더 많이 공부하고 실전 경험을 쌓으며 체스에 더 익숙해지다 보면 오프닝 원칙을 벗어난 수를 언제 두어야 할지도 알 수 있게 됩니다.

2 | 오프닝 원칙 심화

심화된 오프닝 원칙과 격언에 대해 알아봅니다. 이 원칙들은 이전의 3가지 오프닝 원칙들에서 파생되었으며, 상황에 따라 예외가 있을 수 있지만 대부분의 경우 좋은 오프닝 플레이의 지침이 됩니다.

이 챕터에 배우는 내용

- 전개 속도의 중요성
- 나이트와 비숍의 전개
- 템포의 개념과 활용

만약 전술이 없다면 오프닝에서 한 기물을 2번 움직이지 마라

체스에서는 최대한 다양한 기물로 전개해야 합니다. 최대한 다양한 기물을 전개하기 위해서는 한 가지 기물만 전개하지 않고, 1번의 움직임으로 최선의 자리를 잡고 다른 기물을 전개하는 것이 효율적이에요. 놀랍게도 많은 초보자가 이 격언을 알고도 지키지 않는 경우가 많습니다. 이 격언은 많은 사람이 생각하는 것보다 훨씬 더 중요합니다.

1.e4 c5 2.Nf3 d6: 시실리안 디펜스입니다. 흑이 퀸사이드부터 중앙을 제어하려고 하는 오프닝이에요.

3.Ng5?: 방금 f3으로 움직인 나이트를 백은 또 움직였습니다. 나이트가 지금부터 전진해봤자 할 수 있는 것은 아무것도 없습니다. 무엇보다 다른 기물들의 전개가 느려지게 됩니다.

3...Nf6: 흑은 킹사이드의 나이트를 전개합니다.

4.Bc4: 백은 c4의 비숍과 g5의 나이트로 방어가 하나밖에 없는 f7 폰을 공격하고 있습니다. 만약 흑이 지키지 않는다면 5.Nxf7로 포크를 노릴 수도 있겠군요?

4...e6: 하지만 흑은 매우 쉽게 공격을 막을 수 있습니다.

5.Bb3: 백은 비숍을 후퇴했습니다. 하지만 비숍을 빼는 것은 아무런 의미가 없습니다. c4의 비숍은 이미 전개된 기물이기 때문이에요.

차라리 5.Nc3처럼 한 번도 전개되지 않은 기물을 빼는 것이 더 좋은 수입니다.

이처럼 많은 오프닝 상황에서 한 가지 기물을 2번 움직이는 것은 일반적으로 좋지 않습니다. 하지만 전술로 확실한 이득이 있을 때는 당연히 이 원칙을 어겨야 합니다.

1.e4 e5 2.Nf3 d6 3.Bc4 Nd7 4.Nc3 Ngf6
오른쪽 그림과 같은 상황에서 흑은 다음 수에 캐슬링을 할 수 없습니다.

5.Ng5!: 흑은 오른쪽 그림과 같은 상황에서 백의 다음 위협인 Nxf7을 막기 위해서 d5로 폰을 희생할 수밖에 없습니다.

이렇게 상대가 전술을 막을 수 없는 경우에는 전개를 하는 것보다 이득을 보는 것이 더 크기 때문에 이미 전개된 기물을 또 움직여도 됩니다.

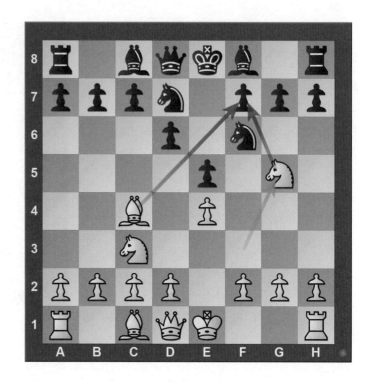

나이트를 비숍보다 먼저 전개하라

이 원칙의 기반은 나이트는 단거리 기물이고, 비숍은 장거리 기물이기 때문에 만들어진 원칙입니다. 나이트는 좋은 자리로 가서 공격하기 위해서는 여러 턴이 필요하지만, 비숍은 한 턴에 바로 상대를 공격할 수 있어요. 따라서 오프닝에서 나이트를 먼저 전개하는 것은 일반적으로 좋을 수 있습니다.

이 원칙은 현대 체스에서는 예외가 되는 경우가 꽤 있습니다. 특히 나이트 2개를 모두 전개한 뒤에 비숍을 전개할 필요는 없습니다. 보통 중앙 폰 – 나이트 전개 – 비숍 전개로 진행되는 경우가 가장 많습니다.

1.e4 c5: 시실리안 디펜스(Sicilian Defence)의 포지션입니다.

여기서 백은 다음 수에 **2.Nf3**으로 비숍보다 먼저 나이트를 전개하는 것이 좋습니다. f1의 비숍이 어디로 전개할지는 상대의 수를 보고 결정해도 늦지 않습니다.

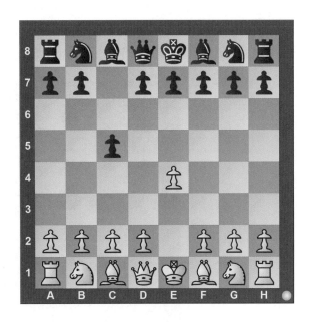

퀸을 오프닝에서 빠르게 빼지 마라

체스에서 퀸은 가장 강력한 기물입니다. 그렇다면 퀸을 오프닝부터 빠르게 이용하는 전략은 어떨까요?

먼저 오프닝부터 퀸을 빠르게 빼면서 체크메이트를 노리는 철학자의 메이트(Scholar's Mate) 패턴을 살펴봅시다.

1.e4 e5 2.Qh5 Nc6, 만약 **2...g6**을 두게 되면 **3.Qxe5+**로 포크가 되어 백은 룩을 잡습니다.

3. Bc4: 백은 퀸과 비숍을 이용해 체스 초반 방어가 약한 f 폰을 공격합니다.

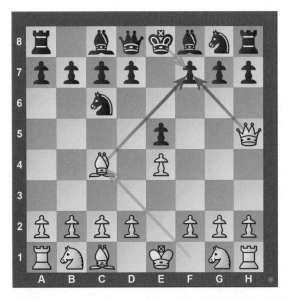

3...Nf6?: 백의 노림수를 보지 못하고 나이트로 퀸을 공격하려 합니다.

4.Qxf7#: 백은 대국을 시작한 지 4수 만에 체크메이트를 만들었습니다.

이렇게 퀸을 빠르게 빼며 오프닝부터 공격하는 전략은 특히 상대가 초보자라면 아주 강력할 수 있습니다. 하지만 사실 퀸을 오프닝부터 빠르게 전개하는 것은 일반적으로 좋은 전략이 아닙니다. 그렇다면 왜 퀸을 빠르게 빼는 것은 좋지 않을까요? 상대가 정확한 수로 대처한다면 퀸을 빠르게 빼는 수는 전체적인 전개 속도를 밀리게 만들기 때문입니다.

그렇다면 상대가 좋지 않은 수를 둘 수도 있기 때문에 퀸을 빠르게 빼도 좋지 않을까요?

체스를 잘 두기 위한 중요한 마음가짐 중 하나는 '상대가 실수할 것이라고 가정하지 않는 것'입니다. 상대가 실수할 때만 유리한 상황이 되고, 실수하지 않으면 내게 안 좋은 수들을 자주 두는 습관이 고착화되면 꼼수에 의존하게 됩니다. 상대가 최선의 수로 대처한다 해도 내게 괜찮은 포지션으로 진행되는 수를 두는 습관을 들이는 것이 좋습니다.

그렇다면 철학자의 메이트는 어떻게 막을 수 있을까요?

1.e4 e5 2.Qh5 Nc6 3.Bc4 g6!: 폰으로 퀸을 공격합니다. 이 수의 장점은 h5의 퀸이 f7을 잡지 못하고 막는 것과 동시에 백 퀸이 움직일 수밖에 없게 만들었습니다.

4.Qf3: 백은 다시 5.Qxf7#를 노립니다.

 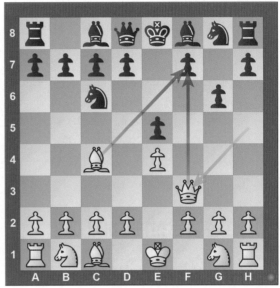

4...Nf6!: 나이트로 퀸의 경로를 막습니다. 백이 다른 공격을 시도하지 않는다면 흑은 5...Nd4로 f3의 퀸과 c2의 폰을 동시에 공격할 것입니다.

5.Qb3: 이번에는 퀸과 c4의 비숍 배터리로 f7 폰을 다시 공격합니다.

5...Nd4!: 퀸을 공격합니다.

6.Bxf7+ Ke7: 백은 결국 f7 폰을 잡았지만, 퀸이 위험합니다. 퀸은 반드시 f7의 비숍을 지키며 이동해야 합니다.

7.Qc4 b5!: d4 나이트의 보호를 받으며 퀸을 공격합니다. 흑은 이제 퀸으로 비숍을 지킬 수 없습니다.

8.Qd3 Kxf7: 흑은 이미 기물 이득을 보았습니다. 흑은 후턴임에도 나이트 2개가 전개되어 있지만 백은 오직 퀸만 전개되어 있습니다.

퀸을 오프닝에서 빠르게 빼는 수들의 문제점은 퀸은 너무 강력한 기물이기 때문에 폰이나 나이트에게 공격 당하면 반드시 이동해야 하는데, 이때 턴을 사용해야 하는 데서 문제가 발생합니다. 퀸이 도망가다가 다른 기물을 빼는 속도가 느려지기 때문이죠.

 템포를 잃는 전개를 하지 마라

오프닝에서 템포는 매우 중요합니다. 전개할 때 전개하는 기물보다 약한 기물에게 공격당하면 템포를 잃게 됩니다.

1.e4 e6 2.Bc4? d5!: 흑은 폰으로 비숍을 공격하며 템포를 법니다.

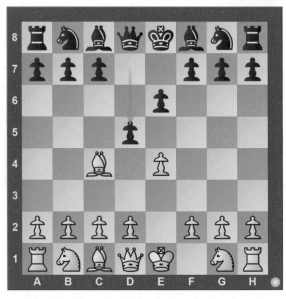

3.exd5 exd5 4.Bb5?: 체크를 거는 모든 수가 좋은 수는 아닙니다. 여기서는 4.Bb3 등으로 이동하는 것이 더 낫습니다.

4...c6 5.Ba5: 여기서는 체크를 비숍이나 나이트로 막는 것보다 폰으로 막는 것이 더 좋습니다. 흑은 d5를 추가로 보호하면서 비숍을 공격하고, 백은 비숍을 움직여야 하기 때문에 템포를 또다시 잃었습니다.

5...Nf6: 템포를 버는 모든 수가 좋은 수는 아닙니다. 여기서 만약 5...b5는 상대 비숍을 공격하지만 중앙을 차지하거나 전개에 도움이 되는 수는 아니기 때문에 좋지 않습니다.

6.Qf3?: 퀸을 빨리 빼는 수는 퀸이 쉽게 공격 당하기 때문에 위험합니다.

6...Bg4! 7.Qg3 Bd6! 8.Qh4 Qe7+: 이 체크는 아주 좋은 체크입니다. 백은 9.Ne2로 체크를 막을 수 없습니다.

9...Qxe2#: 체크메이트 위협이 있기 때문에 **9.Kf1**이 유일한 수입니다. 백은 이제 캐슬링도 불가능하고 오직 퀸과 비숍만 전개한 상황이지만, 흑은 퀸, 비숍 2개, 나이트를 다 전개한 상황이고 곧 강력한 공격을 펼칠 수 있습니다.

필요 없는 폰 움직임을 최소화하라

체스에서는 중앙 폰 외에 필요 없는 폰을 움직이지 않는 것이 좋습니다. 특히 f 폰을 움직일 때는 캐슬링과 대부분의 전개를 마친 후 움직이는 것이 좋습니다. 그 이유는 f 폰을 움직이는 수는 킹을 약하게 만들 위험성이 있기 때문입니다.

1.f3?: 중앙을 차지하지도 않고 킹을 약하게 하는 안 좋은 수입니다.

1...e5

2.g4??: 최악의 실수입니다. 바로 게임을 지게 됩니다.

2...Qh4#

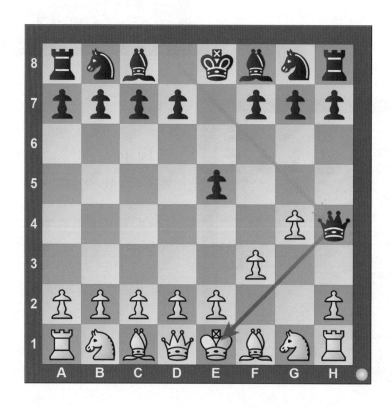

흑은 2수 만에 승리합니다! 이렇게 f 폰을 초반부터 올리는 것은 매우 위험합니다. 이 체크메이트 패턴을 '바보의 메이트(Fool's Mate)'라고 합니다.

1.d4 f5: 더치 디펜스(Dutch Defence)의 모양입니다. 백이 1.d4를 할 때는 1.e4보다는 킹이 덜 위험하기 때문에 f 폰을 올리는 오프닝을 사용하기 더 용이합니다. 백 퀸의 길이 더 늦게 열리기 때문이죠. 하지만 항상 킹의 안전에 신경 써야 합니다.

2.Bg5: 미리 2...Nf6을 견제합니다. 만약 2...Nf6을 둔다면 3.Bxf6으로 잡을 생각입니다.

2...h6 3.Bh4 g5: 흑은 계속해서 비숍을 공격합니다. 흑은 4.Bg3 f4로 비숍을 트랩시킬 생각입니다.

4.e4!?: 백은 비숍에 대한 공격을 무시합니다.

4...gxh4?: 킹의 안전을 고려하지 않은 최악의 실수입니다. 여기서는 반드시 4...Nf6으로 방어해야 합니다.

5.Qh5#: 흑은 f 폰을 올리고 신중하지 않은 대가를 치르게 되었습니다.

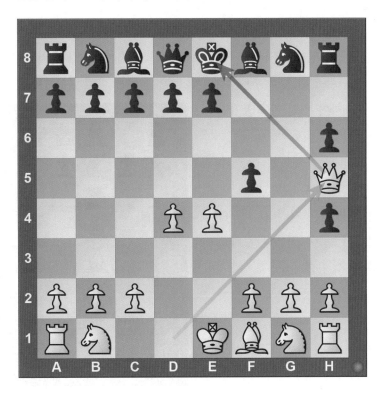

Giuoco Piano
지우코 피아노

지우코 피아노는 중앙 차지, 빠른 전개를 위주로 한 오프닝이며, 체스 역사상 기록된 오프닝 중에서도 역사가 긴 오프닝 중 하나입니다. 특히 초보자 레벨에서 많이 사용되고 마스터 레벨에서도 자주 사용됩니다.

이 챕터에 배우는 내용
- 지우코 피아노 오프닝의 주요 진행
- 지우코 피아노에서 백과 흑의 아이디어

1.e4 e5: 백과 흑 모두 중앙을 차지하며 시작합니다. 킹 앞의 폰을 2칸 올리는 수의 장점은 폰으로 중앙을 차지할 뿐만 아니라 퀸과 비숍의 대각선 길을 열어 준다는 것에 있습니다.

2.Nf3: 나이트를 전개하여 e5의 폰을 공격합니다.

2...Nc6: 전개하며 e5 폰을 지키는 좋은 수입니다.

3.Bc4: 비숍에게 가장 좋은 자리입니다. f7에 대한 압박을 가하며, 백이 원한다면 바로 다음 수에 캐슬링을 할 수 있습니다.

3...Bc5: 흑도 비숍을 f2를 압박하는 좋은 자리로 전개합니다.

4.c3!: 지우코 피아노 메인 라인의 진행, c3은 체스 선수들이 지우코 피아노에서 가장 많이 쓰는 수입니다. c3으로 d4를 제어하면서 다

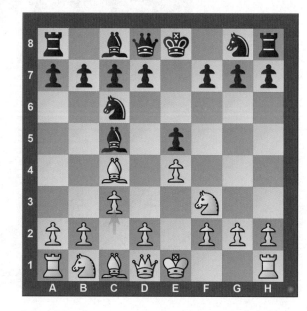

음 수에 폰과 다른 기물들의 도움을 받아 d4를 올릴 계획을 가지고 있습니다.

4...Nf6: 흑은 킹사이드 쪽의 모든 마이너 피스를 전개하며 캐슬링할 준비를 마쳤습니다. 또 나이트로 e4 폰에 대한 공격도 가합니다.

5.d4!: 백은 d4를 통해 c5의 비숍을 공격하며 템포를 법니다. 백은 e4, d4에 2개의 폰을 놓으면서 중앙을 성공적으로 차지했습니다.

5...exd4: 흑은 c5의 비숍과 e5 폰이 동시에 공격 당하기 때문에 먼저 잡는 것이 가장 안전한 수입니다.

6.cxd4: 백은 완벽하게 중앙을 차지했습니다. 흑은 어떻게 대처해야 할까요?

6...Bb4+!: 흑의 최선의 수입니다. 여기서는 체크를 걸어서 어떻게든 템포를 벌어야 합니다. 만약 6...Bb6을 둔다면 7.d5 Ne7 8.e5로 백이 너무나 쉽게 중앙을 차지하고 흑의 전개는 꼬입니다.

7.Bd2 Bxd2: 7...Nxe4도 시도할 수 있지만 백은 폰을 다시 되잡을 수 있는 8.Bxb4 Nxb4 9.Bxf7+! Kxf7 10.Qb3+ Kf8 11.Qxb4+ 전술이 있습니다.

8.Nbxd2 d5!: 지금이 중앙 차지를 반격할 수 있는 최적의 타이밍입니다. 여기서 중앙을 치지 않는다면 백은 쉽게 d5, 혹은 e5로 중앙 영역을 확장할 수 있습니다.

9.exd5 Nxd5 10.0-0 0-0: 백과 흑은 캐슬링을 했고 이제 나머지 기물을 전개한 후 미들 게임 전투를 시작할 것입니다.

메이저 피스(Major Piece): 체스에서 강력한 기물인 퀸과 룩을 지칭합니다.
마이너 피스(Minor Piece): 체스에서 상대적으로 약한 기물인 비숍과 나이트를 지칭합니다.

4 | 퀸스 갬빗 디클라인

Queen's Gambit Declined

퀸스 갬빗은 클로즈드 게임(1.d4로 시작하는 게임)에서 가장 자주 사용되는 오프닝으로 현대 체스 마스터들이 가장 많이 사용하는 오프닝 중 하나입니다. 서로 탄탄하고 안정적인 포지션을 가지면서 포지션의 이점을 쌓는 플레이를 추구할 수 있습니다.

이 챕터에 배우는 내용

- 퀸스 갬빗 디클라인 오프닝의 주요 진행
- 퀸스 갬빗 디클라인에서 백과 흑의 아이디어

갬빗(Gambit)이란 무엇인가요?

갬빗은 오프닝에서 쓰는 용어로 오프닝에서 중앙 차지 및 전개 속도의 극대화, 상대 포지션에 약점을 만들기 위해 기물을 희생하는, 대부분은 폰을 희생하는 플레이를 뜻합니다. 대표적인 갬빗의 예시로 퀸스 갬빗(Queen's Gambit), 킹스 갬빗(King's Gambit), 에반스 갬빗(Evan's Gambit), 스카치 갬빗(Scotch Gambit), 대니시 갬빗(Danish Gambit) 등이 있습니다. 상대의 희생을 받아들일 경우 어셉티드(Accepted), 희생을 무시하고 거절할 경우 디클라인(Declined)이라고 얘기합니다.

1.d4 d5: 백과 흑 퀸 앞의 폰을 2칸 올려서 중앙을 차지합니다. 1.e4와의 차이점은 1.d4는 비숍의 길만을 열고 퀸의 대각선 길은 열지 못한다는 점이에요. 하지만 1.d4의 장점은 무엇보다 초반부터 폰이 보호받는다는 것입니다. 따라서 1.e4에 비해 포지션이 더 안정적인 측면이 있습니다.

2.c4: 백은 폰을 희생해서 갬빗 플레이를 할 생각을 하고 있습니다. 갬빗 중에서도 퀸스 갬빗은 가장 안정적인 갬빗입니다. 예를 들어 2...dxc4 3.e3 b5?로 폰을 지키려고 하면 4.a4! c6 5.axb5 cxb5 6.Qf3으로 백은 룩을 잡을 수 있습니다. 2...dxc4 이후 흑이 폰을 지키는 대부분의 수는 실패하며 백의 이점으로 끝나기 때문에 퀸스 갬빗에서 흑은 갬빗을 거절하거나 갬빗을 수락하더라도 폰을 버리고 플레이하게 됩니다.

2...e6: 흑은 갬빗을 거절하는 '퀸스 갬빗 디클라인'으로 진행하며 d5 폰을 안전하게 지킵니다. 2...dxc4를 두며 갬빗을 받아들이는 수는 '퀸스 갬빗 어셉티드'라고 합니다.

3.Nc3: d5 지점에 대한 압박을 넣습니다.

3...Nf6: 흑도 킹편의 나이트를 전개하며 캐슬링 준비를 돕고 d5 지점을 보호합니다.

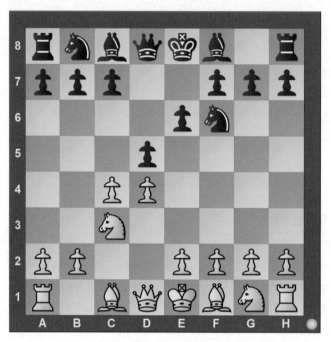

퀸스 갬빗 디클라인의 진행

4.Bg5: 퀸스 갬빗 디클라인의 메인 라인입니다. 백의 경우 f1의 비숍을 빼기 위해서는 e3을 두어야 하는데 c1 비숍을 빼기 전에 e3을 하면 c1 비숍의 경로가 막히게 되어 공격적으로 사용할 수 없습니다. 따라서 c1의 비숍을 먼저 핀을 거는 자리로 이동하고 이후 e3으로 진행할 계획입니다.

4...Be7: 핀을 푸는 수로 이 상황에서 둘 수 있는 가장 안정적인 수입니다.

5.e3: 백은 중앙을 지키며 f1 비숍의 길을 열어 줍니다.

5...0-0 6.Nf3: 백도 캐슬링을 할 준비를 마쳤습니다.

6...h6: 흑은 폰으로 비숍을 공격합니다. 이 수는 전개가 아니기 때문에 오프닝 원칙을 벗어나는 중요한 결정이지만 이 수의 장점은 크게 2가지가 있습니다. 첫 번째는 킹의 h7에 대한 퇴로를 만들어 줘서 백 랭크 메이트를 예방할 수 있다는 점, 두 번째는 백은 Bd3-Qc2로 h7을 노리는 경우가 많은데 이 위협을 미리 해결할 수 있다는 점입니다.

6...h6의 포지션

7.Bh4: 백은 2비숍을 유지할 생각으로 나이트와 교환하지 않고 피합니다.

7...Ne4: 라스커 변화 수를 시작하는 수입니다. 흑은 새로운 전개를 하지 않고 이미 움직인 나이트를 새로운 자리로 전개합니다. 흑은 전개해야 할 턴을 소모하는 거예요. 이 수로 h4의 백 비숍과 e7의 흑 비숍을 마주 보게 하면서 교환을 노리는 수입니다. 흑의 e7 비숍은 좋아 보이는데 왜 이 비숍을 교환하려고 할까요?

그 이유는 8.Bxe7 Qxe7 이후 흑은 Nd7을 두면서 e5로 폰을 올릴 계획을 가지고 있습니다. 그렇게 되면 c8의 비숍을 좀 더 자유롭게 전개할 수 있어요. 이렇게 오프닝 원칙을 벗어나지만 충분히 좋은 이유가 있는 수를 둘 때는 오프닝 원칙을 벗어나도 됩니다.

8.Bxe7 Qxe7: 백이 더 많은 중앙을 차지하고 있지만 흑은 곧 e5로 폰을 올리면서 중앙에 대한 반격을 개시할 예정입니다.

Sicilian Defence: Dragon Variation
시실리안 디펜스: 드래곤 변화 수

시실리안 디펜스는 현대의 체스 마스터들이 1.e4를 상대로 가장 많이 시도하는 수입니다. 1...c5로 초반부터 폰을 2칸 밀면서 첫 수부터 폰 구조의 비대칭을 유도하며 마스터 레벨에서도 무승부가 적게 발생하는 복잡한 오프닝 중 하나입니다.

이 챕터에 배우는 내용

- 시실리안 드래곤 오프닝의 주요 진행
- 시실리안 드래곤 오프닝의 백과 흑의 아이디어

1.e4 c5: 흑의 c5는 백이 바로 2.d4를 두지 못하도록 퀸사이드의 폰으로 견제하는 수입니다. 퀸사이드의 영역을 확장하면서 폰이 마주 보지 않기 때문에 폰 구조의 비대칭과 불균형이 대국 초반부터 생겨납니다. 만약 백이 2.d4를 둔다면 2...cxd4 3.Qxd4 Nc6으로 흑은 템포를 얻습니다. 백이 만약 2.d4를 둘 생각이라면 2.d4 cxd4 3.c3!?로 스미스-모라 갬빗을 진행하는 것이 더 낫습니다.

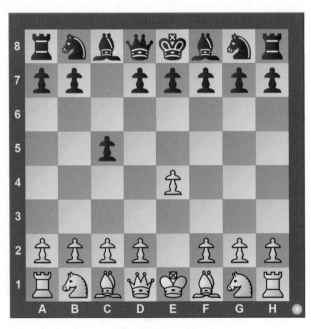

시실리안 디펜스의 시작 포지션

2.Nf3: 킹사이드의 나이트를 중앙으로 전개하며 d4에 대한 싸움을 진행합니다.

2...d6: c8 비숍의 길을 열어 주면서 c 폰을 보호합니다.

3.d4: 시실리안 디펜스에서 가장 많이 사용되는 백의 수입니다. 이렇게 중앙을 바로 3.d4로 공격하는 시실리안을 '오픈 시실리안(Open Sicilian)'이라고 합니다. 이 수의 장점은 중앙에 대한 싸움을 바로 시작하고, c1 비숍의 길을 열어 주면서 자연스럽게 전개가 앞서게 됩니다. 단점은 백은 중앙 폰을 올려 중앙 폰이 아닌 흑의 c 폰과 교환하기 때문에 이후 중앙 폰 개수가 밀리게 되는 단점이 있습니다. 3번째 수부터 폰 구조의 불균형이 발생합니다.

3...cxd4 4.Nxd4: 퀸으로 되잡으면 4...Nc6에 의해 템포를 잃기 때문에 나이트로 잡아 줍니다.

4...Nf6: 나이트를 전개하며 e 폰을 공격합니다.

5.Nc3: 나이트를 전개하며 폰을 지켜 줍니다.

5...g6

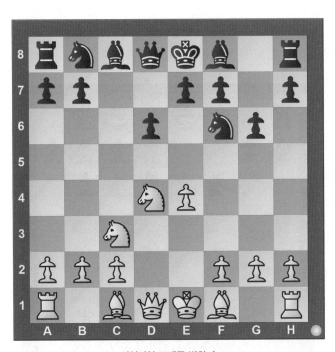

시실리안 드래곤 변화 수

여기에서는 많은 수가 가능합니다. 비숍을 g7로 전개하게 되면 g7의 비숍은 가장 긴 대각선을 차지하게 되며 이 모양을 '시실리안 드래곤 바리에이션(Sicilian Dragon Variation)'이라고 합니다.

이렇게 나이트 앞의 폰을 1칸 올리고 비숍이 긴 대각선으로 움직이는 수들을 '피앙케토(Fianchetto)'라고 합니다. 피앙케토의 단점은 폰의 움직임이 중앙 폰이 아니기 때문에 전개에 시간이 더 많이 걸리고, 폰을 전진하는 수이기 때문에 기존에 폰이 지키고 있는 칸이 비게 된다는 점입니다. 그럼에도 피앙케토된 비숍의 위력은 강력합니다. 이 포지션에서는 특히 d4의 폰이 교환됐기 때문에 g7의 비숍은 백의 폰에게 막히지 않고 강한 활동성을 가집니다.

6.Be2: 백은 비숍을 왼쪽과 오른쪽으로 둘 다 노려보는 유연한 자리로 전개하며 캐슬링을 준비합니다.

6...Bg7 7.0-0 0-0 8.Be3 Nc6 9.Nb3: 언뜻 보기에 이유 없이 후퇴해 보이는 이 수는 흑의 d5를 견제하는 수입니다. 흑은 중앙을 반격하기 위해 언젠가 d5로 폰을 올리게 되기 때문에 d1에 있는 백의 퀸의 길을 열어 주는 것이에요.

9...Be6: 흑은 백의 중앙 차지를 반격하기 위해서는 d5를 성공시켜야 합니다. 9...Be6은 d5를 도와주는 수입니다.

10.f4: 흑의 d5 위협을 f5 위협을 통해 막는 수입니다. 만약 10...d5 11.f5 gxf5 exf5 Bc8로 진행하면 d5 폰은 고립됩니다. 또 킹사이드의 영역 확장도 노리고 있습니다.

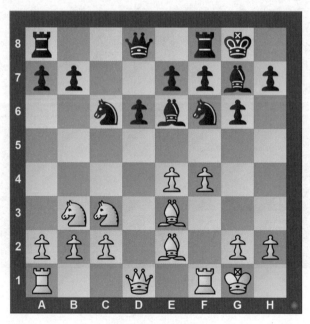

시실리안 드래곤 변화 수

체스 오프닝의 구분

체스 오프닝에는 오픈 게임, 세미 오픈 게임, 클로즈드 게임이라는 용어가 있습니다.

- **오픈 게임**: 백이 첫 수로 1.e4를 둘 때 흑이 1...e5로 대처하는 오프닝입니다.
- **세미 오픈 게임**: 백의 1.e4에 대해 1...e5를 제외한 다른 수를 두는 것이에요. 대표적으로는 1...c5(시실리안 디펜스), 1...e6(프렌치 디펜스), 1...c6(카로칸 디펜스)이 있습니다.
- **클로즈드 게임**: 백이 1.d4를 두고 흑이 1...d5로 대응하는 게임입니다.

어느 오프닝이 우월하다기보다는 체스를 두는 사람의 성향에 따라 오프닝을 선택하는 경우가 많습니다.

체스 명언

모든 예술가가 체스 플레이어는 아니지만, 모든 체스 플레이어는 예술가다.

_ 마르셀 뒤샹

연습문제

01 다음 보기 중 백 차례에서 가장 좋은 수를
· 문제 · 골라 보세요.

① Bd3   ② Bc4   ③ Bb5+

02 다음 보기 중 흑 차례에서 가장 좋은 수를
· 문제 · 골라 보세요.

① f6   ② Qf6   ③ Nc6

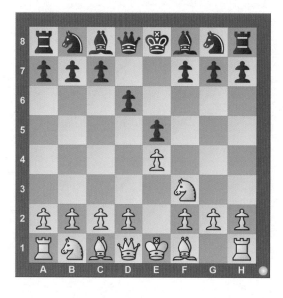

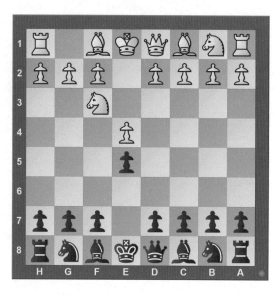

03 다음 보기 중 백 차례에서 가장 좋은 수를
· 문제 · 골라 보세요.

① Be3   ② 0–0   ③ h3

04 다음 보기 중 백 차례에서 가장 좋은 수를
· 문제 · 골라 보세요.

① Qh5   ② Nc3   ③ d3

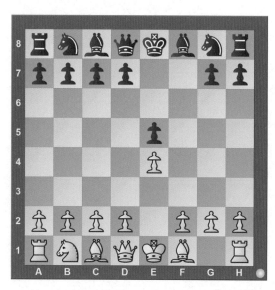

05

다음 보기 중 백 차례에서 가장 좋은 수를 골라 보세요.

① 0–0   ② Bb3   ③ Qb3

06

다음 보기 중 백 차례에서 가장 좋은 수를 골라 보세요.

① Ng5   ② d3   ③ Re1

07

다음 보기 중 흑 차례에서 가장 안 좋은 수를 골라 보세요.

① e6   ② c6   ③ Nc6

08

다음 보기 중 흑 차례에서 가장 안 좋은 수를 골라 보세요.

① Bb4   ② Be7   ③ d5

Part 5
전략을 세우자!
체스의 미들 게임

미들 게임에서 전술은 단기적으로 확실한 이점을 만드는 것이라면 전략은 현재 상황을 평가하고 장기적인 목표와 결과를 수립하는 것입니다. 전술은 '어떻게 이득을 볼 것인가'에 대한 이론이라면 전략은 '무엇을 할 것인가'에 대한 이론이에요.

체스를 두다가 '여기서는 좋은 공격도 전술도 없는데 어떻게 두지?'라는 궁금증을 해결해 줄 수 있는 이론이 전략 파트입니다. 좋은 계획을 세우는 것은 여행에서 정확한 지도와 나침반을 가지는 것과 같습니다.

1 | 포지션 평가의 요소

체스에서 포지션을 평가하는 것은 매우 중요합니다. 포지션의 평가는 기본적으로 '백이 유리한가? 흑이 유리한가?'라는 단순한 것부터 시작해서 여러 요소를 비교하는 것입니다.

이 챕터에서 배우는 내용

- 기물의 유불리에 따른 전략
- 킹의 안전의 중요성과 전략
- 기물 활동성의 개념과 활용

포지션 평가의 3가지 요소

① 기물의 차이   ② 킹의 안전   ③ 기물의 활동성

기물의 차이

체스에서 기물이 더 많은 쪽이 유리한 것은 당연할 것입니다. 각각의 기물은 다른 가치를 가지고 있고 더 많이 움직일 수 있는 기물이 더 중요한 가치를 가지고 있습니다. 체스에서 퀸은 9점이고, 룩은 5점, 비숍과 나이트는 3점, 폰은 1점인 이유는 활동성의 차이 때문이에요.

오른쪽 그림과 같은 상황에서 누가 유리한지는 명확할 것입니다. 남아 있는 기물 점수가 더 많은 쪽이 더 유리합니다. 따라서 여기에서는 백이 더 유리합니다.

따라서 체스에서는 내 기물을 손해 보지 않고, 상대 기물에 점수 이득을 보면서 잡으려고 하는 것이 매우 중요한 전략적 목표가 됩니다. 더 많은, 강력한 기물을 가질수록 앞으로의 전투에서 더 잘 싸울 수 있는 가능성이 높으니까요.

그렇다면 기물이 유리할 때는 어떤 전략으로 대국을 진행하는 것이 좋을까요?

① 기물을 교환한다.

② 더 많은 기물로 체크메이트를 노린다.

기물이 유리할 때 교환하는 이유는 무엇일까요? 엔드 게임에서는 점수 차이가 날 경우 기물이 얼마 남지 않았기 때문에 그 점수 차이를 극복하기가 더 어렵습니다.

오른쪽 그림과 같은 상황에서 백은 3점 더 유리합니다. 그렇다면 여기에서 좋은 전략은 무엇일까요? 동일한 가치를 지닌 모든 기물을 교환해서 엔드 게임에 접어드는 것입니다.

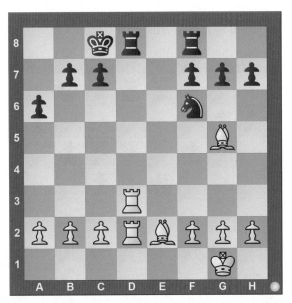

백의 차례

1.Rxd8+ Rxd8 2.Rxd8+ Kxd8 3.Bxf6 gxf6

이제 흑은 폰밖에 남지 않았고, 백은 폰과 비숍이 남아 있습니다. 흑에게는 역전의 여지가 없고 백은 손쉽게 대국을 이길 수 있습니다.

많은 체스 입문자는 자신의 퀸을 교환하는 것을 꺼립니다. 퀸은 체스에서 가장 강력한 기물이기 때문에 퀸을 교환하지 않고 활용하고 싶어 합니다.

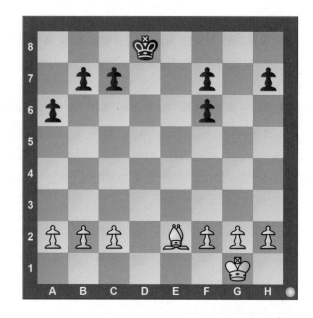

하지만 다음과 같은 포지션에서 퀸을 교환하는 것은 대국을 쉽게 이기려면 꼭 필요한 수입니다.

1.Qxd5 Nxd5: 지금 백은 퀸을 교환하는 것이 더 좋습니다. 퀸이 남아 있는 대국은 아무리 유리하더라도 항상 변수가 있습니다.

2.Rxe8+ Rxe8 3.Bxd5+ cxd5 4.Nd4: 흑은 룩 1개와 폰 몇 개로는 역전이 불가능하기 때문에 백이 기물을 날리는 실수를 하지 않는 이상 희망이 없습니다.

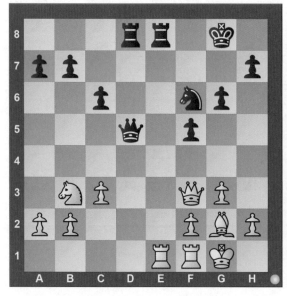

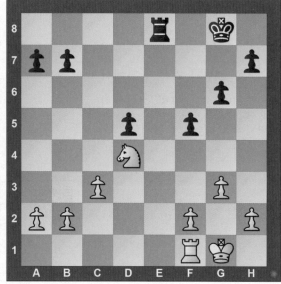

때로는 기물 교환이 어려운 상황일 경우 체크메이트로 대국을 이길 수도 있습니다. 상대보다 점수가 더 높다는 것은 상대의 수비 기물보다 더 강력한 공격 기물을 가지고 있다는 뜻이기도 하니까요.

다음과 같은 상황에서 백이 퀸을 가지고 있고, 9점이 더 유리합니다. 물론 이 포지션에서 아까의 전략처럼 1.Re8로 기물을 교환하는 수를 노려도 이길 수 있겠지만 여기서는 더 빠르게 이길 수 있는 방법이 있습니다.

1.Re7: 다음 수에 2.Qxg7#를 위협합니다.

1...Rf7 2.Qxf7+ Kh8 3.Qxg7#: 퀸 차이를 이용한 강력한 백의 공격을 흑은 방어할 수 없습니다.

이처럼 체스에서 점수 차이는 체스 전략의 중요한 요소가 됩니다. 기물이 유리할 때는 교환을 노리고, 더 많은 기물로 체크메이트를 노려야 합니다. 반대로 점수가 불리한 상황에서는 동일한 가치의 기물 교환을 최대한 피해야겠죠?

🛡️ 킹의 안전

체스는 기물 점수가 중요하긴 하지만 점수가 전부는 아니에요. 실제로 체스는 킹을 체크메이트해서 이기는 게임입니다. 점수가 아무리 유리하더라도 킹이 위험한 상태면 아무런 소용이 없습니다.

백은 고작 폰 3개와 나이트, 룩만 남았고 흑은 퀸, 룩, 비숍, 나이트, 폰 등 엄청나게 많은 기물을 가지고 있습니다. 따라서 흑이 더 유리한 것처럼 보이지만, 백 차례에서 백은 이 게임을 이길 수 있습니다.

1.Ng6+: 나이트와 룩으로 거는 더블 체크는 오직 킹을 피해서만 체크를 벗어날 수 있습니다. 놀랍게도 여기서 흑의 킹이 피할 곳이 없고 백의 점수가 엄청나게 불리함에도 체크메이트로 게임을 이겼습니다. 만약 흑의 킹이 안전한 곳에 있었다면 어땠을까요? 백이 이런 기적적인 역전을 노릴 수 없었을 거예요.

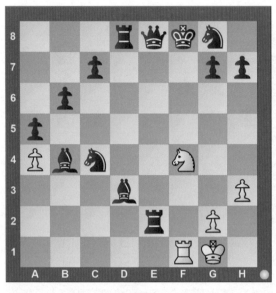

백의 차례

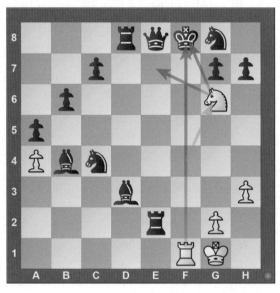

왼쪽 그림과 같은 상황에서 흑은 백보다 6점이 앞서고 있습니다. 하지만 백의 킹은 폰 뒤에서 안전한 반면 흑의 킹은 이미 도망갈 곳이 거의 없습니다. 백은 어떻게 하면 이길 수 있을까요?

백의 차례

1.Rd8+ Bxd8 2.Re8#: 흑은 점수가 더 유리했지만 킹이 위험했기 때문에 백의 룩 희생에 속수무책으로 당할 수밖에 없었습니다. 흑의 입장에서는 점수가 유리한 게임을 패배해서 억울하겠지만, 킹의 안전도 체스 전략의 중요한 요소라는 점을 잊지 말아야 합니다!

이렇게 킹의 위치는 전략에서 아주 중요한 요소가 되는 경우가 많습니다. 킹의 안전을 고려하지 않으면 기물이 아무리 유리해도 역전 당할 수 있습니다. 여러분의 킹을 최대한 안전한 자리에 놓도록 노력하세요. 특히 캐슬링은 킹을 안전한 자리로 놓는 가장 효과적인 방법 중 하나입니다.

기물을 언제 교환할까?

① 여러분이 기물을 이기고 있다. + 상대 킹이 안전하다.

동등한 기물을 교환해서 엔드 게임에서 승부를 냅니다.

② 여러분이 기물을 앞서고 있다. + 내 킹이 위험하다.

반드시 퀸을 교환하고 다른 동등한 기물을 교환해야 합니다.

③ 여러분이 기물을 앞서고 있다. + 상대 킹이 위험하다.

더 많은 기물을 가지고 체크메이트 공격을 노리세요. 이 경우 체크메이트를 위해 기물을 교환하지 않을 수 있습니다.

④ 여러분이 기물 점수에서 밀리고 지고 있다.

최대한 동등한 기물 교환을 피하고 상황을 복잡하게 만들어야 합니다. 불리한 상황에서 가장 좋은 상황은 상대 킹의 방어를 불안하게 만드는 것이 가장 좋습니다.

기물의 활동성

체스에서 기물들의 점수는 '그 기물의 평균적인 위력'을 나타냅니다. 이 얘기는 실제로는 기물의 위력이 포지션마다 다르다는 것이에요. 만약 백과 흑의 점수가 같더라도 한쪽의 활동성이 월등히 높으면 포지션의 유불리가 갈리게 됩니다.

다음과 같은 상황에서 흑이 폰 1개를 앞서고 있습니다. 하지만 흑의 킹은 백의 킹보다 더 위험하며, 무엇보다 백의 기물의 활동성은 매우 좋습니다. 흑의 기물들은 모두 가장 뒤쪽의 8랭크에 있군요. 여기서는 백의 전체적인 기물 활동성이 흑보다 압도적이기 때문에 백이 매우 유리한 포지션입니다. 설령 흑이 점수가 더 많다고 해도요.

백의 차례

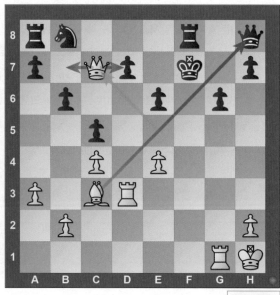

1.Rg1: g7 지점을 기물 3개로 공격합니다.

1...g6: 폰이 잡히지 않기 위해 어쩔 수 없이 폰을 올립니다.

2.Qc7: 매우 강력한 수입니다. 3.Qb7로 룩을 공격할 위협을 만들고 d7 폰에 대한 압박을 줌과 동시에 c3의 비숍으로 h8의 퀸을 공격하고 있습니다.

2...Qg8 3.Rxd7+: 백은 룩을 희생해서 약한 흑의 킹을 끝낼 예정입니다.

3...Nxd7 4.Qxd7#

이렇게 뛰어난 활동성은 강력한 공격을 만들어 내고 대국을 승리로 이끄는 경우가 많습니다. 체스를 두다 보면 모든 상황에서 성공적인 공격이나 전술이 있는 것은 아닙니다. 평범한, 조용한 수를 많이 두어야 하는 상황에서 성공적인 공격이 보이지 않을 때는 여러분은 반드시 기물의 활동성을 늘려야 합니다. 동시에 상대 기물의 활동성을 줄이려고 하는 것이 좋겠죠. 내 기물의 활동성을 높일수록 내 기물은 강력해지고 성공적인 공격이 생겨날 가능성이 높아집니다.

체스의 포지션 평가는 기물의 양, 킹의 안전, 활동성을 종합적으로 고려해 판단합니다. 일반적으로 기물의 양이 유리한 쪽은 기물을 교환하려고 하고, 불리한 쪽은 기물의 교환을 피합니다. 기물의 양(점수)이 양측 모두 같은 경우 기물의 활동성이 높은 쪽은 기물의 교환을 피하고, 기물의 활동성이 낮은 쪽은 최대한 기물을 교환하려고 해요. 킹이 위험할 때 공격하는 측은 최대한 기물을 교환하지 않고 싶어 하고, 수비하는 측은 최대한 기물을 교환하고 싶어 합니다. 물론 이와 관계없이 전술적인 이유나 다른 특별한 이유가 있다면 이 원칙은 무시될 수 있습니다.

포지션 평가의 요소	유리한 쪽(공격하는 진영)	불리한 쪽(수비하는 진영)
기물의 양	교환 O	교환 X
킹의 안전	교환 X	교환 O
활동성	교환 X	교환 O

중요한 순간마다 포지션을 평가하고 그에 따라 전략을 수립하는 것이 수준 높은 체스를 두기 위한 시작점이라고 할 수 있어요!

체스 명언

전술은 해야 할 것이 있을 때 무엇을 해야 할지 아는 것이고, 전략은 아무것도 할 것이 없을 때 무엇을 해야 하는지 아는 것이다.

_ 세빌리 타르타코워

2 | 비숍의 활용법

비숍은 나이트와는 다르게 장거리 기물입니다. 대각선 끝에서 끝까지도 이동할 수 있습니다. 따라서 비숍은 폰이 막혀 있지 않은 오픈 포지션에서 더 강력합니다.

이 챕터에서 배우는 내용

- 오픈 포지션과 클로즈드 포지션의 차이
- 좋은 비숍과 나쁜 비숍의 개념
- 좋은 비숍과 나쁜 비숍의 교환

 ## 오픈 포지션과 클로즈드 포지션

오픈 포지션(Open Position)과 클로즈드 포지션(Closed Position)의 차이가 무엇인가요?

오픈 포지션과 클로즈드 포지션의 차이는 폰의 구조에 의해 결정됩니다.

오픈 포지션

클로즈드 포지션

오픈 포지션은 막혀 있는 폰이 적거나 없고 다른 장거리 기물들이 비교적 자유롭게 움직일 수 있는 포지션입니다. 반대로 클로즈드 포지션에서는 폰이 맞물려 있고 서로의 폰을 잡을 수 없는 경우가 많습니다. 일반적으로 비숍은 오픈 포지션에서 활동성이 높고, 나이트는 클로즈드 포지션에서 더 많이 활약합니다.

비숍의 활동성을 극단적으로 올리는 '대니시 갬빗(Danish Gambit)'에 대해서 살펴봅시다.

1.e4 e5 2.d4 exd4 3.c3 dxc3 4.Bc4 cxb2 5.Bxb2: 백은 비숍 2개를 가장 활동적인 자리로 전개하기 위해 폰 2개를 희생했습니다. 폰이 막혀 있지 않다 보니 비숍의 활동성은 엄청나게 높고, 흑은 신중하지 않으면 바로 위험해집니다.

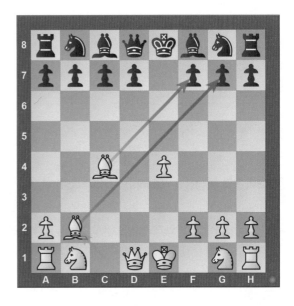

5...Nf6 6.e5: 나이트를 바로 공격합니다.

6...Ne4 7.Bxf7+! Kxf7 8.Qd5+ Ke8 9.Qxe4: 백은 비숍을 희생한 대신 f 폰과 나이트를 되잡았고, 흑은 아직 전개된 기물이 없으며 킹이 이미 움직였기 때문에 캐슬링이 불가능합니다.

오른쪽 그림과 같은 상황은 폰이 막혀 있지 않은 엔드 게임에서의 오픈 포지션입니다. 현재 백과 흑의 점수는 같지만 백이 기물의 활동성 측면에서 훨씬 더 유리한 포지션이라는 것을 알 수 있습니다. 백은 비숍 2개를 가지고 있고 폰에 의해 경로가 막혀 있지 않습니다. 흑은 나이트가 2개이지만 나이트의 활동성은 비숍보다 훨씬 모자랍니다.

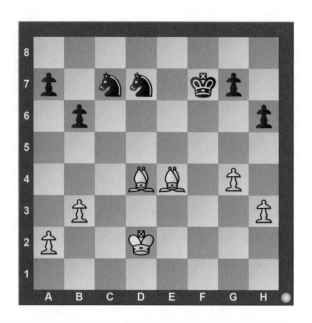

2비숍의 이점(Two Bishop Advantage)

체스에서 마이너 피스를 교환하면서 2비숍을 한쪽 진영만 가질 때가 자주 나옵니다. 일반적으로 체스에서는 한쪽은 2비숍을 가지고 있고, 한쪽은 가지고 있지 않다면 2비숍을 가지고 있는 쪽이 더 유리합니다. 2비숍을 한쪽만 가지고 있을 때 폰 0.3~0.5개 정도의 이점을 가진다고 생각하고 대국을 진행합니다.

 ## 좋은 비숍(Good Bishop)과 나쁜 비숍(Bad Bishop)의 개념

체스에서 비숍은 매우 강력할 때도, 매우 약할 때도 있습니다. 비숍은 특히 자신의 폰에 진로가 막혀 있을 때는 극단적으로 약합니다.

오른쪽 그림과 같은 상황에서 백의 비숍은 절대 밖으로 나갈 수 없습니다. 서로 최선의 수를 둔다면 흑이 쉽게 이길 것을 알 수 있습니다.

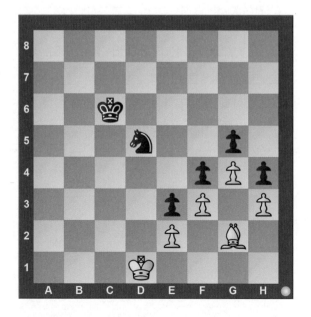

시작 포지션에서 두 플레이어는 하나는 밝은 칸 비숍, 하나는 어두운 칸 비숍을 가지고 시작합니다. 폰에게 막히면 활동성이 줄어드는 비숍은 그만큼 폰의 영향을 많이 받습니다.

따라서 체스에서 좋은 비숍과 나쁜 비숍의 개념은 특히 중앙 폰이 있는 색에 의해서 결정됩니다. 자신의 중앙 폰의 색과 반대 색깔의 비숍을 '좋은 비숍', 자신의 중앙 폰의 색과 같은 색의 비숍을 '나쁜 비숍'이라고 부릅니다. 좋은 비숍은 장기적으로 좋은 활동성을 가질 확률이 높으며, 반대로 나쁜 비숍은 장기적으로 나쁜 활동성을 가질 가능성이 높습니다.

1.e4 e6 2.d4 d5 3.e5

백은 중앙 폰들이 어두운 칸(Dark Square)에 위치하며, 흑의 중앙 폰들은 밝은 칸(Light Square)에 배치되어 있습니다. 특히 흑의 경우에는 밝은 칸 비숍인 c8이 수동적으로 보이는군요.

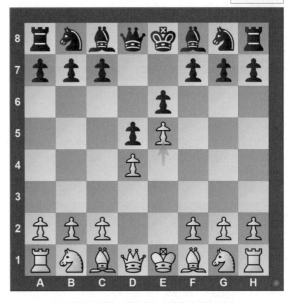

프렌치 디펜스: 어드밴스드 변화 수의 포지션

여기서 백의 폰이 어두운 칸이기 때문에 반대로 밝은 칸에 있는 f1 비숍이 좋은 비숍이 되며, 어두운 칸에 있는 c1 비숍은 나쁜 비숍이 됩니다. 반대로 흑의 폰은 밝은 칸에 있기 때문에 어두운 칸에 있는 f8의 비숍은 좋은 비숍이 되고, c8의 비숍은 나쁜 비숍이 되는 거예요.

그렇다면 왜 이 개념을 아는 것이 중요할까요? 이 개념은 상대 기물과의 교환을 판단할 때 핵심적인 요소가 될 수 있기 때문입니다.

다시 프렌치 어드밴스드 변화 수로 돌아가 봅시다!

1.e4 e6 2.d4 d5 3.e5 c5: 흑은 중앙을 내주는 대신 c5로 백의 중앙 차지에 대한 반격을 시작합니다.

4.c3 Qb6: 퀸을 빠르게 전개했지만 이 자리는 공격을 당하는 자리가 아니기 때문에 좋은 자리입니다. 또 백의 b2와 d4 폰을 압박할 수 있다는 장점도 있어요.

5.Nf3 Bd7: 흑의 이 비숍 전개는 이유가 있습니다.

6.a3

여기서 흑은 흥미로운 전략적인 결정을 보여 줍니다.

6...Bb5!?

흑의 밝은 칸 비숍은 나쁜 비숍입니다. 따라서 상대의 좋은 비숍과 교환할 수 있다면 장기적으로 흑은 게임을 편하게 진행할 수 있습니다. 흑의 b5 밝은 칸 비숍은 나쁜 비숍이고, 백의 f1 밝은 칸 비숍은 좋은 비숍이기 때문에, 흑이 이렇게 비숍을 교환한다면 나쁜 비숍으로 백의 좋은 비숍과 교환을 하는 셈이 됩니다. 흑에게 남는 장사인 것이죠.

그렇다면 백은 어떻게 해야 할까요? 순순히 7.Bxb5로 교환해 줘야 할까요?

7.c4: 백은 순순히 비숍을 교환해 주지 않습니다. 백은 전략적으로 좋은 비숍을 교환하는 대가로 흑의 폰 구조를 좋지 않게 만들고, 중앙쪽을 공격할 생각입니다.

7...Bxc4 8.Bxc4 dxc4: 백은 좋은 비숍을 나쁜 비숍과 교환한 대가로 흑에게 이중 폰을 강제했습니다.

9.d5: 흑은 나쁜 비숍을 좋은 비숍과 교환하면서 원하는 목표를 이뤘습니다. 백은 좋은 비숍과 나쁜 비숍의 교환을 허용한 대신 흑에게 이중 폰을 강제하고 중앙에 대한 공격을 진행했어요.

이렇게 좋은 비숍과 나쁜 비숍의 개념을 알고 있다면 기물의 교환과 전략적인 결정들에 더 정확한 판단을 내릴 수 있습니다.

나쁜 비숍을 가지고 있을 때는 어떻게 해야 할까요? 여러분이 나쁜 비숍을 가지고 있을 때의 장기적인 목표는 다음과 같습니다.

① 나쁜 비숍을 다른 좋은 위치의 마이너 피스와 교환합니다.

위의 프렌치 디펜스 어드밴스드 변화 수 예제가 이에 해당합니다.

② 나쁜 비숍을 활발한 활동성을 가진 곳으로 이동시킵니다.

③ 폰의 위치를 변경해서 나쁜 비숍을 좋은 비숍으로 변화시킵니다.

체스에서 좋은 비숍과 나쁜 비숍의 판단은 중앙의 폰에 의해 결정됩니다. 좋은 비숍이라고 해서 항상 위력적인 것은 아니며, 나쁜 비숍이라고 해서 항상 문제가 되는 것은 아닙니다.

실제 비숍의 활동성과 위력은 구체적인 비숍의 위치에 따라 결정됩니다. 활동성이 높은 비숍을 '활동적 비숍(Active Bishop)', 활동성이 낮은 비숍을 '비활동적 비숍(Inactive Bishop)'이라고 얘기합니다.

따라서 나쁜 비숍이어도 활동적인 비숍일 수도 있고, 좋은 비숍이어도 비활동적인 비숍일 수 있다는 것입니다.

백의 비숍들을 살펴봅시다. h3의 비숍은 중앙 폰과 색이 다른 '좋은 비숍'입니다. 엄청 위력적인 것은 아니지만 e6에 압박도 하고 있군요. 그렇다면 d2 비숍을 볼까요? 중앙 폰의 색과 같고 상대 진영을 공격하고 있지도 않은 '나쁜 비숍'이자 동시에 '비활동적 비숍'입니다. 설상가상으로 백은 폰도 밀리고 있습니다. 그렇다면 백은 이 포지션에서 어떻게 이 문제를 해결할 수 있을까요?

1.Bc1!: 백은 '나쁜 비숍'을 '활동적 비숍'으로 바꾸려는 준비를 하고 있습니다. 백은 비숍을 a3으로 움직여서 상대 진영에 영향력을 행사하고 싶어 합니다.

1...g6 2.Ba3 Nh7 3.Nf3: 백은 안 좋은 위치의 h7 나이트와 자신의 나이트를 교환할 생각이 없습니다. 먼저 백은 폰이 밀리고 있기 때문에 기물을 교환하면 안 됩니다. 두 번째로 백의 활동성이 흑보다 전반적으로 높기 때문에 교환을 원하지 않지요. 또 백은 영역 이점을 가지고 있고, 영역 이점을 가진 상태에서 교환을 피하는 것이 대체적으로 올바른 선택입니다.

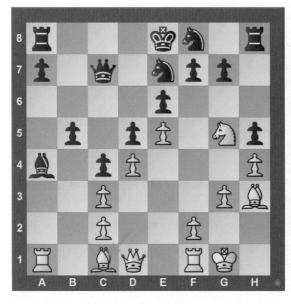

3...Qd8 4.Qd2 Kd7 5.Rfb1 Nf5 6.Bc5: c5의
비숍은 나쁜 비숍임에도 아주 활발한 위치에
있습니다. 나쁜 비숍을 가지고 있을 때는 이런
형태로 좋은 위치로 보내려고 하는 노력이 중
요합니다. 이 포지션은 백의 기물 활동성이 흑
에 비해 훨씬 높기 때문에 백이 훨씬 유리하다
고 말할 수 있습니다.

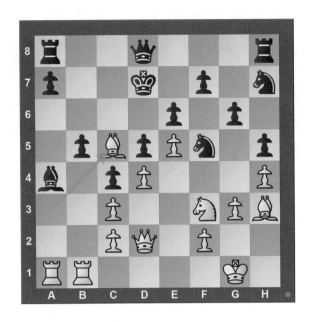

다음과 같은 상황에서 백은 f2에 나쁜 비숍을 가지고 있습니다. 중앙 폰의 색과 같은 비숍이에요. 이
포지션에서는 나쁜 비숍을 해결하기 위해 중앙 폰을 움직여서 비숍을 좋은 비숍으로 바꿀 수 있습니다.

1.d5! Na5 2.e4!: 백은 이제 활동적인 비숍을 가지게 되었습니다. 이 포지션도 백의 활동성이 전반
적으로 더 높기 때문에 백이 더 유리합니다.

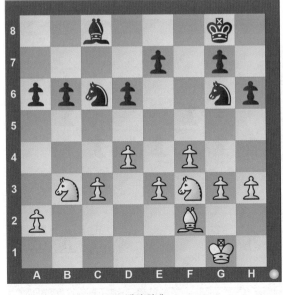

백의 차례

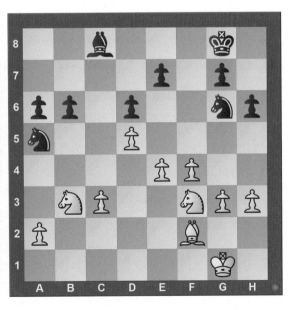

3 | 나이트의 활용법

나이트는 비숍과 다르게 상대적으로 단거리 기물이지만, 기물을 뛰어넘을 수 있는 특징이 있습니다. 뛰어넘는 특성 덕분에 폰이 맞물려 있는 상황이 문제 되지 않고, 오히려 닫힌 포지션에서 더 활약할 여지가 높습니다.

이 챕터에서 배우는 내용
- 나이트의 좋은 자리, 아웃포스트의 개념
- 나이트로 아웃포스트 차지하기

나이트는 어떤 자리에서 가장 강력할까요?

나이트는 일반적으로 체스판의 가장자리에서 약하고, 중앙에서 더 강력합니다. 랭크를 기준으로 보자면 나이트는 1~2랭크에서는 오직 방어적인 역할만 가능합니다. 3랭크에서는 수비와 공격을 동시에 할 수 있는 위치이며, 보통 4랭크의 나이트는 비숍과 위력이 거의 비슷합니다. 나이트가 안정적으로 5~6랭크에 있으면 그 나이트는 비숍보다 강력하거나, 6랭크에서 안정적으로 있을 수 있다면 때로는 룩 만큼의 위력을 발휘하는 경우도 있습니다.

중요한 것은 나이트는 어디에서 안정적으로 있을 수 있는지에 관한 것입니다. 체스에서 나이트가 안정적으로 있을 수 있는 자리를 '아웃포스트(Outpost)'라고 부르며, 폰 구조와 연관이 있는 개념입니다. 아웃포스트의 조건은 다음과 같습니다.

① 내 폰에게 보호 받는 자리

② 상대 폰에게 절대 공격 받지 않는 자리

흑의 폰들이 상당히 전진한 상태입니다. 하지만 폰이 전진되어 있을 때의 문제점은 폰이

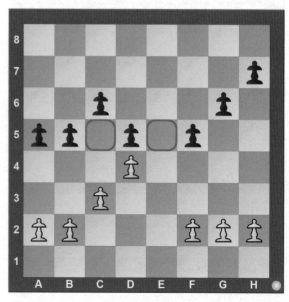

빨간 지점이 아웃포스트

자신의 진영에 빈틈을 남겨 놓는다는 점입니다. 백의 d4 폰은 c5, e5를 보호하고 있습니다. 흑의 폰은 절대 c5, e5 칸을 공격할 수 없어요. 나이트는 이런 아웃포스트에서 아주 강력합니다.

오른쪽 포지션과 같은 상황에서 백의 아웃포스트는 d5 칸입니다. e4 폰에 의해 보호되고 있으며, 흑의 폰은 절대 d5 칸을 공격할 수 없어요. 그렇기 때문에 d5 칸은 나이트에게 좋은 자리입니다. 하지만 바로 1.Nd5? Nxd5!로 진행되면 g5의 비숍이 위험하기 때문에 안 됩니다.

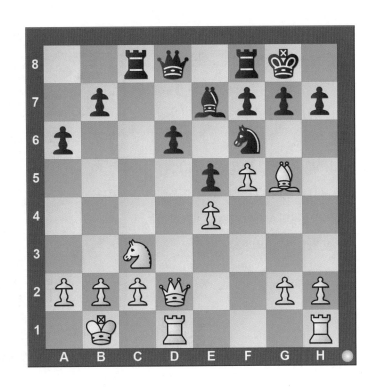

1.Bxf6: 먼저 백은 d5 지점을 보호하고 있는 나이트를 제거합니다.

1...Bxf6 2.Nd5!

여기서 백 나이트의 활동성은 흑 비숍의 활동성보다 훨씬 더 좋습니다.

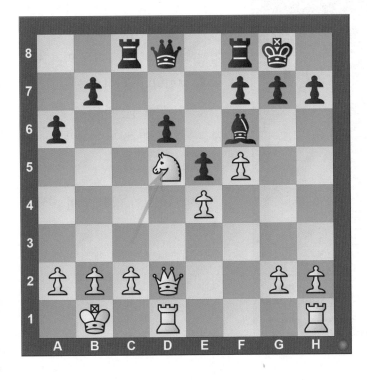

특히 나이트는 상대가 이중 폰이 되어 있는 곳을 좋아합니다. 이중 폰이 생기면 필연적으로 폰의 방어에 공백이 생기며, 나이트는 이를 이용할 수 있습니다.

1.Nh4! Rfe8 2.Nf5 Qf8 3.Qg4+ Kh8 4.Qh4 Re6 5.Rf3: 흑은 f 폰이 이중 폰입니다. 자연스럽게 f5 칸이 아웃포스트가 됩니다.

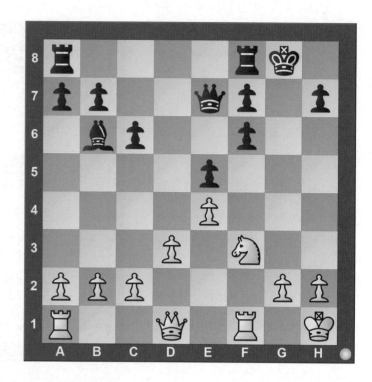

f5의 나이트는 상대를 완벽하게 압박하고 있습니다. 백의 공격은 매우 강력하고 흑은 이 공격을 막기 쉽지 않을 것입니다. 나이트를 적절하게 활용하기 위해서는 항상 나이트의 아웃포스트를 체크하는 습관을 들이면 좋습니다.

특히 나이트가 강한 닫힌 포지션에서는 바로 공격이 나오지 않는 경우가 많습니다. 이럴 때는 여러 수가 걸리더라도 나이트를 아웃포스트로 재전개하는 것이 충분한 가치가 있습니다.

왼쪽 그림과 같은 상황에서 백의 아웃포스트는 어디일까요?

바로 a5와 d6 지점입니다. 폰에게 쫓기지 않으면서 백의 폰이 지켜 주고 있는 자리에요.

그렇다면 f3의 나이트는 어디로 가는 것이 좋을까요?

백의 나이트가 d6으로 가기는 어렵기 때문에 a5로 이동하는 것이 좋은 목표가 될 수 있습니다.

백의 차례

1.Nd2! Bg6 2.Nb3 Qd8 3.Na5!: 이제 백은 나이트의 최적의 자리를 찾았습니다.

닫힌 포지션인 왼쪽 그림과 같은 상황에서 백은 나이트를 가지고 있고, 흑은 나쁜 비숍을 가지고 있습니다. 백은 다른 기물들의 위치를 좋게 만들기 전에 나이트를 아웃포스트로 보내는 것이 좋은 전략입니다.

백의 차례

1.Nb1! Bf7 2.Nd2 Rf8 3.Nf3 Qd8 4.Ne5: 나이트가 아웃포스트에 도착했습니다. 이후의 백의 계획은 나머지 기물들, 룩과 퀸의 위치를 좋게 만들고 폰 g4-f5로 룩과 퀸이 전투에 적극적으로 참여할 수 있도록 천천히 포지션을 좋게 만들 예정입니다.

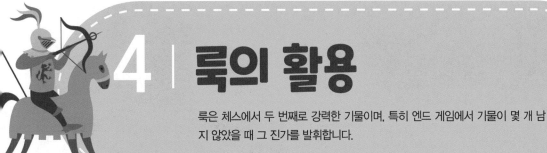

4 | 룩의 활용

룩은 체스에서 두 번째로 강력한 기물이며, 특히 엔드 게임에서 기물이 몇 개 남지 않았을 때 그 진가를 발휘합니다.

이 챕터에서 배우는 내용

- 오픈 파일의 개념
- 룩의 7랭크 점유
- 룩 리프트의 활용

초반과 중반에 룩을 잘 활용하는 것은 쉽지 않으며, 많은 초보자가 초중반에 룩을 참여시키는 것을 중요하게 생각하지 않는 경우가 많습니다. 초보자 간의 대국을 보면 대국의 중반까지도 룩 하나가 시작 위치에 있는 경우를 흔히 볼 수 있어요. 일반적으로 오프닝에서 초보자는 룩을 전개하지 않고, 체스 마스터들의 대국을 보면 룩의 전개를 의식적으로 신경 쓴다는 것을 알 수 있습니다.

그렇다면 룩은 어떻게 활용할까요? 어떤 자리에서 강력할까요?

① **룩은 오픈 파일에서 강력합니다.**

룩은 장거리 기물이기 때문에 폰에게 막히지 않을수록 강력합니다. 룩이 움직이기 쉬운 오픈 파일을 찾으세요!

② **룩은 7랭크에서 가장 강한 영향력을 행사합니다.**

7랭크는 폰이 시작하는 자리이기 때문에 대부분 폰이 많습니다.

체스 명언

내 생각에, 체스 전략의 요소는 다음과 같다.

① 중앙 ② 오픈 파일 플레이 ③ 7랭크, 8랭크 플레이 ④ 통과한 폰 ⑤ 핀 ⑥ 디스커버드 체크 ⑦ 교환 ⑧ 폰 구조

_ 아론 님조비치

오픈 파일

오픈 파일(Open File)은 무엇인가요?

오픈 파일은 폰이 없는 파일을 얘기합니다. 일반적으로 백과 흑의 폰이 모두 없는 파일을 '오픈 파일', 백과 흑 중 하나의 폰만 없는 파일을 '세미 오픈 파일'이라고 부릅니다. 일반적으로 룩은 백과 흑의 폰이 모두 없는 오픈 파일, 혹은 내 폰이 없는 세미 오픈 파일에서 강력합니다.

오른쪽 그림과 같은 포지션에서 'e파일'은 오픈 파일, 'b, c, d파일'은 세미 오픈 파일입니다.

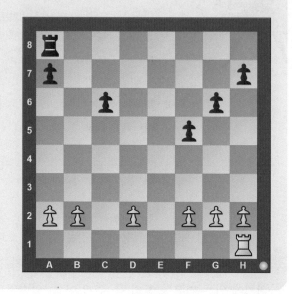

백은 폰 하나를 앞서고 있습니다. 오른쪽 그림과 같은 상황에서 백의 룩은 어디로 가는 것이 가장 좋을까요?

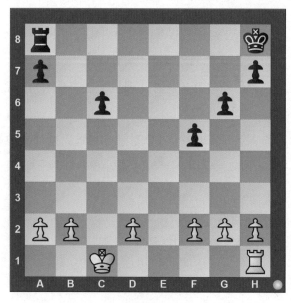

포지션 1-1

룩은 폰이 없는 열린 파일에서 가장 강력합니다. 따라서 여기에서는 반드시 e파일로 이동해야 합니다.

1.Re1!: 백이 먼저 오픈 파일을 차지했습니다. 이제 흑의 룩은 당분간 e파일로 올 수 없습니다.

1...Kg7: 룩은 7랭크에서 가장 강력합니다.

2.Re7+

2...Kg8: h7 폰을 지키기 위한 어쩔 수 없는 선택입니다.

3.Rc7: 이제 백은 강제로 c6 폰을 잡고 폰 2개가 유리한 상황으로 진행할 수 있습니다.

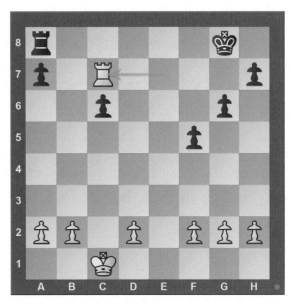

포지션 1-2

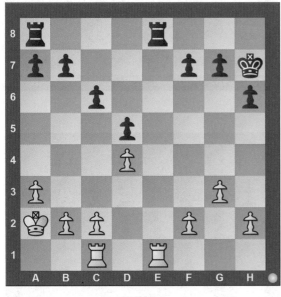

포지션 2-1

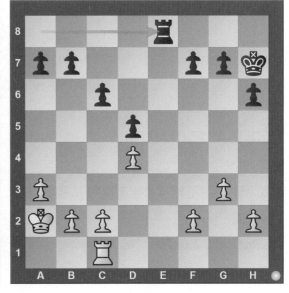

포지션 2-2

위의 포지션과 같은 상황에서 백은 1.Rxe8로 룩을 잡는 것이 좋을까요?

오픈 파일과 오픈 파일을 차지하는 것에 대한 중요성을 모르는 초보자들이 자주 하는 실수는 1.Rxe8은 동등한 교환이기 때문에 생각 없이 룩을 교환하는 것입니다. 여기서는 룩을 교환하는 대신 1.Kb3으로 킹을 활성화시키는 것이 더 좋습니다.

1.Rxe8? Rxe8

이렇게 되면 흑이 e파일을 차지합니다. 이렇게 파일의 주도권을 쥐고 싸우는 상태에서는 특별한 이유 없이는 룩 교환을 먼저 하면 오히려 불리하게 됩니다.

만약 오픈 파일을 차지했을 때 이 이점을 극대화하기 위해서는 오픈 파일에 룩이나 퀸을 배터리하는 것이 좋은 전략일 수 있습니다.

백은 이미 g3의 룩이 오픈 파일을 차지하고 있습니다. 오른쪽 그림과 같은 상황에서는 어떻게 하는 것이 최선의 수일까요?

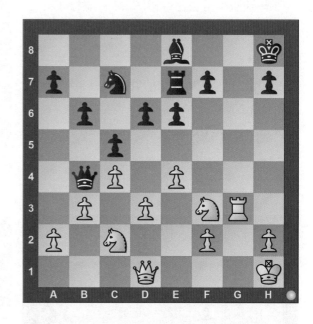

포지션 3-1 백의 차례

1.Qg1!: 룩과 퀸의 배터리를 만듭니다. 위협은 2.Rg8#입니다.

1...h6: 흑은 킹의 퇴로를 만들어 보지만 이미 늦었습니다.

2.Rg8+ Kh7 3.Qg7#: 배터리를 이용해 쉽게 체크메이트를 만들었습니다.

포지션 3-2

e파일에 서로 룩이 있는 상황입니다. 오른쪽 그림과 같은 상황에서 백은 어떻게 e파일을 제어할 수 있을까요?

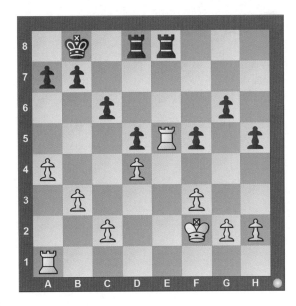

포지션 4-1 백의 차례

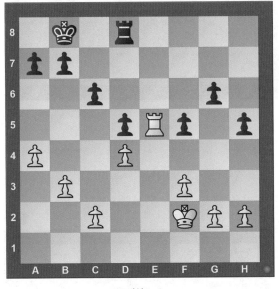

포지션 4-2

1.Rae1!: 배터리를 만들어 2.Rxe8을 위협합니다.

1...Rxe5: 흑은 어쩔 수 없이 잡습니다.

2.Rxe5: 백은 배터리를 이용해 오픈 파일인 e파일을 차지했습니다.

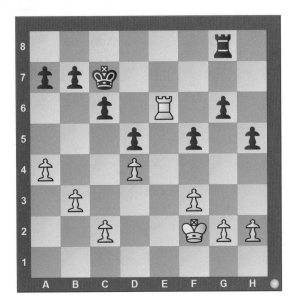

포지션 4-3

3...Kc7 4.Re6 Rg8: 백의 룩은 활동적이고, 흑의 룩은 수동적인 상황으로 백이 유리한 룩 엔드게임입니다.

🛡️ 룩의 7랭크

오픈 파일을 차지하고 난 이후에는 룩은 어디로 이동하는 것이 좋을까요? 룩에게 일반적으로 좋은 자리는 7랭크로 이동하는 것입니다. 흑의 경우에는 2랭크로 이동하는 것이 좋습니다.

백의 룩은 d7(7랭크)에서 c7 폰을 공격하고 있습니다. 흑의 룩은 어쩔 수 없이 룩으로 폰을 지켜야 합니다!

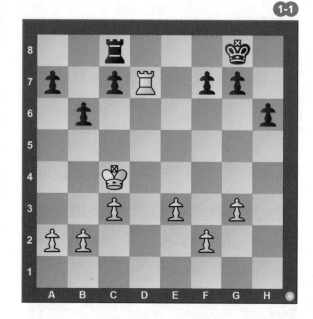

백의 차례

1.Kb5 Kf8 2.Kc6 g5 3.Kb7: 이제 백은 a폰, c폰을 모두 잡을 수 있습니다.

만약 룩 2개가 7랭크에 있다면 더 강력하게 상대를 압박할 수 있습니다. 특히 7랭크의 룩 2개는 킹을 공격하는 데 특화되어 있습니다.

1.Rf7+ Kg8, 1...Ke8로 진행할 경우 2.Rde7+ 이후 g7, h7 폰들을 잡고 Rdg8 이후 Rh8# 체크메이트를 만들 수 있습니다.

2.Rxg7+ Kh8 3.Rxh7+ Kg8 4.h5!: h6까지 폰을 올려 g7을 폰으로 제어하기 위한 수입니다.

4...Re8 5.h6 Re1+ Kh2: 백은 다음 수에 Rdg7+ 이후 Rh8# 위협을 가지고 있고, 흑은 이 체크메이트 공격을 막을 수 없습니다.

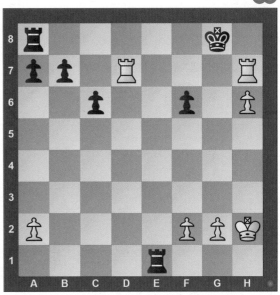

1.Rf7+ Kg8 2.Rxg7+ Kh8 3.Rxh7+ Kg8 4.h5! Re8 5.h6 Re1+ Kh2

📛 룩 리프트

룩은 분명 강력한 기물이지만, 룩을 미들 게임에서 전투에 활용하는 것은 쉽지 않습니다. 룩은 초반에 가장 가장자리에 있기 때문입니다. 특히 오픈 파일이 쉽게 만들어지지 않는 상황의 경우 룩을 공격적으로 사용하기가 어렵습니다.

이때 룩을 공격적으로 이용하는 또 다른 방법으로 '룩 리프트(Rook Rift)'라는 기술이 있습니다. 룩 리프트를 시도하는 방법은 다음과 같습니다.

① 룩 앞의 폰을 2칸 앞으로 움직입니다.
② 룩을 3랭크(흑의 경우에는 6랭크)로 움직입니다.
그 후 룩을 공격적인 역할을 할 수 있는 다른 파일로 이동시킵니다.

백은 세미 오픈 파일인 e파일을 잡고 있지만 폰이 잘 방어되어 있어 룩을 활용하기 쉽지 않습니다. 대신 백은 룩 리프트를 통해 킹사이드를 공격할 것입니다.

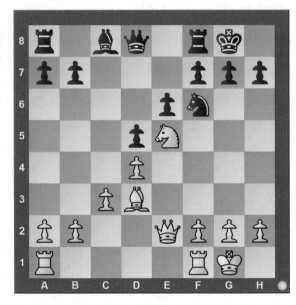

백의 차례

1.f4!: 룩을 f3으로 보내기 위한 수입니다.

1...Qe7 2.Rf3 Bd7 3.Rh3!: 이미 강력한 킹 공격이 만들어졌습니다. 예를 들어 흑이 부주의하게 3...a6을 둔다면 4.Bxh7+ Nxh7 5.Qh5로 강제로 체크메이트를 만들 수 있습니다.

3...h6? 4.g4!: 킹 앞의 폰을 올리는 것은 위험할 때도 있지만 지금 흑의 기물은 백 킹을 공격할 수 없기 때문에 안전합니다. 또 g5를 위협해서 흑의 핵심 방어자인 나이트를 쫓아낼 수 있는 좋은 수입니다.

4...Bc6 5.g5 hxg5 6.fxg5 Ne4 7.Bxe4 dxe4 8.Qh5: 흑은 이제 Qh7# 혹은 Qh8#를 막을 수 없습니다.

8.Qh5

오른쪽 그림과과 같은 상황에서 흑의 공간은 다소 부족합니다. 어떻게 하면 룩을 활용할 수 있을까요?

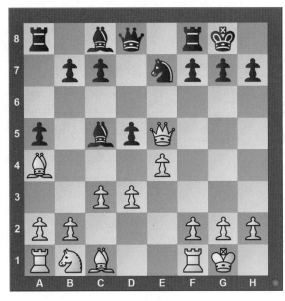

흑의 차례

1...Ra6!: a8의 룩은 룩 리프트를 사용하지 않으면 룩을 빼기 매우 어려운 상황입니다.

2.exd5 Rg6!: 흑은 다음 수에 3...Bh3 위협이 있으며 강력한 킹사이드 공격을 시도할 준비가 되었습니다.

5 | 영역의 활용

영역(Space) 이점은 체스 전략에서 전략의 방향을 결정하는 중요한 요소 중 하나입니다. 영역은 무엇일까요? 체스에서 영역은 폰에 의해 결정됩니다.

이 챕터에서 배우는 내용
- 영역을 차지하는 방법
- 영역을 활용하는 방법

내 폰 뒤에 모든 칸 중 상대 폰에게 공격 당하지 않는 칸이 자신의 영역입니다. 내 영역이 넓을수록 기물을 재배치하는 것이 용이하고 공격 목표를 다양하게 설정할 수 있다는 장점이 있습니다. 또 내 영역이 넓어지면 상대의 영역이 좁아지므로 상대의 기물 재배치를 어렵게 만들고 상대를 강하게 압박할 수 있어요.

하지만 폰이 전진할수록 폰을 지키기 어려워지는 경우가 많기 때문에 영역 이점을 늘리려고 할 때는 항상 신중해야 합니다.

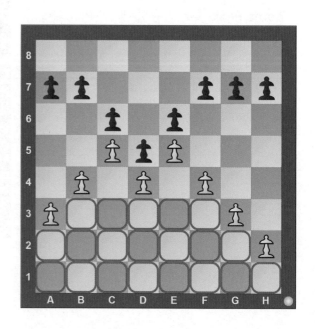

영역 차지하기

체스에서 영역을 차지하는 데 가장 좋은 방법은 폰으로 중앙을 차지하는 것입니다. 중앙을 폰으로 잡고 있다면 다른 영역도 보다 더 쉽게 차지할 수 있는 경우가 많습니다.

1.d4 b6 2.c4 Nf6 3.Nc3 Bb7: 흑은 중앙을 차지하지 않는 대신, 나이트와 비숍으로 e4 지점을 제어하고 있습니다. 백은 어떻게 영역을 더 확장할 수 있을까요?

4.f3!?: 이 수는 전개도 아니며 특히 f 폰을 올리면 킹이 약해지기 때문에 위험합니다.

하지만 지금은 흑의 퀸이 공격에 참여하기까지 시간이 걸리며, f3으로 확실하게 중앙인 e4를 차지할 수 있습니다. 이렇게 전개가 느려지고 약간의 약점이 생기더라도 중앙의 영역을 차지하는 것은 그만한 가치가 있습니다.

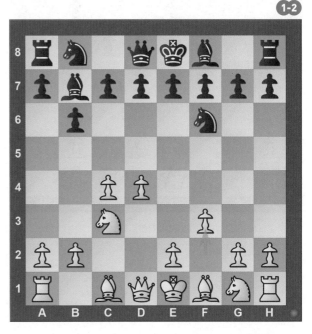

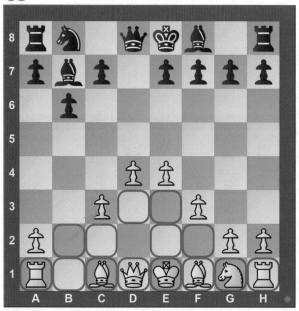

1-3

4...d5 5.cxd5 Nxd5 6.e4 Nxc3 7.bxc3: 백은 중앙을 차지했고 더 큰 영역을 가지고 있습니다. 흑은 동등하게 싸우기 위해서는 빠르게 백의 영역 이점에 도전해야 할 것입니다.

2-1

백의 차례

중앙을 잡고 나서 퀸사이드와 킹사이드 중 어느 쪽의 영역을 잡기 쉬운지는 폰 구조와 기물의 배치를 통해 파악합니다.

왼쪽 그림과 같은 상황에서 백은 중앙을 더 많이 잡고 있습니다. 흑은 1...f5를 통해 중앙을 확장했습니다. 백은 어떻게 영역을 확장해야 할까요?

1.c5!: 백은 퀸사이드로 영역을 확장합니다! 흑은 폰과 나이트, 퀸이 c5 지점을 보호해 주고 있고, 백은 폰만 c5를 지켜 주고 있지만 전술적인 이유로 백은 이 수를 둘 수 있습니다.

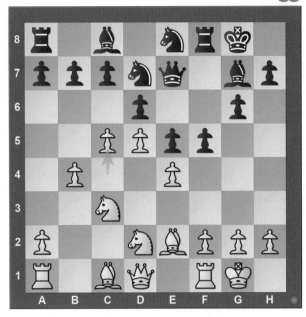

1.c5

1...dxc5 2.bxc5 Nxc5

2...Qxc5 3.Qb3으로 진행하면 흑은 백의 위협인 4.Ba3 스큐어를 반드시 대처해야 합니다. 백은 폰이 밀리지만 b, c 오픈 파일을 이용할 수 있고 전개가 더 쉽기 때문에 백이 더 유리합니다.

3.Ba3 b6 4.Na4: 흑은 c5를 추가로 지킬 수 없으며 흑은 c파일에 더블 폰 약점이 만들어지게 됩니다. 이후 백은 Rc1 등으로 쉽게 c5 폰을 추가 공격할 수 있습니다.

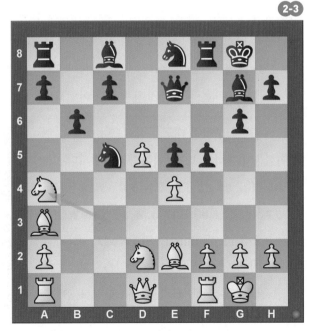

1.c5 dxc5 2.bxc5 Nxc5 3.Ba3 b6 4.Na4

영역을 활용하는 방법

영역을 가지고 있을 때 어떻게 하면 그 이점을 활용할 수 있을까요? 영역 이점을 가지고 있을 때 일반적으로 따를 수 있는 전략은 다음과 같습니다.

① 영역 이점은 장기적인 이점입니다. 영역 이점을 잡았다고 해서 바로 이길 수 있는 것은 아니지만 상대를 꾸준히 압박하면서 결국에는 이점을 얻을 수 있는 상황을 만들 수 있습니다. 급하게 영역 이점을 활용하지 않고 천천히 상대가 공격할 수 있는 모든 가능성을 차단하는 작업에 집중합니다.

② 영역 이점을 잡았을 때는 영역 이점을 가져다주는 폰을 탄탄하게 지키는 작업이 중요합니다.

③ 영역 이점을 이용하기 위해서는 체스판에 최대한 많은 기물이 남아 있어야 합니다. 기물 교환을 피하세요! 기물들이 더 많이 교환될수록 영역 이점의 효과는 감소합니다. 기물이 많이 남아 있을 수록 영역이 부족한 측의 기물들은 서로의 활동성을 발휘하게 됩니다. 따라서 내가 영역 이점을 가지고 있다면 가능하면 기물 교환을 피해야 하며, 반대로 상대가 영역 이점을 가지고 있다면 가능하면 기물 교환을 시도하는 것이 좋습니다.

④ 영역 이점을 가지고 있을 때는 퀸사이드와 킹사이드 양쪽 모두 적극적인 플레이가 가능합니다. 영역이 넓기 때문에 내 기물을 퀸사이드에서 킹사이드로, 킹사이드에서 퀸사이드로 보내기가 상대보다 훨씬 쉽기 때문이죠. 만약 퀸사이드와 킹사이드 양쪽에서 공격을 계속한다면 상대는 영역이 부족하기 때문에 기물의 재배치가 어렵고 방어하기가 매우 어려울 것입니다.

체스 선수들의 실전 대국을 살펴보며 어떻게 영역 이점을 구체적으로 이용하는지 살펴봅시다.

1.d4 d5 2.c4 c6 3.Nc3 Nf6 4.e3 a6 5.Nf3 b5 6.c5 g6 7.Ne5 Bg7 8.f4 a5 9.Be2 Qc7 10.0-0 0-0 11.a3 Be6 12.Bf3 Nbd7: 백은 c5 폰 덕분에 영역 이점을 가지고 있습니다. 흑은 12...Nbd7로 나이트 교환을 유도합니다. 백은 어떤 수를 두어야 할까요?

1-1

Gelfand,Boris – Wang,Yue, 2010.06.14, 백의 차례

13.Nd3!: 백은 영역 이점을 가지고 있기 때문에 나이트를 뒤로 후퇴하며 교환을 피하는 영리한 수를 둡니다.

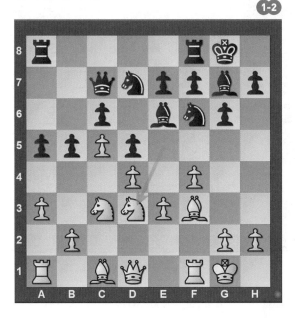

13...h6 14.g4!: 백은 이미 중앙에 영역을 가지고 있습니다. 그리고 백은 킹사이드로도 영역을 확장합니다. 킹 앞의 폰을 올리더라도 백의 킹은 위험하지 않아요. 흑은 영역이 부족하기 때문에 쉽게 공격을 시도할 수 없습니다.

14...Nh7 15.h4: 백은 영역 확장을 더 시도합니다.

15...f5 16.g5 hxg5 17.hxg5: 이제 h파일은 오픈 파일이 되었고 장기적으로 h파일에 룩을 두면서 공격을 시도할 수 있습니다.

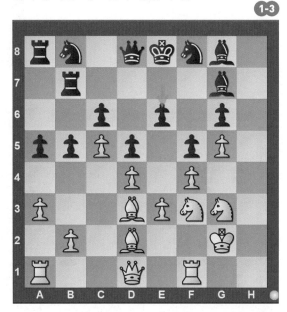

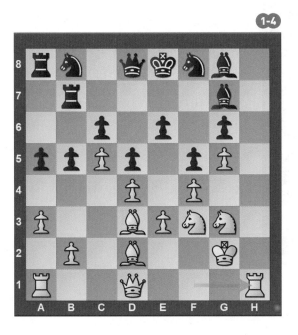

17...Kf7 18.Kg2 Rfb8 19.Bd2 Nhf8 20.Be2 Ke8 21.Ne1 Bg8 22.Nf3 Rb7 23.Bd3 Nb8 24.Ne2 Qd8 25.Ng3 e6 26.Rh1: 백은 여러 수를 걸쳐 기물을 최적의 자리로 전개했지만, 흑의 기물들은 조화롭게 배치되지 못하고 있습니다. 백은 마침내 h파일을 이용한 공격을 시작합니다.

26...Bh7 27.Qc2 Kf7 28.Rh3 Kg8 29.Rah1 Raa7 30.Kf1 Qe8 31.Be1 Bh8 32.Rh6 Bg7 33.R6h4 Bh8 34.R1h3 Re7 35.Qh2 Reb7 36.Rh6 Re7 37.Ne2 Reb7 38.Nc1 Re7 39.Nb3 a4 40.Nc1 Reb7 41.Be2 Re7 42.Nd3 Reb7 43.Nh4: 백은 이제 킹사이드에서 본격적인 공격을 시작할 것입니다.

43...Bg7 44.Rxh7: 룩이 트랩된 것처럼 보이지만 백은 룩을 희생해서 공격을 시작합니다.

44...Nxh7 45.Nxg6 Nd7 46.Bh5: 디스커버드 공격 위협입니다. 구체적인 위협은 47.Nh8 이후 48.Bf7+로 들어가서 49.Rxh7을 성공하는 것입니다.

46...Qd8 47.Nb4 Rc7 48.Nh8 Ndf8 49.Nf7 Rxf7 50.Bxf7+ Rxf7 51.Rxh7: 51...Nxh7로 진행할 경우 52.g6 포크가 됩니다.

51...Qe8 52.Rh3 Ng6 53.Qe2 Rc7 54.Qh5 Kf7 55.Qh7 Qg8 56.Qxg8+ Kxg8: 백은 퀸을 교환하고 성공적으로 폰이 앞선 엔드 게임에 들어왔습니다. 그리고 여전히 백은 영역 이점을 가지고 있죠. 이제 백은 퀸사이드로 공격을 전환합니다.

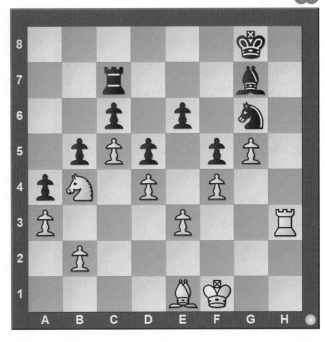

57.Nd3 Ra7 58.Ke2 Kf7 59.Nb4 Ne7 60.Kd1 Ra8 61.Kc2 Rg8 62.Nd3 Ra8 63.Rh7 Ng6 64.b3 Nf8 65.Rh2 axb3+ 66.Kxb3 Ke8 67.Ra2 Kd7 68.a4: 백은 폰을 올려서 룩의 교환을 시도합니다. 만약 흑이 교환을 거절한다면 룩이 7랭크 혹은 8랭크로 침투할 수 있습니다.

68...bxa4+ 69.Rxa4 Rxa4 70.Kxa4 Kc8 71.Ba5 Ng6 72.Nb4 Kd7 73.Na6 Kc8 74.Bc7 Bf8 75.Ka5 Kb7 76.Bd6 Be7 77.Bxe7 Nxe7 78.Nb4 Ng8 79.Nd3 Ne7 80.Ne5 Ng8 81.g6 Nf6 82.g7 1-0: 백은 이제 g 폰의 프로모션을 노리며 대국을 승리할 수 있습니다. 흑의 킹은 백 킹이 b6으로 오는 것을 막아야 하기 때문에 킹사이드로 갈 수 없으며, 백은 Ng6-e7 이후 쉽게 프로모션을 노리며 상대 나이트를 잡을 수 있기 때문에 흑은 기권합니다.

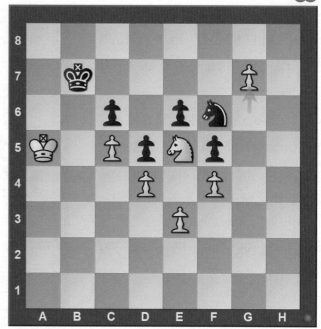

이 대국에서는 백이 영역 이점을 가지고 있을 때 교환을 최대한 피하고, 킹사이드에서 영역을 추가적으로 확장하며 경기를 진행합니다. 무엇보다 백은 절대 급하게 공격하지 않고 천천히 자신의 포지션을 충분히 좋게 만들기 위해 턴을 사용하며 공격을 진행합니다. 결국 폰이 확정적으로 앞서서 마치게 되고, 마지막에 엔드 게임에서 영역 이점을 통해 퀸사이드로 추가적인 공격으로 성공적인 교환을 이끌어 내며 마무리되는 명경기 중 하나입니다.

여러분의 체스판에 직접 기보를 놓아 보며 천천히 감상하기를 강력하게 추천합니다.

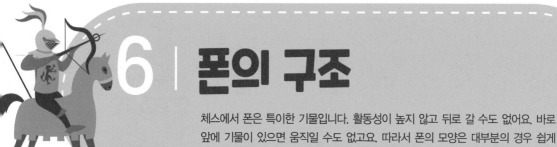

6 | 폰의 구조

체스에서 폰은 특이한 기물입니다. 활동성이 높지 않고 뒤로 갈 수도 없어요. 바로 앞에 기물이 있으면 움직일 수도 없고요. 따라서 폰의 모양은 대부분의 경우 쉽게 바꾸기가 어렵습니다.

이 챕터에서 배우는 내용
- 폰 구조의 개념
- 폰이 약한 구조

체스 대국을 진행하다 보면 폰 모양이 자연스럽게 형성되는데 이때 폰 전체의 모양을 '폰 구조(Pawn Structure)'라고 부릅니다.

이러한 폰의 구조는 크게 '강한 폰(Strong Pawn)'과 '약한 폰(Weak Pawn)'으로 나뉘게 됩니다. 강한 폰의 특징은 상대가 폰을 노리기가 매우 어려운 폰을 얘기합니다. 반대로 약한 폰은 상대가 공격하기 쉽고 내가 지키기 어려운 폰을 얘기합니다.

약한 폰의 종류에는 크게 3가지가 있습니다.

① **고립된 폰(Isolated Pawn)**: 고립된 폰은 양 옆의 파일에 폰이 없어서 위험할 때 기물로 지켜야 하는 폰입니다. 여기서는 백의 d4 폰이 고립된 폰입니다.

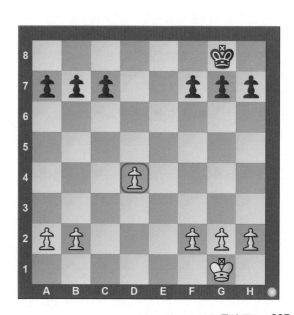

② **뒤쳐진 폰(Backward Pawn):** 뒤쳐진 폰은 근처에 폰은 있지만 폰의 연결에서 가장 뒤쪽에 있는 폰입니다. 이렇게 뒤쳐진 폰은 다른 폰이 지켜줄 수 없기 때문에 약점이 됩니다. 여기서는 흑의 d6 폰이 뒤쳐진 폰입니다.

③ **이중 폰(Doubled Pawn):** 같은 파일에 폰이 2개 이상 있을 경우 이중 폰 약점이 됩니다. 여기에서는 흑의 c파일 폰이 이중 폰입니다.

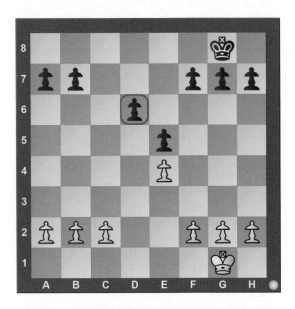

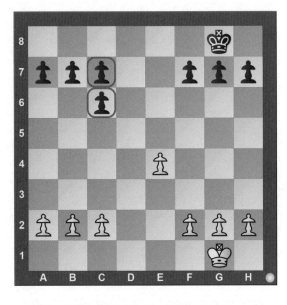

내가 약한 폰을 가지고 있다면	상대가 약한 폰을 가지고 있다면
약한 폰을 상대 폰과 교환할 수 있는 방법을 찾습니다.	상대의 약한 폰을 공격해서 상대가 기물로 지키게 합니다.
최대한 기물 교환을 피합니다.	폰을 압박할 수 있는 기물만 남기고 최대한 기물 교환을 이끌어 냅니다.
상황을 복잡하게 만듭니다. 특히 상대 킹을 위험하게 만드는 것이 가장 좋습니다.	상황을 단순하게 만듭니다.

고립된 폰

체스에서 고립된 폰은 다른 폰으로 지켜줄 수 없기 때문에 약점이 됩니다. 공격 당하면 기물로 지켜야 한다는 단점이 생기게 되기 때문이에요. 기물로 지켜야 한다는 얘기는 기물이 폰을 지키기 위해 전반적으로 수동적으로 위치해야 한다는 점이 문제입니다. 체스에서 수동적인 기물 배치는 기물의 위력을 약하게 만듭니다.

백의 차례

흑은 d5에 고립된 폰을 가지고 있습니다. 기물 점수의 합은 서로 같지만 여기서 백은 강제로 흑의 d5 폰을 잡을 수 있어요.

1.Rd4: d파일에 룩 배터리를 준비하는 수입니다.

1...Rd7: 흑도 배터리를 만들어 폰을 보호할 생각입니다.

2.Rad1 Rad8: 백의 모든 기물은 d5를 공격하고 있고 흑의 모든 기물은 d5를 수비하고 있습니다. 흑의 기물은 폰 하나 때문에 수동적으로 있을 수밖에 없습니다. 어떻게 하면 d5 폰을 더 압박할 수 있을까요?

3.g4: d5 폰을 지키고 있는 나이트를 h4-g5로 공격해서 방어 기물을 제거하는 아이디어입니다. d4에 룩이 있기 때문에 나이트는 잡을 수 없습니다.

3...Kf8 4.h4 Ke7 5.g5 hxg5 6. hxg5: 이제 f6의 나이트는 도망가야 하고 다음 턴에 백은 d5 폰을 잡을 수 있습니다.

하지만 모든 고립된 폰이 꼭 약점만은 아닙니다. 고립된 폰은 실제로 미들 게임에서는 유리하게 사용할 수 있는 이점 중 하나가 됩니다.

흑은 d파일에 고립된 폰을 가지고 있지만 아직은 기물이 많이 남아 있습니다. 만약 백이 많은 기물을 교환할 수 있으면 아까처럼 유리한 엔드 게임으로 운영할 수 있지만, 미들 게임에서는 고립된 폰을 가지면 최소 2개의 오픈 파일이나 세미 오픈 파일을 가지기 때문에 기물의 활동성을 극대화할 수 있습니다.

흑의 차례

1...Qd6!: 퀸-비숍 배터리를 만듭니다. 2...Bxf3 이후 3.Qxh2를 위협합니다.

2.g3: 퀸-비숍 배터리를 막는 유일한 수입니다.

2...d4!: 매우 중요한 수입니다. 흑은 약점인 고립된 폰을 밀어서 상대 폰과 교환하려 합니다. 이렇게 고립된 폰을 가지고 있을 때는 고립된 폰을 밀어서 상대 폰과 교환하는 것이 가장 이상적입니다. 흑의 기물 활동성이 백을 압도하고 곧 백의 방어는 무너지게 됩니다.

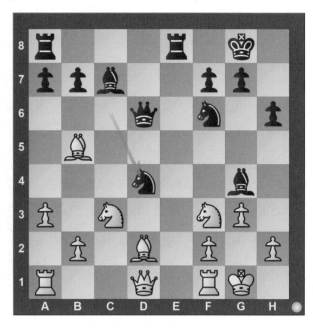

3.exd4 Nxd4!: 나이트 핀을 억지로 풀면서 f3 나이트를 공격합니다. 나이트가 움직이면 d1의 퀸이 잡히기 때문에 백은 좋은 선택지가 없습니다.

4.Bxe8 Nxf3+ 5.Kh1 Nxd2: 흑은 6...Bxd1, Nxf1, Rxe8 3가지 위협을 동시에 가하고 있습니다. 백의 포지션은 급격하게 불리해졌습니다.

뒤처진 폰

체스에서 뒤처진 폰은 고립된 폰과 마찬가지로 다른 폰으로 지켜줄 수 없기 때문에 약점이 됩니다.

오른쪽 그림은 퀸스 갬빗 디클라인 익스체인지 변화 수에서 상대에게 강제로 폰 약점인 뒤처진 폰을 만드는 전략입니다.

1.d4 d5 2.c4 e6 3.Nc3 Nf6 4.cxd5 exd5 5.Bg5 Be7 6.e3 c6 7.Bd3 Nbd7 8.Qc2 0-0 9.Nf3 Re8 10.0-0 Nf8 11.Rab1 Ng6 12.b4 Be6

여기서 백은 마이너리티 어택을 사용해서 상대 폰 구조를 약하게 만들 수 있습니다.

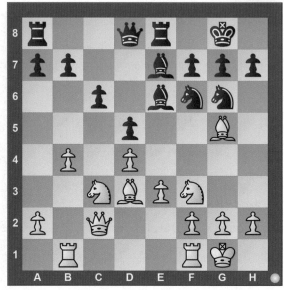

백의 차례

마이너리티 어택(Minority attack)은 무엇인가요?

마이너리티 어택은 체스판의 퀸사이드나 킹사이드 중 적은 폰을 가지고 있는 쪽의 폰을 올려서 상대에게 폰 약점을 만드는 전략 중 하나입니다.

오른쪽 포지션에서 백은 퀸사이드(a, b, c파일)에 폰이 2개 있고, 흑은 폰이 3개 있습니다. 폰이 적은 쪽의 폰을 올리기 때문에 이를 마이너리티 어택이라고 얘기합니다(Minority는 소수라는 뜻입니다).

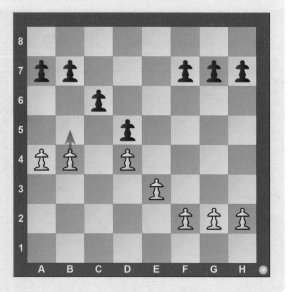

1.b5!: 상대에게 폰 구조 약점을 강제할 수 있는 뛰어난 수입니다. 상대는 이 수에 여러 가지 대응이 있지만 어떤 수로 대응하던지 폰 구조가 약해지는 것은 피할 수 없습니다.

만약 흑이 1...cxb5를 둔다면 2.Rxb5: 이제 흑은 d5에 고립된 폰을 가지게 됩니다.

만약 흑이 1...c5를 둔다면 2.Bxf6 Bxf6: 3.dxc5로 폰이 잡힙니다. 1...c5 2.Bxf6 gxf6 3.dxc5 Bxc5 로 진행하면 흑의 d 폰은 고립되고 f 폰이 이중 폰이 됩니다.

만약 흑이 1...Rc8으로 방어를 한다면 2.bxc6 bxc6: 흑의 c 폰은 뒤쳐진 폰이 됩니다. 2...Rxc6? 3.Bb5!: 스큐어 전술로 백이 기물 이득을 얻게 됩니다.

 ## 이중 폰

이중 폰은 엔드 게임에서 큰 문제가 됩니다. 엔드 게임에서 중요한 이점인 통과한 폰 (Passed Pawn)을 만들기가 어렵기 때문입니다. 오프닝에서 루이로페즈 익스체인지 변화 수의 예제를 살펴보겠습니다.

1.e4 e5 2.Nf3 Nc6 3.Bb5 a6 4.Bxc6 dxc6: 백은 비숍과 나이트를 빠르게 교환했습니다. 여러분도 이미 알고 있듯 백은 2비숍 이점을 포기했습니다. 그렇다면 왜 백은 비숍으로 나이트를 서둘러 잡았을까요? 그 이유는 흑의 c 폰을 이중 폰이 되게 만드는 것입니다. 백의 전략은 유리한 폰 구조를 바탕으로 최대한 기물들을 교환하면서 엔드 게임에 진입하는 것입니다.

흑의 문제는 이중 폰 때문에 c 파일 폰의 활동성이 낮고 프로모션을 노리는 폰을 만들기가 더 어렵다는 것입니다. 따라서 많은 경우에는 엔드 게임에서의 이중 폰은 폰이 하나 적은 것과 유사한 경우가 많습니다.

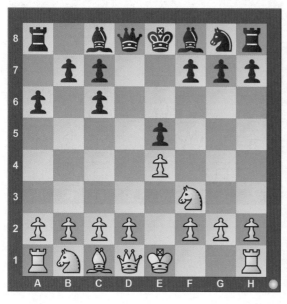

루이로페즈 익스체인지에서 모든 기물들이 교환될 때의 폰 구조

특히 킹 앞의 폰이 이중 폰이 될 경우 킹의 방어가 무너지게 됩니다.

1.e4 e5 2.Nf3 Nc6 3.Bc4 Bc5 4.d3 Nf6 5.Nc3 0-0 6.Bg5 d6: 백은 Bg5로 핀을 걸고 있습니다. 어떻게 하면 흑의 폰 구조를 이중 폰이 되도록 만들 수 있을까요?

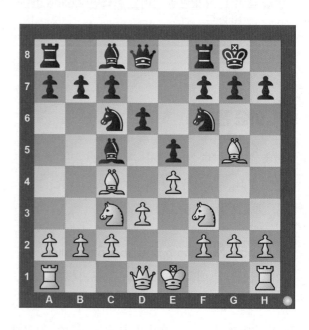

7.Nd5!: 핀에 걸린 기물을 추가로 공격하는 것이 핀을 활용하는 방법입니다.

7...Re8 8.Bxf6 gxf6 9.Qd2: 이제 흑의 킹 방어는 매우 위험해졌습니다. 백은 10.Qh6 이후 11.Nxf6+를 노리며 강력한 체크메이트 공격을 시도할 것입니다.

하지만 모든 이중 폰이 약점인 것만은 아닙니다. 특히 이중 폰이 중앙에 있다면, 도움을 주고 상대 기물이 중요 지점을 접근하지 못하게 하는 장점이 있습니다.

1.d4 Nf6 2.c4 e6 3.Nc3 Bb4 4.Nf3 Bxc3+ 5.bxc3 d6 6.g3

흑은 빠르게 비숍을 빼내서 c 파일에 이중 폰을 만들었습니다. 하지만 이 상황에서 이중 폰이 단점일까요? 오히려 c4의 폰은 중앙을 적극적으로 차지하고, c3의 폰은 중앙 폰인 d4 폰을 안전하게 지키고 있습니다. 또 이중 폰이 되었기 때문에 백은 오픈 b파일을 룩이나 퀸이 활용할 수도 있습니다. 지금 당장은 이중 폰은 단점이 아니며, 엔드 게임에 접어들어야 확실한 단점이 된다고 볼 수 있습니다. 따라서 백의 전략은 기물 교환을 피하면서 최대한 미들 게임에서 이점을 만드는 것이 목표입니다. 반대로 흑의 전략은 기물의 교환을 큰 약점 노출 없이 만들어 낼 수

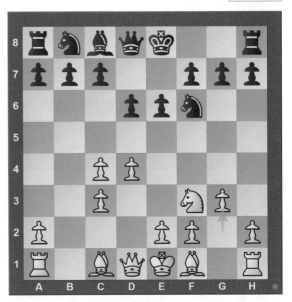

오프닝: 님조-인디안 디펜스 상황

있다면 흑에게 유리한 게임이 될 수 있습니다.

01
·문제·

흑은 d7에 나쁜 비숍을 가지고 있습니다. 이 문제를 해결할 수 있는 수는 무엇일까요?

02
·문제·

문제 01의 상황입니다. 흑의 전략을 차단하는 백의 수는 무엇일까요?

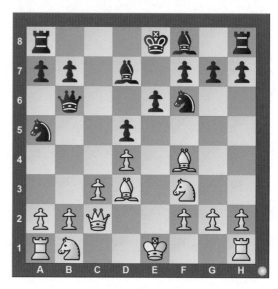

03
·문제·

흑의 d7 비숍은 자신의 폰에 갇힌 나쁜 비숍입니다. 이 비숍을 활성화하는 방법은 무엇일까요?

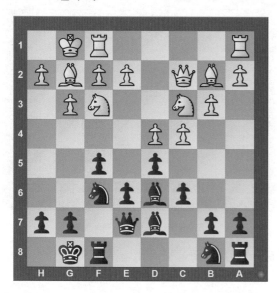

04
·문제·

흑의 e7 비숍은 나쁜 비숍입니다. 이 비숍을 활성화하는 방법은 무엇일까요?

05
·문제·
백의 e3 나이트에게 가장 좋은 자리는 어디일까요? 그 자리로 어떻게 이동하면 좋을까요?

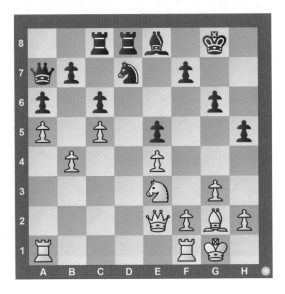

06
·문제·
흑의 나이트가 아웃포스트로 가기 위한 가장 좋은 전략은 무엇일까요?

07
·문제·
백 차례에서 나이트를 위한 아웃포스트를 만드는 전략을 세워 보세요.

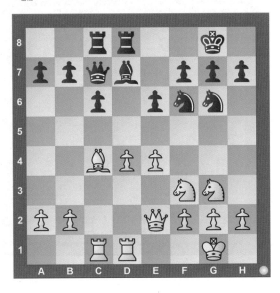

08
·문제·
백은 d5의 아웃포스트 자리를 활용하고 싶습니다. 백의 가장 좋은 계획은 무엇일까요?

09 백의 최선의 수는 무엇일까요?

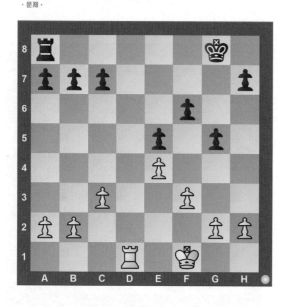

10 백의 최선의 전략은 무엇일까요?

11 룩을 활용하기 위한 백의 최선의 전략은 무엇일까요?

12 백 차례에서 룩을 활용하기 위해 가장 좋은 전략은 무엇일까요?

13·문제·
백 차례에서 가장 좋은 전략은 무엇일까요?

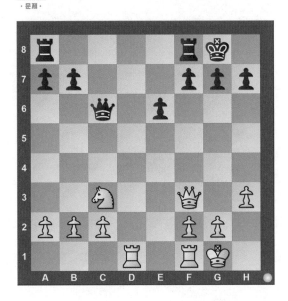

14·문제·
백 차례에서 가장 좋은 전략은 무엇일까요?

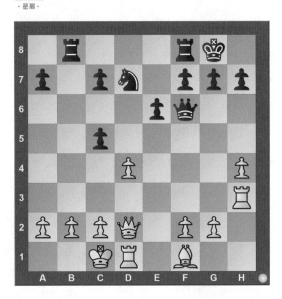

15·문제·
백은 b5의 나이트를 c7과 교환하는 것이 좋을까요? 아니면 후퇴해야 할까요?

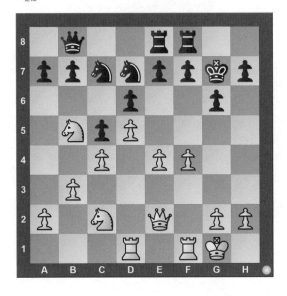

16·문제·
백은 1.e5로 나이트를 공격했습니다. 흑의 최선의 수는 무엇일까요?

Part 6
확실하게 이기기 위한
체스의 엔드 게임

미들 게임이 진행되면서 많은 전투가 일어나며 기물들은 점차 교환됩니다. 백과 흑의 기물이 충분히 교환되고 나면 미들 게임이 끝나고 엔드 게임이 시작되지요. 엔드 게임의 기술은 오프닝, 미들 게임과 구분되는 특별한 특징이 있습니다.

3대 세계 체스 챔피언이었던 호세 라울 카파블랑카는 체스 실력 향상을 위해서는 다른 무엇보다 엔드 게임을 먼저 공부해야 한다고 했습니다. 엔드 게임의 전략 개념들을 배워 두면 게임을 확실하게 이기는 방법과 불리한 대국을 역전할 수 있는 힘을 갖추게 될 것입니다.

1 | 엔드 게임의 기본 원칙

엔드 게임은 오프닝, 미들 게임과 다르게 고유한 특징을 가지고 있고, 일반적인 좋은 수들의 원칙도 다릅니다. 반드시 알아야 할 엔드 게임 원칙에 대해 알아봅시다.

이 챕터에서 배우는 내용
- 미들 게임과 엔드 게임의 차이점
- 엔드 게임에서 킹의 중요성

미들 게임과 엔드 게임의 구분

체스의 게임 진행은 크게 오프닝, 미들 게임, 엔드 게임으로 나뉩니다. 오프닝에서는 전개하며 기물들을 배치하여 공격을 준비하고, 미들 게임에서는 다양한 계획을 통해 상대 킹을 공격하거나 이점을 얻으려고 노력합니다. 미들 게임에서 전투 이후에 다양한 기물의 교환이 일어나면 엔드 게임에 접어듭니다.

그런데 왜 미들 게임, 엔드 게임을 구분 지어서 얘기할까요? 미들 게임과 엔드 게임은 유사한 점도 많습니다. 미들 게임의 특징인 기물 희생과 메이트 공격은 엔드 게임에서도 가능한 경우가 많습니다. 먼저 수를 두는 템포도 중요하고 기물 활동성 역시 매우 중요합니다.

하지만 엔드 게임에는 미들 게임과 확연히 다른 특징이 몇 가지 있기 때문에 대국의 성격과 목표가 엔드 게임에서 달라지는 경우가 많습니다.

① 폰의 프로모션이 엔드 게임에서 더 중요해집니다.

오프닝과 미들 게임에서는 폰과 기물이 많이 남아 있기 때문에 프로모션을 시도하는 것이 쉽지 않습니다. 하지만 기물이 점점 교환되고 엔드 게임에 접어들게 되면 폰의 프로모션 가능성이 높아지며, 프로모션 위협이 게임의 유불리, 나아가서 승패까지도 결정짓는 경우가 나오게 됩니다.

② 킹의 역할이 달라집니다.

오프닝과 미들 게임에서의 킹은 일반적으로 폰 뒤에 최대한 안전하게 숨어 있어야 하는 기물입니다. 활약할 여지가 크지 않아요. 하지만 엔드 게임에서는 기물이 많이 교환되기 때문에 체크메이트에 당할 위험이 줄어들게 됩니다. 그렇기에 엔드 게임의 킹은 전투에 참여해서 큰 활약을 할 수 있습니다. 일반적으로 킹은 엔드 게임에서 체스보드의 중앙 쪽에 있는 것이 좋습니다. 킹은 특히 후반에 상대 폰을 공격하면서 자신의 폰을 지키는 역할에 특화되어 있습니다.

③ 츠쿠추방(Zugzwang)이 존재합니다.

오프닝과 미들 게임에서는 내가 주도권을 가지고 한 수 더 버는 수를 두는 것이 매우 중요합니다. 심지어 미들 게임에서는 공격의 턴을 벌기 위해 기물을 희생하는 경우도 많습니다. 물론 엔드 게임에서도 이런 상황은 나오지만 방어하는 쪽에서 기물이나 폰이 이미 최적의 자리에 있는 경우 반대로 '움직여야 하는 상황' 자체가 문제가 될 수 있습니다. 이 상황을 체스에서는 '츠쿠추방'이라고 얘기합니다.

다음 그림과 같은 상황에서 흑은 폰에게 밀리는 불리한 상황입니다. 흑은 무승부를 노리는 수비 측입니다. 놀랍게도 여기서는 흑 차례면 지게 되고, 백 차례면 무승부가 됩니다.

백 차례라면 f7 폰을 지키기 위한 **1.Kf6**을 진행하여 스테일메이트로 무승부가 되고, 나머지 수들은 f7의 폰이 잡혀서 무승부가 됩니다. 반대로 흑 차례라면 **1...Kg7 2.Ke7**로 프로모션을 성공할 수 있습니다.

이렇게 오히려 내가 움직여야 하는 차례일 때 안 좋은 츠쿠추방 상황이 엔드 게임에서 특히 자주 나오게 됩니다.

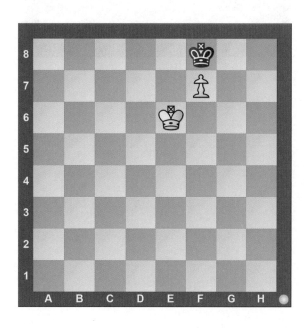

여러분이 엔드 게임을 둘 때 다양한 상황을 만나겠지만 전반적으로 도움이 되는 조언은 다음과 같습니다.

① 엔드 게임에서 킹을 빠르게 활성화합니다. 엔드 게임에서는 중앙, 혹은 내 폰 앞까지 킹을 움직이세요. 킹은 엔드 게임에서 강력한 기물입니다!

② 여러분의 폰이 상대보다 많고 점수가 앞선다면 기물을 교환해서 폰만 남게 하는 것이 가장 좋습니다. 기물이 적어질수록 상대는 프로모션을 막기 더 어려워집니다.

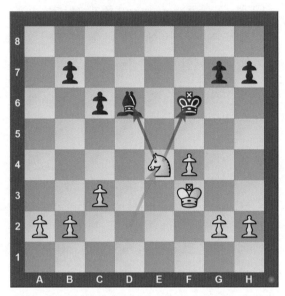

③ 룩을 통과한 폰 뒤에 둡니다.

④ 여러분의 점수가 밀린다면 퀸 교환과 룩 교환을 최대한 피하세요. 퀸 엔드 게임에서는 반복 체크를 노리고, 룩 엔드 게임은 가장 무승부율이 높은 엔드 게임 중 하나입니다.

⑤ 기물 활동성은 엔드 게임에서 더 중요합니다. 항상 여러분의 기물을 최대한 활발한 자리에 배치하세요. 많은 룩 엔드 게임에서 폰 하나를 내주고 룩이 7랭크로 들어가는 것은 꽤 흔한 전략입니다. 그만큼 활동성이 중요하다는 것이죠.

⑥ 서두르지 마세요. 인내심은 엔드 게임을 두는 선수에게 가장 중요한 덕목이다(Patience is the most valuable trait of the endgame player) _ Pal Benko(그랜드마스터 팔 벵코)

안정적인 포지션에서는 상대에게 결정타를 날리기 전에 포지션과 기물들을 최대한 먼저 좋게 만들면서 상대를 압박하세요. 빠르게 이기려고 하면 실수가 나오게 됩니다. 침착하게 가장 좋은 수와 이점을 쌓아 나가세요.

다음 챕터에서는 폰 엔드 게임에서 대해 다룹니다. 폰 엔드 게임은 다른 모든 엔드 게임 이론의 기본이 되기 때문에 가장 중요한 엔드 게임 이론 중 하나입니다. 특히 폰이 1개가 남아 있는 엔드 게임은 다른 폰 엔드 게임의 기본이 되기 때문에 무엇보다 중요한 이론이라고 할 수 있습니다.

체스 명언
킹은 강력한 기물입니다. 킹을 이용하세요!

_ 루벤 파인

루벤 파인은 1930년대에서 1950년대까지 활동했던 체스 선수이나 심리학자, 대학교수입니다. 이 명언은 엔드 게임에서 킹의 중요성을 강조하는 격언입니다.

2 | 사각형의 법칙

폰 엔드 게임에서 가장 먼저 살펴볼 내용은 내 킹이 폰을 보호하지 못하는 상황일 때 프로모션을 성공할 수 있는지에 대한 이론입니다.

이 챕터에서 배우는 내용

- 프로모션의 계산
- 사각형 법칙의 활용

백은 프로모션에 성공할 수 있을까요?

이 포지션의 결과를 정확하게 계산하기 위해서는 머릿속으로 폰과 상대 킹을 움직여야 할 것입니다. 백은 킹으로 자신의 폰을 지킬 수 없기 때문에 폰을 전진하는 선택지밖에 없고, 폰이 전진했을 때 상대 킹이 폰을 잡을 수 있는지 없는지를 계산해야 합니다. 하지만 이 계산 과정은 여러 수를 계산해야 하기 때문에 번거로울 수 있습니다. 이때 '사각형의 법칙'을 이용하면 프로모션 여부를 쉽게 판단할 수 있습니다.

백의 차례, 백은 안전하게 프로모션에 성공할까요?

백 차례라면 먼저 폰이 움직였다고 가정하고 프로모션하는 칸에 도착하는 칸 수를 세어서 가상의 선을 그립니다. 백은 프로모션에 총 3칸(3턴)이 필요합니다.

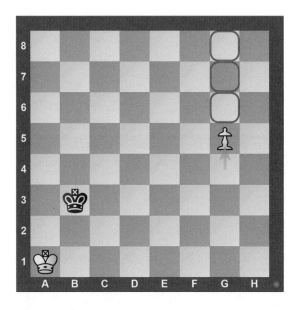

프로모션이 필요한 칸만큼 좌, 우로 사각형을 그립니다. 여기서 흑 킹이 사각형 안에 들어올 수 있으면 프로모션이 되기 전에 폰이 잡힙니다. 만약 사각형 안에 들어오지 못한다면 폰의 프로모션이 성공합니다.

다음과 같은 상황에서는 흑 차례에서 사각형 안에 흑 킹이 들어오지 못하기 때문에 프로모션에 성공합니다.

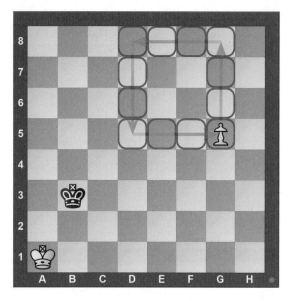

만약 왼쪽 그림과 같은 상황에서 흑 차례면 어떻게 될까요?

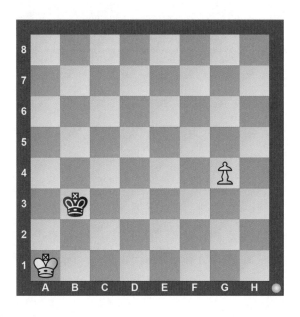

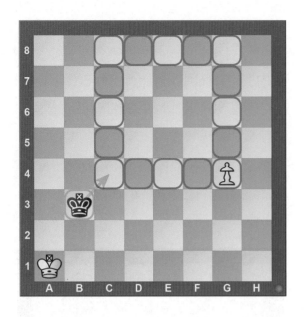

흑 차례에서 사각형 안에 흑 킹이 들어갈 수 있기 때문에 프로모션에 실패합니다. 1...Kc4 2.g5 Kd5 3.g6 Ke6 4.g7 Kf7 5.g8Q Kxg8로 폰이 잡히게 됩니다.

이 사각형의 법칙에서 주의할 점은 폰이 시작 위치에 있는 경우입니다.

백의 차례

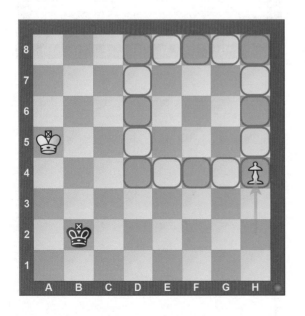

왼쪽 그림과 같은 상황에서 h2의 폰은 폰의 시작 위치이기 때문에 처음에 2칸 움직일 수 있다는 사실을 반드시 기억해야 합니다. 흑 킹은 사각형 안에 들어오지 못하고 백의 프로모션이 성공합니다.

3 | 오포지션과 핵심 칸

엔드 게임에서 킹은 아주 강력한 영향력을 가지게 됩니다. 킹을 상대보다 더 활성화 하기 위해서 오포지션의 개념을 이용할 수 있습니다.

이 챕터에서 배우는 내용
- 오포지션의 개념과 활용
- 핵심 칸의 개념과 활용

오포지션의 개념과 활용

한쪽이 폰 1개와 킹이 남아 있고, 상대는 킹만 남아 있을 때, 폰을 가진 쪽이 이길 수 있을까요? 폰 1개가 남은 엔드 게임에서의 결과는 킹과 폰의 위치에 따라 달라집니다. 폰을 가진 쪽이 이길 수도 있고, 무승부가 될 수도 있어요.

오른쪽 그림과 같은 상황에서 흑은 무승부를 할 수 있습니다. 왜냐하면 폰의 프로모션에 성공하려면 백의 킹이 폰의 프로모션을 돕기 위해 c7이나 e7 칸으로 이동해야 하는데 흑이 이를 막을 수 있기 때문입니다.

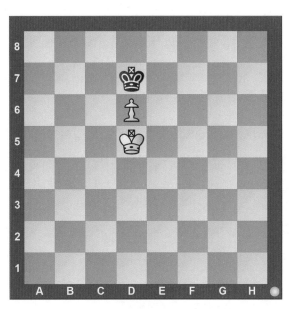

흑의 차례

1...Kd8: 프로모션을 막기 위해서는 먼저 상대의 폰과 같은 파일에 위치해야 합니다.

2.Ke6 Ke8!: 킹이 마주 보는 이 상황을 '오포지션(Opposition)'이라고 합니다.

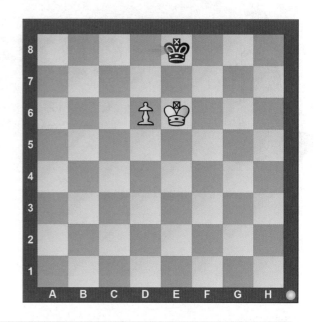

오포지션이란?

오포지션은 두 킹이 파일, 랭크, 혹은 대각선으로 마주 보고 있는 상태를 얘기합니다. 오포지션은 폰 엔드 게임에서 가장 중요한 요소가 됩니다. 킹이 마주 보러 가는 측이 '오포지션을 가졌다', 킹이 마주 보는 상태에서 벗어나는 쪽이 '오포지션을 잃었다'라고 표현합니다.

흑은 킹을 마주 보면서 오포지션을 가지게 됩니다. 백 킹은 폰 앞으로 갈 수 없기 때문에 결국 폰을 밀 수밖에 없습니다.

3.d7+ Kd8 4.Kd6: 다른 곳으로 킹이 이동하면 폰이 잡혀서 무승부가 됩니다. 하지만 4.Kd6도 스테일메이트로 무승부가 되지요.

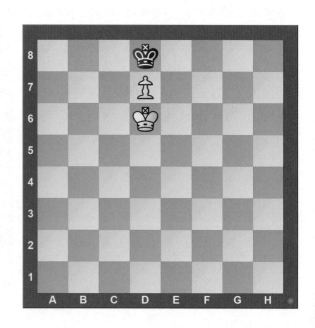

폰을 가진 쪽이 이기려면 킹이 '핵심 칸(Key Square)'을 먼저 차지해야 합니다. 프로모션에 성공하려면 킹이 폰 앞에 있는 상태여야 해요. 핵심 칸은 폰의 앞쪽이기 때문입니다. 백의 킹이 상대 킹보다 먼저 이 6칸에 도달할 수 있으면 흑은 프로모션을 방해하지 못합니다.

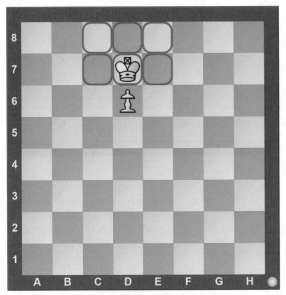

d6 폰의 앞 6칸이 핵심 칸

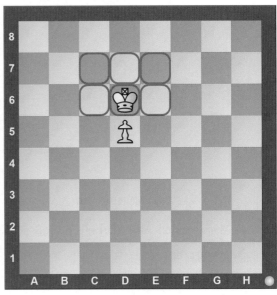

d5 폰의 핵심 칸

폰이 4랭크에 있는 경우에는 핵심 칸이 3칸으로 줄어들게 됩니다. 이 상황에서는 c6, d6, e7에 킹이 있어야 합니다. 이 위치에 킹이 있다면 폰이 잡히지 않는 한 백은 최선의 수를 두면 확실하게 승리할 수 있습니다. 따라서 핵심 칸을 선점하는 것이 매우 중요해요.

이 포지션에서 d5 칸은 핵심 칸이 되지 않기 때문에 만약 백 킹이 d5에 있으면 승리를 보장할 수 없습니다. 누구 차례인지, 흑 킹이 어디 있는지에 따라 백이 이길지, 무승부가 될지 결정됩니다.

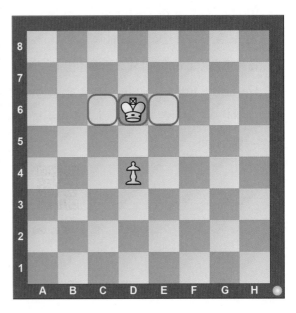

d4 폰의 핵심 칸

3랭크의 폰도 핵심 칸은 3칸뿐입니다.

즉, 폰 1개가 있을 때의 폰 엔드 게임은 핵심
칸을 잡기 위한 전투입니다. 그렇다면 어떻게
핵심 칸을 차지할 수 있을까요? 핵심 칸을 차
지하기 위한 이론이 '오포지션(Opposition)'입
니다.

d3 폰의 핵심 칸

다음과 같은 상황에서 백 차례라면 흑이 오포지션을 가지고, 백은 오포지션을 잃었습니다. 백 차례
라면 이 포지션에서의 핵심 칸인 c6, d6, e6에 폰을 올리지 않고는 차지할 수 없기 때문에 이 포지션
은 무승부가 됩니다.

1.Ke5 Ke7: 수비하는 쪽은 백이 폰을 밀 때
까지 오포지션을 유지합니다.

2.Kd5 Kd7 3.Kc5 Kc7 4.d5 Kd7: 수비하는
킹은 폰 뒤의 파일에 숨으며 방어해야 합니다.

5.d6 Kd8 6.Kc6 Kc8: 다시 오포지션입니다.

7.d7+ Kd8 8.Kd6: 스테일메이트로 인한 무
승부, 흑이 오포지션을 잡았기 때문에 무승부
가 가능했습니다.

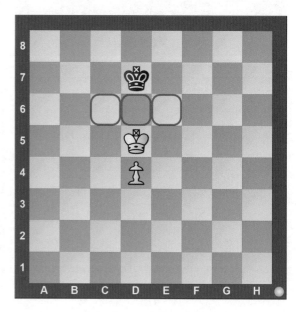

백의 차례

만약 같은 포지션에서 흑 차례라면 대국의 결과는 어떻게 될까요? 왼쪽 그림과 같은 상황에서 흑 차례면 백이 프로모션에 성공할 수 있게 됩니다. 그 이유는 마주 보고 있는 오포지션 상태에서 흑이 오포지션을 잃게 되고 백은 핵심 칸을 차지할 수 있기 때문이에요.

흑의 차례

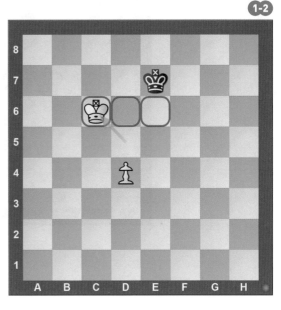

1...Ke7 2.Kc6: 이 상황에서는 2.Ke5로 오포지션을 계속 시도할 필요가 없습니다. 이 상황에서 백이 이기기 위해서는 c6, d6, e6 칸을 차지하는 것이 목적이기 때문입니다. 백은 킹을 핵심 칸인 c6으로 이동했습니다.

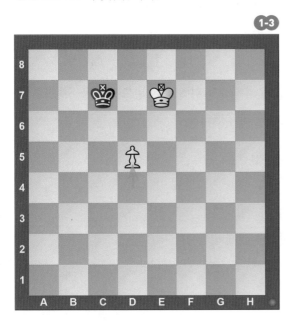

2...Kd8 3.Kd6: 다시 오포지션을 잡습니다. c7, d7, e7 칸을 킹으로 차지하기 위해서지요.

3...Kc8 4.Ke7 Kc7 5.d5: 흑 킹은 이제 폰의 프로모션을 방해할 수 없습니다.

5...Kc8 6.d6 Kb7 7.d7 Kc6 8.d8Q

수비하는 측에서는 상대가 핵심 칸을 잡지 못하게 오포지션을 잡아야 하며, 프로모션을 노리는 측에서는 핵심 칸을 킹이 잡기 위해 오포지션을 잡아야 해요. 오포지션은 핵심 칸을 잡기 위한 이론입니다.

흑의 차례

위와 같은 상황에서 흑은 어떻게 무승부를 할 수 있을까요?

여기에서는 핵심 칸이 a6, b6, c6입니다. 이 핵심 칸을 차지하기 위해 백은 반드시 킹을 5랭크로 이동할 예정입니다. 이를 대비해 흑은 반드시 1...Kb8로 이동해야 합니다.

만약 1...Kb7로 폰에 가까이 접근한다면 오히려 지게 됩니다.

1...Kb7 2.Kb5: 오포지션을 백이 가지게 됩니다.

2...Ka7 3.Kc6 Ka8 4.Kb6: 핵심 칸 한가운데를 쉽게 차지합니다.

4...Kb8 5.b5: 폰을 움직이면서 흑 킹이 다시 오포지션을 잃게 만듭니다.

5...Ka8 6.Kc7 Ka7 7.b6+ Ka6 8.b7 Ka7 9.b8Q: 백은 프로모션에 성공합니다.

그러므로 1...Kb7 대신 1... Kb8을 하면 흑은 무승부를 만들 수 있습니다.

1...Kb8!: 백의 킹이 5랭크로 오기를 기다립니다. 여기서 백은 폰을 밀어도 어차피 핵심 칸을 차지하지 못합니다.

1...Kb8은 아주 영리한 수입니다. 2.Kb5 Kb7, 2.Kc5 Kc7로 백의 수에 따라 핵심 칸을 들어오지 못하게 오포지션을 잡을 수 있습니다.

2.Kb5 Kb7

3.Kc5 Kc7

4.Kd5 Kb7

백은 어떻게 해도 오포지션을 찾지 못하기 때문에 무승부로 끝나게 됩니다. 흑 킹이 어디로 움직이냐에 따라 게임의 결과가 바뀌게 되지요! 만약 킹이 폰 앞에 있는 상태에서 5랭크에 폰이 있으면 오포지션과 관계없이 이기게 됩니다. 다음과 같은 상황에서는 백 차례라고 해도 이길 수 있습니다. 이미 핵심 칸을 차지한 것이니까요.

1.Kc6 Kc8: 흑은 오포지션을 유지하려 하지만 소용없습니다.

2.d6: 오포지션과 관계없이 폰을 밀면 이깁니다.

2...Kd8 3.d7: 이 상황은 스테일메이트가 아닙니다. 흑 킹은 움직일 곳이 있습니다.

3...Ke7 4.Kc7: 백은 다음 턴에 프로모션에 성공합니다.

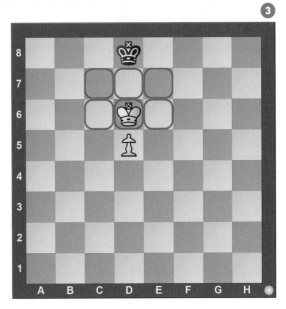

백의 차례

만약 남아 있는 폰 하나가 a파일이나 h파일에 있다면 폰을 가진 쪽은 조심해야 합니다. a, h 폰의 아래 칸인 a1, h1은 룩이 시작하는 위치이기 때문에 a, h파일에 있는 폰을 룩 폰이라고 부릅니다. 룩 폰 엔드 게임은 가장 이기기 어려운 패턴 중 하나입니다.

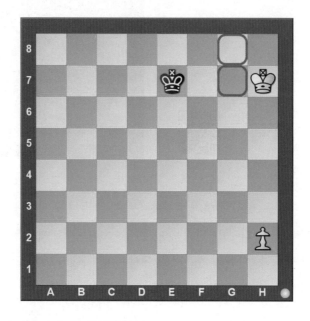

백은 h 폰을 가지고 있습니다. 이렇게 h파일에 폰이 있으면 핵심 칸은 g7, g8 칸입니다. 여기서 흑 차례라면 1...Kf7 혹은 1...Kf8로 무승부를 만들 수 있습니다. 예를 들어 **1...Kf7 2.h4 Kf8 3.h5 Kf7 4.h6 Kf8 5.Kg6 Kg8 6.h7+ Kh8 7.Kh6**으로 스테일메이트가 됩니다.

반대로 백 차례라면 백은 1.Kg7로 핵심 칸을 차지했기 때문에 쉽게 프로모션을 할 수 있습니다.

1.Kg7 Ke6 2.h4 Kf5 3.h5 Kg5 4.h6

흑은 백의 프로모션을 막을 수 없습니다.

이렇게 룩 폰을 가진 쪽은 핵심 칸을 차지하기 어렵기 때문에 주의해야 합니다.

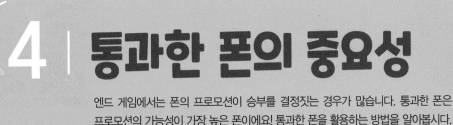

4 | 통과한 폰의 중요성

엔드 게임에서는 폰의 프로모션이 승부를 결정짓는 경우가 많습니다. 통과한 폰은 프로모션의 가능성이 가장 높은 폰이에요! 통과한 폰을 활용하는 방법을 알아봅시다.

이 챕터에서 배우는 내용
- 통과한 폰의 개념
- 아웃사이드 통과한 폰을 이용하는 방법

통과한 폰의 개념

엔드 게임에서 폰의 프로모션은 강력한 위협이 되는 경우가 많습니다. 폰을 계속 올린다고 가정했을 때 상대 폰에게 잡히거나, 막히지 않는 폰을 체스에서는 '통과한 폰(Passed Pawn)'이라고 부릅니다. 같은 파일이나, 바로 옆의 파일에 상대 폰이 없으면 통과한 폰이 됩니다.

백의 a폰과 e폰이 계속 위로 올라가더라도 흑의 폰에게는 잡히지 않습니다. 이러한 폰을 통과한 폰이라 부르며 통과한 폰은 엔드 게임 에서 가장 중요한 이점 중 하나입니다.

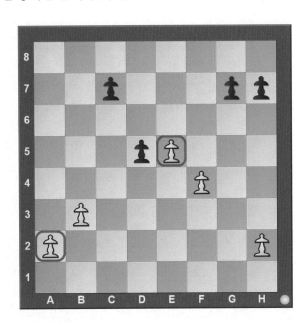

백과 흑 모두 룩 하나와 폰 4개로 같은 물량을 가지고 있지만, 지금은 백이 게임을 이길 수 있습니다. 그 이유는 c4의 폰이 통과한 폰이기 때문이에요. 또 흑은 백 랭크 약점도 가지고 있습니다. 백은 폰의 프로모션을 노리면서 유리하게 게임을 이끌 수 있습니다.

1.c5 Rb2: 흑의 룩이 프로모션을 막기 위해서는 최대한 빠르게 c8로 이동해야만 합니다.

2.c6 Rb8 3.c7 Rc8: 흑은 최선을 다해 폰 프로모션 바로 직전에 룩으로 길을 막았습니다.

4.Rb1!

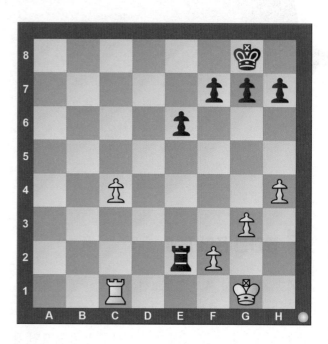

백의 차례

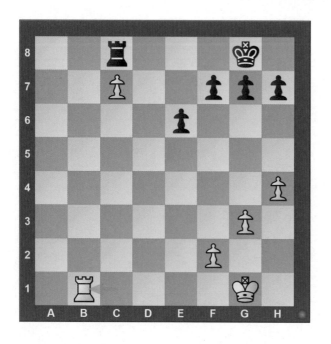

흑은 c7 폰을 잡을 수 없습니다. 5.Rb8+로 백 랭크 메이트를 위협하기 때문이에요. 그렇다고 4...h6으로 백 랭크를 예방하는 수를 두면 다음 수에 5.Rb8이 들어옵니다. 룩은 핀에 걸렸기 때문에 5...Rxb8 6.cxb8Q로 백은 손쉽게 게임을 이길 수 있습니다.

아웃사이드 통과한 폰(Outside Passed Pawn)

통과한 폰은 바깥쪽에 있을수록 더 좋습니다. 먼 곳에 있을수록 기물들이, 특히 킹이 폰의 프로모션을 막기가 어렵기 때문입니다.

다음과 같은 포지션에서 백은 폰이 하나 밀리고 있지만, 퀸사이드에 폰 우세를 가지고 있습니다. 백의 타당한 전략은 b파일에 통과한 폰을 만드는 것입니다.

1.b5! axb5 2.axb5 Kd6: 흑은 통과한 폰의 프로모션을 반드시 막아야 합니다.

3.b6 Kc6 4.Ke5!: 백의 b폰은 성공적으로 흑의 킹을 유인했습니다. 이제 백의 킹은 흑의 폰들을 잡고 프로모션에 성공할 수 있습니다.

4...Kxb6 5.Kf6 Kc6 6.Kxf7 Kd6 7.Kg7 Ke6 8.Kxh7 Kf7: 흑은 간신히 마지막 폰을 지킬 수 있을 것처럼 보이지만 실제로는 폰을 지킬 수 없습니다.

9.Kh6 Kf8: 이제 흑 킹은 폰을 지킬 수 없습니다.

10.Kxg6 Kg8 11.Kh6: 나이트 폰을 프로모

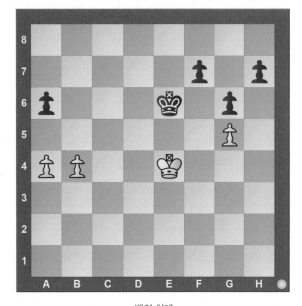

백의 차례

션으로 노릴 때는 킹이 가장자리의 파일에 있어야 스테일메이트를 예방할 수 있습니다. 예를 들어 11.Kf6 Kh7 12.Kf7 Kh8 13.g6으로 스테일메이트가 됩니다.

11...Kh8 12.g6 Kg8 13.g7 Kf7 14.Kh7: 백은 다음 수에 프로모션에 성공합니다.

시작 포지션에서 백은 폰이 하나 더 적었음에도 아웃사이드 통과한 폰으로 이기는 포지션을 만들 수 있었습니다. 체스 대국을 둘 때 엔드 게임에서 이러한 아웃사이드 통과한 폰을 잘 활용한다면 더 유리하게 게임을 이끌어 갈 수 있습니다.

5 | 잘못된 색 비숍

체스에서 기물 이득은 중요하지만 때로는 기물 이득이 있더라도 이길 수 없는 상황이 존재합니다. 대표적인 예시인 잘못된 색 비숍 엔드 게임에 대해 알아봅시다.

이 챕터에서 배우는 내용

• 잘못된 색 비숍 엔드 게임이 무승부가 되는 이유

잘못된 색 비숍 엔드 게임은 체스에서 가장 놀라운 무승부 패턴 중 하나입니다. 백은 킹과 비숍, 폰하나가 남아 있고, 흑은 킹밖에 남아 있지 않습니다. 이것만 들으면 당연히 기권해야 할 정도로 백이 쉽게 이기지 않을까 생각이 들지 않나요? 하지만 흑이 무승부를 만들 수 있을 때도 있습니다!

① 폰이 룩 폰일 것(a, h파일에 있는 폰)

② 프로모션을 노리는 도착 지점의 칸과 비숍의 색이 다른 경우

③ 수비하는 쪽의 킹이 프로모션을 노리는 칸을 방어가 가능한 경우

이 3가지 조건이 만족하게 되면 비숍+폰으로 4점이나 유리하다고 해도 무승부가 됩니다.

오른쪽 그림과 같은 상황에서 백은 게임을 손쉽게 이길 수 있습니다.

1.Be5+: 만약 1.h7을 둔다면 스테일메이트로 무승부가 됩니다.

1...Kg8 2.h7+: 다음 수에 프로모션에 성공합니다.

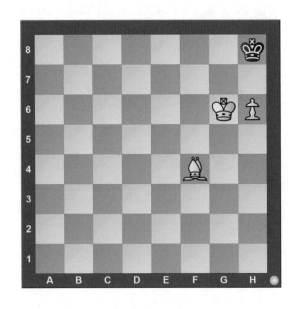

백의 차례

왜 이렇게 쉽게 백은 승리할 수 있었을까요? 그 이유는 프로모션을 노리는 칸과 비숍의 색이 같았기 때문입니다. 이 포지션에서 h 폰이 프로모션을 노리는 칸은 h8로 어두운 칸입니다. 그리고 f4에 있는 비숍도 어두운 칸에 있습니다. 즉 프로모션을 노리는 칸과 비숍의 색이 같기 때문에 쉽게 이길 수 있는 것이에요.

만약 이 포지션에서 비숍이 어두운 칸이 아니라 밝은 칸에 있다면 놀랍게도 그것만으로도 무승부가 됩니다.

1.Bf5: 만약 1.Be6을 두게 되면 스테일메이트로 무승부가 됩니다.

1...Kg8 2.h7+ Kh8 3.Kg5 Kg7: 백은 킹을 몰아낼 방법이 없습니다. 왜냐하면 비숍이 프로모션을 노리는 칸을 공격하지 못하기 때문이에요. 흑은 킹이 g7, h8에서만 계속 움직인다면 안전하게 무승부가 됩니다.

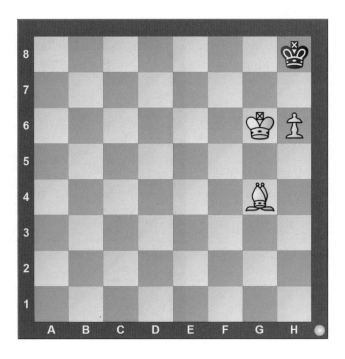

이렇게 프로모션을 노리는 칸과 비숍의 색이 다를 때 '잘못된 색 비숍'이라고 얘기합니다. 이 포지션에 들어온다면 무승부를 만드는 것은 그렇게 어렵지 않아요. 여러분이 대국하면서 고려할 것은 유리한 게임에서는 이러한 엔드 게임에 들어가지 않도록 주의하고, 불리할 때는 이러한 잘못된 색 비숍 엔드 게임을 어떻게 유도할지가 관건입니다.

6 | 반대색 비숍 엔드 게임

무승부가 많이 나오는 반대색 비숍 엔딩은 미들 게임에서 서로 반대색의 비숍을 가지고 있는 경우 일반적으로 공격하는 유리한 쪽에게 이점이 되는 경우가 많지만, 엔드 게임에서는 방어하는 쪽이 무승부의 기회를 쉽게 잡을 수 있습니다.

이 챕터에서 배우는 내용

• 반대색 비숍 엔드 게임을 다루는 방법

흑은 쉽게 무승부를 노릴 수 있습니다. 만약 백이 1.e5로 프로모션을 노린다면 어떻게 해야 할까요?

1...Bxe5! 백은 폰이 잡히고 나면 비숍 하나로는 체크메이트가 불가능하기 때문에 무승부가 됩니다. 폰이 전진하면 흑 비숍이 잡고 폰이 전진하지 못하면 프로모션을 노릴 수 없으니 쉽게 무승부가 가능합니다.

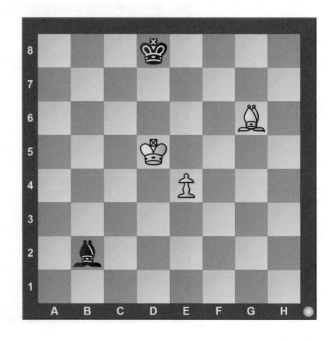

오른쪽 그림과 같은 포지션에서는 백이 폰 2개가 더 많음에도 이길 수 없습니다. d 폰은 더이상 전진하지 못하며 b 폰의 전진 또한 c4의 비숍에게 막혀 있어요. 이 포지션도 흑이 손쉽게 무승부를 만들 수 있습니다.

따라서 반대색 비숍 엔드 게임은 무승부가 많이 된다는 것을 알고 있다면 반대색 비숍의 상황에서 다른 기물을 교환할지 하지 않을지를 미리 고려할 수 있습니다.

백이 1.Qe2로 퀸 교환을 노리는 수는 좋은 전략일까요?

당연히 아닙니다! 왜냐하면 현재 백의 d3 비숍은 밝은 칸 비숍, 흑의 f6 비숍은 어두운 칸 비숍이기 때문에 서로 비숍의 색이 다릅니다. 따라서 1.Qe2를 두면 퀸을 교환하게 되고 그러면 흑은 폰이 하나 밀리고 있어도 쉽게 무승부를 만들 수 있습니다.

백은 퀸을 교환하려는 시도 대신 **1.Qb3**으로 b7 폰을 압박하며 **2. Qg8+**와 같은 수를 노리는 것이 승리할 가능성이 더 높습니다.

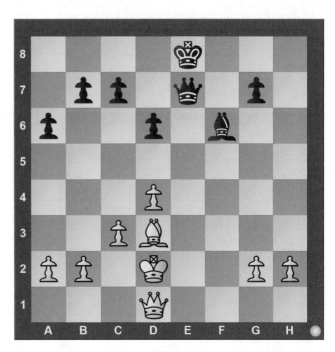

백의 차례

연습문제

01
·문제·
백 차례에서 a2 폰의 프로모션을 성공하게 만드는 수는 무엇일까요?

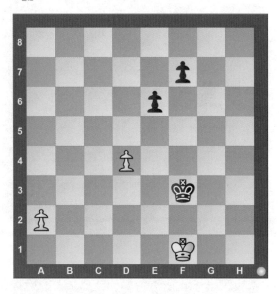

02
·문제·
백 차례에서 오포지션을 잡는 수는 무엇일까요?

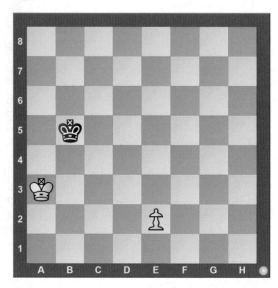

03
·문제·
백 차례에서 무승부를 만드는 유일한 수는 무엇일까요?

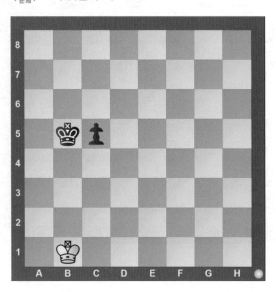

04
·문제·
백 차례에서 무승부를 만들 수 있는 유일한 수는 무엇일까요?

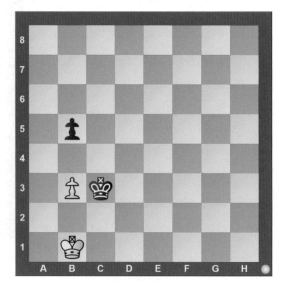

05 흑은 퀸사이드 쪽에 폰 우세를 가지고 있습니다. 흑 차례에서 통과한 폰을 만들 수 있는 수는 무엇일까요?

06 백 차례에서 백이 프로모션을 성공할 수 있는 수는 무엇일까요?

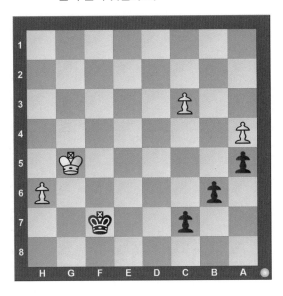

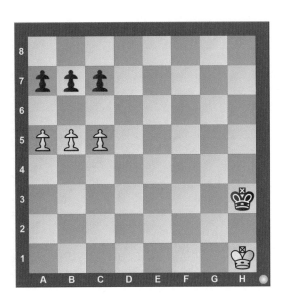

07 흑은 f5에 아웃사이드 통과한 폰을 가지고 있지만 백의 다음 수에 1.Rxf5+로 잡힐 위기입니다. 흑 차례에서 최선의 수는 무엇일까요?

08 백은 h6에 아웃사이드 통과한 폰을 가지고 있습니다. 백의 최선의 수는 무엇일까요?

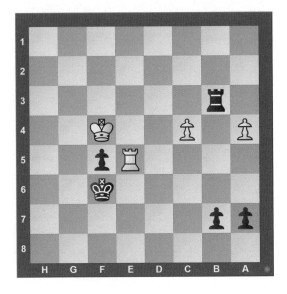

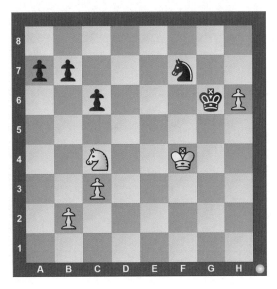

09
·문제·
흑은 f3, b2 칸에 통과한 폰을 가지고 있습니다. 흑이 프로모션을 성공하기 위해 둘 수 있는 최선의 수는 무엇일까요?

10
·문제·
백이 무승부를 노리기 가장 좋은 수는 무엇일까요?

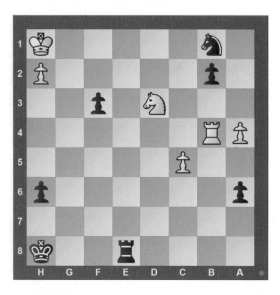

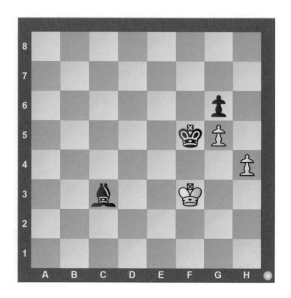

11
·문제·
백이 무승부를 노리는 가장 좋은 수는 무엇일까요?

12
·문제·
다음 보기 중 더 좋은 수를 골라 보세요.
① 1.Rf7+   ② 1.Rxb8

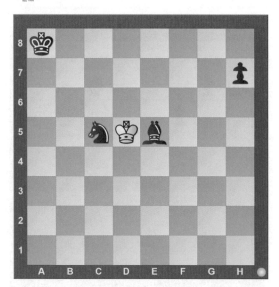

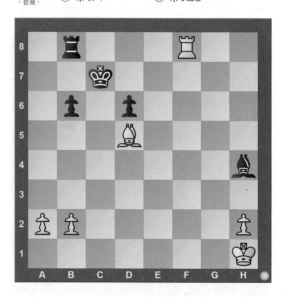

연습문제해설

Part 1. 체스의 시작! 체스 규칙 이해하기
Chapter 1 체스보드

문제 1

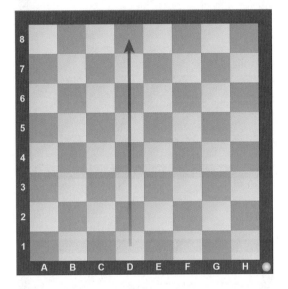

문제 2

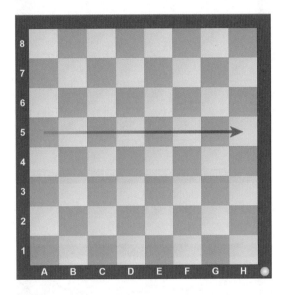

문제 3

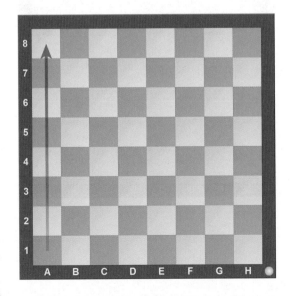

문제 4

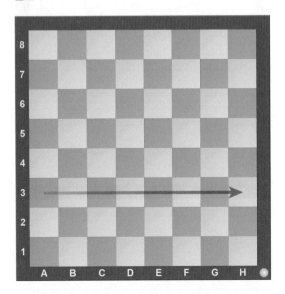

문제 5

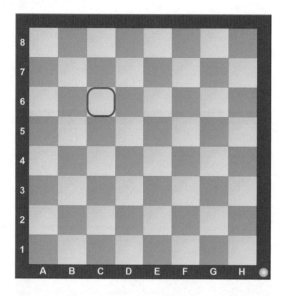

문제 6

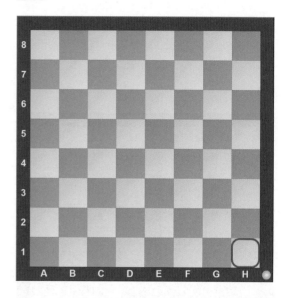

문제 7

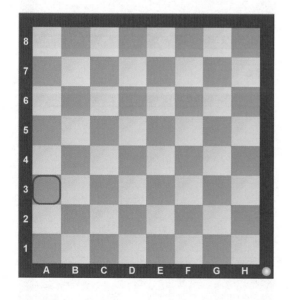

문제 8

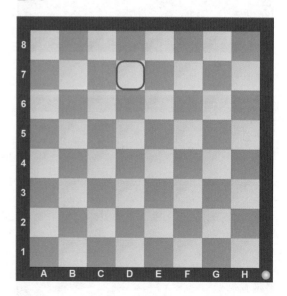

문제 1

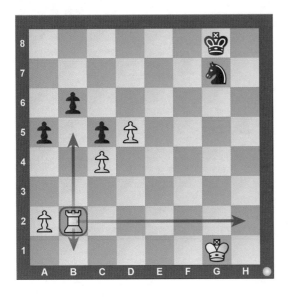

문제 2

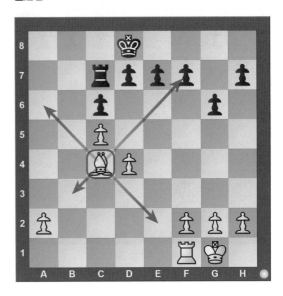

문제 3

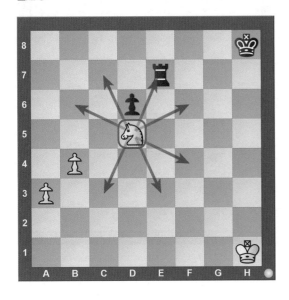

문제 4

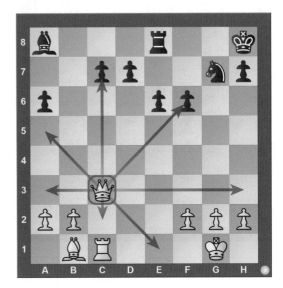

문제 5

문제 6

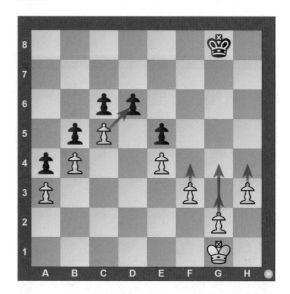

문제 7

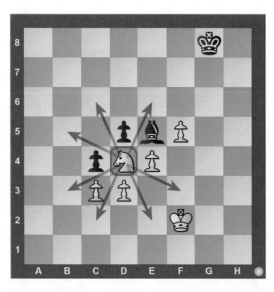

문제 8

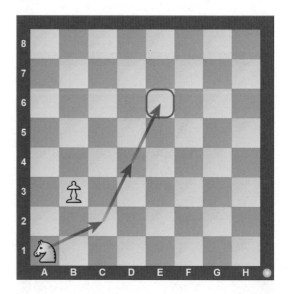

Chapter 3 체크와 체크메이트, 스테일메이트

문제 1 O, 흑은 체크가 아니면서 둘 수 있는 수가 없습니다.

문제 2 X, 흑은 h3의 폰을 움직일 수 있습니다.

문제 3 O, 흑은 체크에 걸렸고 체크를 벗어날 수 있는 방법이 없습니다.

문제 4 X, 흑은 a7의 룩으로 백의 g7 퀸을 잡아서 체크에 벗어날 수 있습니다.

문제 5 X, 백은 폰을 움직일 수 있습니다.

문제 6 O, 흑은 킹, 폰 모두 움직일 수 없으며, 체크에 걸려 있지 않습니다.

문제 7 X, 흑은 킹으로 룩을 잡을 수 있습니다.

문제 8 O, 백은 나이트로 체크를 걸고 있고 백의 비숍은 킹의 도망갈 자리를 막고 있으므로 체크메이트에 성공했습니다.

Chapter 4 체스의 특수 규칙

문제 1 O

문제 2 X, 백의 킹이 시작 위치가 아닙니다.

문제 3 O

문제 4 X, 흑의 킹은 체크에 걸려 있는 상태이기 때문에 캐슬링이 불가능합니다.

문제 5 e8로 폰을 움직여서 퀸이나 룩으로 프로모션하면 체크메이트로 승리합니다.

문제 6 룩으로 프로모션합니다. 만약 퀸으로 프로모션한다면 스테일메이트로 무승부가 됩니다.

문제 7 O

문제 8 X, 앙파상은 폰이 2칸 이동했을 때 폰이 바로 옆에 있어야만 가능합니다. 1칸 이동했을 때는 불가능합니다.

Chapter 5 체스 기보를 읽고 쓰는 방법

문제 1 Bb5

문제 2 Nxe5

문제 3 0-0-0

문제 4 Nge7

문제 5 R1xa4

문제 6 dxe8Q+

문제 7 exd6

문제 8 cxd8#

Chapter 7 기초 체크메이트 패턴

문제 1 1.Qe7# 혹은 1.Qb8#

문제 2 1.Qe8#

문제 3 1.Qh8#

문제 4 1.Qh8#

문제 5 1.Qg7

문제 6 1.Qh2

문제 7 1.Rd8#

문제 8 룩을 움직여서 킹이 마주보게끔 기다려야 합니다.

Part 2. 수를 읽는 능력! 체스의 전술
Chapter 1 기물의 가치와 공격, 방어

문제 1 흑이 2점 유리합니다. 백은 3점인 기물이 흑보다 하나 더 많고, 흑은 5점인 기물이 하나 더 많습니다. 5 − 3을 하면 흑이 2점이 앞서게 된다는 것을 알 수 있습니다.

문제 2 1.Ne5!, 만약 1.Nd6으로 이동하면 룩을 공격할 수는 있지만 c7의 폰에게 1...cxd6으로 잡히게 됩니다. 흑은 다음 수에 룩을 이동하지 않으면 다음 백 차례에 룩이 잡히게 됩니다.

문제 3 1.Ba3, 상대에게 잡히지 않는 유일한 공격입니다. 1.Ne4로 두면 공격은 맞지만 1...Nxe4로 잡히며 1.Bf4는 1...gxf4로 백 비숍이 잡힙니다.

문제 4 1.Nxf2,기물이 뒤로 이동하며 잡는 움직임도 잘 살펴보는 것이 중요합니다.

문제 5 1.Nxd1이 가장 좋습니다. 1.Bxd8은 3점의 기물로 5점을 잡는 것이지만, 1.Nxd1은 3점의 기물로 9점을 잡기 때문에 더 좋은 수입니다.

문제 6 1.Nd2, g4의 흑 폰이 나이트를 공격하고 있고 나이트가 피해야 합니다. 1.Ne5는 1...dxe5로 잡히게 됩니다.

문제 7 1.Kf3, 만약 e4의 비숍이 움직이게 되면 e3의 비숍이 잡히게 됩니다.

문제 8 1...Nf6, 위협은 2.Qxh8입니다. 길 막기로 퀸이 들어오지 못하게 나이트로 막는 것이 가장 좋습니다.

Chapter 2 포크

문제 1 1.Ne7+, 킹과 룩을 동시에 공격하고, 두 번째 수에 나이트로 룩을 잡을 수 있습니다.

문제 2 1.Re5+, 룩으로 포크를 겁니다. 1...Qxe5 2.Rxe5로 4점 이득이 됩니다.

문제 3 1...Bxb2, 비숍은 멀리 이동할 수 있기 때문에 경로를 잘 살펴보는 것이 중요합니다. 1...Bxb2를 통해 백의 룩과 나이트를 동시에 공격합니다.

문제 4 1.Kc5, 킹으로 흑의 룩과 나이트를 동시에 공격합니다.

문제 5 1.e5, 폰으로 비숍과 나이트를 동시에 공격합니다.

문제 6 1.Qg4+, a4의 나이트는 방어가 없고 흑 킹은 대각선이 열려 있습니다. 흑의 나이트와 킹을 퀸으로 동시에 공격할 수 있습니다.

문제 7 1...Qb7+, 퀸으로 백의 킹과 비숍을 동시에 공격하며 이득을 볼 수 있습니다.

문제 8 1...Rxb3, 룩으로 나이트를 잡게 되면 백의 b2 킹과 c3의 나이트를 동시에 공격할 수 있습니다.

Chapter 3 핀

문제 1 1.Be4, 흑 룩은 움직일 수 없기 때문에 다음 턴에 잡히게 됩니다.

문제 2 1.Re1, 흑 퀸은 움직일 수 없고 백은 다음 차례에 룩으로 퀸을 잡을 수 있습니다.

문제 3 1.Qa1, 핀을 걸어서 룩은 움직일 수 없고 다음 백 차례에 2.Qxd4로 룩을 잡을 수 있습니다.

문제 4 1.Bb5, 흑 퀸은 핀에 걸려서 움직이지 못하고 백은 다음 차례에서 2.Bxc6으로 흑의 퀸을 잡을 수 있습니다.

문제 5 1.d5, 핀에 걸린 기물을 추가로 공격해서 다음 수에 폰으로 c6의 나이트를 잡을 수 있습니다.

문제 6 1.Ra8, a8은 f3의 비숍에 의해 보호 받는 칸이기 때문에 1...Qxa8 2.Bxa8로 점수 이득이 됩니다.

문제 7 1.Rxe4, 만약 흑이 1...Nxe4 2.Bxh8. 이득. 백이 만약 첫 수로 1.Bxf6 걸려 하게 되면 1...Bxf6+ 체크가 되므로 백은 이득이 없습니다.

문제 8 1.Qxh6+ Kg8 2.Qxg7#, 1.Qxh6+는 흑의 g7 폰이 핀에 걸려있다는 것을 이용하는 매우 좋은 수입니다. 이를 이용해 확실하게 체크메이트에 성공할 수 있습니다.

Chapter 4 스큐어

문제 1 1.Bf3+, 흑 킹이 피하면 다음 턴에 백은 퀸을 잡습니다.

문제 2 1.Qc4+, 흑 킹이 피하면 다음 턴에 백은 퀸을 잡습니다.

문제 3 1.Bg2+, 스큐어 전술을 이용해 흑의 퀸을 잡을 수 있습니다.

문제 4 1.Bd6, 흑은 다음 수에 퀸이 피할 때 2.Bxb8로 기물 이득입니다.

문제 5 1...Bc4, c4 칸은 e5의 나이트에 의해 안전하게 보호되고 있습니다. 2.Qe1 Bxf1로 점수 이득입니다.

문제 6 1...Bh6, 백의 퀸과 룩에 스큐어를 걸며 이득을 볼 수 있습니다.

문제 7 1...Bb4+ 2.Kxb4 b2로 흑은 프로모션에 성공합니다. 멋진 희생 전술입니다.

문제 8 1...Be4, 백의 퀸과 룩에 스큐어를 걸며 점수 이득을 볼 수 있습니다.

Chapter 5 디스커버드 공격

문제 1 1.Ba6, 백 비숍은 흑의 룩을 공격하고 백 룩은 흑의 퀸을 공격합니다.

문제 2 1.c4, 폰은 흑의 비숍을 공격하고 비숍은 흑의 퀸을 공격합니다.

문제 3 1...Bf6, 비숍은 백의 룩을 공격하고 룩은 백의 퀸을 공격합니다.

문제 4 1...d5, 폰은 퀸을 공격하고 e7의 비숍은 a3의 비숍을 공격합니다.

문제 5 1.e6+, 디스커버드 체크로 흑의 킹과 룩을 동시에 공격합니다.

문제 6 1...Be6+, f8의 룩이 체크를 걸며 e6의 비숍은 퀸을 공격하기 때문에 흑의 다음 차례에 백의 퀸을 잡을 수 있습니다.

문제 7 1.Nh6+, 흑의 킹이 피할 때 2.Qg8#

문제 8 1...Bb4+, 더블 체크로 이길 수 있습니다. 2.Kd1 Qe1#

Chapter 6 방어자 제거

문제 1 1.Rb7+, 흑 킹이 체크를 벗어나면 2.Qxf6

문제 2 1.Rxd7+, 1.Rxb4는 Rxd2+로 오답입니다. 1.Rxd7+ Rxd7 2.Rxb4

문제 3 1...Bxd4(백의 d4 나이트를 잡으면 b5 비숍의 방어가 없어집니다) 2.cxd4 Qxg5

문제 4 1...Rxf3(f3의 나이트는 흑의 Qh2# 위협을 막고 있습니다) 2.gxf3 Qh3 3.Qh2 Qxh2#

Chapter 7 과부하

문제 1 1.Rxc8+ Qxc8 2.Qxb6, 흑의 b7 퀸이 과부하되어 있습니다.

문제 2 1...Rxa1+ 2.Qxa1 Qxd4, 백의 c3퀸이 과부하되어 있습니다.

문제 3 1.Rxd8+ Nxd8 2.Nxd6, f7의 나이트가 과부하되어 있다는 점을 이용합니다.

문제 4 1.Rxd8 Rxd8 2.Rxd8 Qxd8 3.Qxf7+, e7의 퀸이 과부하되어 있는 것을 이용해 기물 이득을 만들었습니다.

Chapter 8 디코이

문제 1 1...Re1+ 2.Rxe1(2.Kg2 Rxd1) Qxd5, 백의 d1 룩을 유인해서 기물 이득을 만들 수 있습니다.

문제 2 1.Bxf7+ Kxf7 2.Qxd8, 흑 킹을 유인해서 퀸을 공짜로 잡을 수 있습니다.

문제 3 1.e5(퀸을 공격해서 e5 칸으로 유인하며 h4의 룩의 방어를 제거합니다) 1...Qxe5 2.Qxh4

문제 4 1.f8Q(프로모션하며 흑의 킹을 유인합니다) 1...Kxf8 2.Nxe6+(포크) 2...Ke7 3.Nxd4(백은 멋진 디코이로 역전을 만들었습니다)

Chapter 9 사잇수

문제 1 1...Bxf3+ 2.Kxf3 Qxg1

문제 2 1...Nfe3, 만약 흑이 1...Kxd8을 하면 2.Rxf5가 되므로 미리 나이트가 피하며, 룩을 공격하면 흑은 다음 수에 2...Kxd8이 가능합니다. 1...Nef3은 2.Rf8으로 대응할 수 있어서 오답입니다.

문제 3 1...Qxg5 2.hxg5 fxg4, 만약 1...fxg4? 2.Bxg6이 되기 때문에 먼저 퀸을 교환한 이후 2...fxg4를 해야 점수 이득이 됩니다.

문제 4 1.Qc3 f6 2.Bxb7, 백은 Bxb7을 노리지만 퀸이 위험한 상태이기 때문에 1.Qc3으로 체크메이트를 노리며, 퀸을 피하는 사잇수가 가장 좋은 수입니다.

Chapter 10 트랩

문제 1 1...f2, g1, 비숍은 움직일 곳이 없습니다.

문제 2 1...Bxg2, h1 룩이 도망갈 곳이 없기 때문에 잡히게 됩니다.

문제 3 1.a4, 흑 비숍은 도망갈 곳이 없습니다.

문제 4 1.Bb6, 흑 퀸은 도망갈 곳이 없기 때문에 다음 수에 잡히게 됩니다.

Chapter 11 간섭

문제 1 1...Qa1+ 2.Kd2(d2에 있는 킹이 d1의 룩이 비숍을 보호하는 것을 막고 있습니다) 2...Rxd4+

문제 2 1...Nd2+ 2.Kg1 Qxd4, 간섭 전술을 이용해 d1의 퀸이 d4의 비숍을 보호하는 것을 차단했습니다.

문제 3 1...f4(비숍을 공격하면서 e5 나이트에 대한 보호를 막습니다. f4 폰은 b4의 룩이 지켜 주고 있기 때문에 안전합니다) 2.Bh4 Bxe5

문제 4 1.Bf4(비숍으로 f 폰이 움직이는 것을 막습니다. 만약 바로 1.h6으로 프로모션을 노린다면 1...f4 2.h7 f5로 b2의 비숍의 길을 열어 프로모션을 방해할 수 있기 때문이죠) 1...Kxf4 2.h6 Ke4 3.h7 f5 4.h8Q(백은 프로모션에 성공합니다)

Part 3. 이기는 게임을 위한 체크메이트 패턴
Chapter 1 백 랭크 메이트

문제 1 1...Rd1#

문제 2 1.Re8+ Bxe8 2.Rxe8#, 룩을 희생하더라도 체크메이트가 완성됩니다.

문제 3 1.Qxa8+ Nxa8 2.Re8+ Nxe8 3.Rxe8#, 백 랭크 메이트를 방해하는 a8의 룩을 제거하며 체크메이트를 완성합니다.

문제 4 1.Qf6, 흑은 퀸을 잡지 않으면 2.Qg7#를 막을 수

없습니다. d8의 퀸을 유인하는 수로 만약 1...Qxf6
을 두면 2.Re8#로 승리합니다.

Chapter 2 배터리를 이용한 메이트

문제 1 1.Qxh8#

문제 2 1.Qxf5+ Kh6 2.Qg6#

문제 3 1.Nd5(백은 퀸과 비숍 배터리를 이용해서 체크메
이트를 노립니다. 따라서 백은 1.Nd5로 2.Qh7#의
유일한 방어 기물인 f6의 나이트를 유인합니다.
만약 1...Nxd5 2.Qh7#) 1...g6 2.Nxc7(점수 이득)

문제 4 1.Rxg6! Kh8(1...fxg6 2.Qxg6+ Kh8 3.Qxh7#)
2.Rg8+ Rxg8 3.Qxh7#

Chapter 3 스모더드 메이트

문제 1 1.Nxg6#

문제 2 1.Ne7+ Kh8 2.Nf7#

문제 3 1...Qg1+ 2.Rxg1 Nf2#

문제 4 1...Qb5+ 2.Kg1(2.Ke1 Qe2#) 2...Ne2+ 3.Kf1
Ng3+ 4.Kg1(4.Ke1 Qe2#) 4...Qf1+ 5.Rxf1 Ne2#

Chapter 4 아라비안 메이트

문제 1 1...Ra2#

문제 2 1.Rxg6+ Kh7 2.Nf6+ Kh8 3.Re8#

문제 3 1.Qxf8+ Kxf8 2.Re8+ Kg7 3.Rg8#

문제 4 1...Qh4(2.Rg2 Qxh2+ 3.Rxh2 Rg1#) 2.Kg2
Rxg4+ 3.Kxf3 Qh3+ 4.Ke2 d3+(기물 이득 및
강한 공격) 2.Rxh4 Rg1#

Chapter 5 아나스타샤의 메이트

문제 1 1.Qxh7+ Kxh7 2.Rh5#

문제 2 1...Qxh2+ 2.Kxh2 Rh4#

문제 3 1.Ne7+ Kh8 2.Qxh7+ Kxh7 3.Rh1#

문제 4 1...Qh5+(h파일로 체크를 걸기 위해 퀸을 희생합
니다) 2.gxh5 Rh4#

Chapter 6 보든의 메이트

문제 1 1.Ba6#

문제 2 1.Qxc6+ bxc6 2.Ba6#

문제 3 1...Rxc3+ 2.bxc3 Ba3#

문제 4 1.Qxh6+ Rxh6 2.Bxh6#

Chapter 7 그레코의 메이트

문제 1 1.Qh6#(1.Bxg4로 퀸을 잡을 수 있지만 체크메이트
로 바로 게임을 이길 수 있습니다)

문제 2 1.Ng6+ hxg6 2.Rh4#

문제 3 1.Ng5 h6 2.Qg6! hxg5(2...Qxc4+ 3.Rxc4 hxg5
4.h4, 백이 매우 유리합니다) 3.Qh5#

문제 4 1.Ng6+ hxg6 2.Qh3+ Qh4 3.Qxh4#

Chapter 8 리갈의 메이트

문제 1 1...Bg4#

문제 2 1.Qxb5+ c6 2.Qxc4

문제 3 1.cxb7+ Kd8(1...Nd7 2.bxa8Q+) 2.Nf7#

문제 4 1...Nxe4 2.Bxd8 Bxf2+ 3.Kf1(3.Ke2 Nd4#)
3...Nxg3#

Chapter 9 블랙번의 메이트

문제 1 1.Bh7#

문제 2 1.Bxh7#

문제 3 1...Ba2+ 2.Ka1 Bxb2#

문제 4 1...Bf2+ 2.Kf1 Qxh3+ 3.Nxh3 Bxh3#

Chapter 10 필스버리의 메이트

문제 1 1.Rg5#

문제 2 1...Bh3# 2.Kg1 Rg8#

문제 3 1...Qxg4+ 2.Kh1 Qf3+ 3.Kg1 Rg6#

문제 4 1...Rg8+ 2.Kh1 Bg2+ 3.Kg1 Bxf3+ 4.Bg5 Rxg5#

Chapter 11 그릭 기프트

문제 1 1.Bxh7+ Kxh7 2.Ng5+

문제 2 1.Qh8+ Ke7 2.Qxg7#

문제 3 1.h5+ Kh6 2.Ne6+(2.Nf7+도 정답)

문제 4 1.Qh3+ Nh4 2.Qxh4+ Kg6 3.Qh7#

Chapter 12 라스커의 더블 비숍 희생

문제 1 1.Rf3(흑은 백의 2.Rh3을 막을 수 없습니다)

문제 2 1...Bxg2(라스커의 더블 비숍 희생) 2.Kxg2? Qg4+ 3.Kh2 Rf6(다음 수에 4...Rh6#)

문제 3 1.Bxh7+ Kxh7 2.Qh5+(흑은 이 수에서 기권했습니다. 만약 2...Kg8을 둔다면 3.Bxg7 Kxg7 4.Rg3+ Kf6 5.Qg5#)

문제 4 1...Bxh2+(라스커의 더블 비숍 희생을 시도합니다) 2.Kxh2 Qh4+ 3.Kg1 Bxg2 4.Kxg2 Qg4+ 5.Kh2 Rd5(6...Rh5#를 위협합니다) 6.Bxh7+ Kxh7 7.Qxd5 exd5(흑의 포지션이 더 유리합니다)

Part 4. 대국의 시작! 체스의 오프닝

문제 1 ②, Bd3는 d 폰의 움직임을 막기 때문에 좋지 않습니다. Bb5+는 흑의 폰이 c6으로 오면 템포를 빼앗기기 때문에 나쁜 수입니다. Bc4는 중앙 쪽으로 비숍을 전개하는 좋은 수입니다.

문제 2 ③, f6을 올리는 것은 킹을 위험하게 만듭니다. Qf6 또한 오프닝에서 퀸을 빠르게 빼는 좋지 않은 수로, 백의 Nc3-d5로 템포를 빼앗길 가능성이 높습니다. Nc6은 e5의 폰을 보호하며 중앙으로 전개하는 좋은 수입니다.

문제 3 ②, h3는 Nxf2로 포크에 당합니다. Be3은 1...Nxe3 2.fxe3 Bxe3으로 폰이 잡힙니다. 1.0-0은 포크 위협을 안전하게 지키면서 킹을 안전하게 하는 좋은 수입니다.

문제 4 ①, 흑은 f 폰이 없는 상황을 잘 이용해야 합니다. 여기서는 Qh5를 두게 되면 흑의 e5 폰을 확정적으로 잡을 수 있습니다. 오프닝에서 퀸을 빠르게 빼지 말라는 격언의 대표적인 예외입니다!

문제 5 ③, 이 상황에서 백은 Qb3을 이용해 f7 폰과 b7 폰을 동시에 공격하는 압박을 가할 수 있습니다. 캐슬링이나 Bb3도 나쁜 수는 아니지만 1.Qb3은 엄청나게 강력합니다. 만약 흑이 1...Nxe4로 둔다면 2.Bxf7 Ke7 3.Qe6#로 승리합니다. 흑은 반드시

1...Qe7로 대응하며 흑의 f8 비숍 전개는 매우 느려지게 됩니다.

문제 6 ①, 이 상황에서는 흑에게 1.Ng5를 효과적으로 막을 수단이 없습니다. 일반적으로 오프닝에서 한 기물을 2번 이상 움직이는 것은 좋지 않지만 이득을 볼 수 있는 전술을 걸 수 있다면 반드시 공격을 시도해야 합니다.

문제 7 ③, 1.d4 d5 계열의 클로즈드 게임에서는 Nc6은 중앙을 공략하기에 매우 좋지 않습니다. 흑은 장기적으로 폰으로 c5를 성공해서 중앙을 노려야 합니다. 1...e6, 1...c6은 중앙 폰을 탄탄하게 지키는 좋은 수인 반면 1...Nc6 2.cxd5 Nxd5(2...Qxd5 3.Nc3으로 템포를 빼앗깁니다) 3.e4로 중앙을 빼앗깁니다.

문제 8 ②, Bb4와 d5 모두 중앙에 영향력을 행사하는 좋은 수입니다. Bb4는 나이트에 핀을 걸어 e4 지점을 견제하며, d5는 직접적으로 폰으로 백의 e4를 방해합니다. Be7을 둘 경우 백은 바로 1.e4를 두어 중앙을 차지하며 좋은 포지션으로 대국을 시작할 수 있게 됩니다.

1.d4 Nf6 2.c4 e6 3.Nc3 Bb4(님조 인디안 디펜스) / 1.d4 Nf6 2.c4 e6 3.Nc3 d5(퀸스 갬빗 디클라인)

Part 5. 전략을 세우자! 체스의 미들 게임

문제 1 1...Bb5, 백은 d3에 좋은 비숍을 가지고 있습니다. 1...Bb5는 d3 비숍에 핀을 걸기 때문에 흑의 나쁜 비숍과 백의 좋은 비숍의 교환을 강제하기 때문에

좋은 수입니다.

문제 2 1.a4, 흑의 Bb5 아이디어를 차단하는 좋은 수입니다. 마찬가지로 1.Qe2도 1...Bb5를 막을 수 있기 때문에 마찬가지로 좋은 수입니다.

문제 3 1...Be8, 비숍을 폰 체인 밖으로 빼냅니다. 그 후 2...Bg6 혹은 2...Bh5로 비숍의 활동성을 높일 수 있습니다.

문제 4 1...Qd8(2...Bg5를 노리는 수입니다. 이 대국의 실전은 2.Be2 Bg5로 진행되며 흑은 나쁜 비숍 문제를 해결했습니다) 2.Qg3 Bh4(비숍은 안전하게 활성화되었습니다)

문제 5 1.Nc4–d6, 나이트는 '아웃포스트'에서 가장 강력하고 아웃포스트는 'd6' 칸입니다. Nc4–d6으로 나이트가 들어가면 나이트는 흑에게 강력한 압박을 가하게 됩니다.

문제 6 1...Nb6(그 후에 c4로 이동합니다) 2.0–0 Nc4 3.Nxc4 dxc4!(d 폰으로 잡으면서 퀸사이드에 폰 우세를 만들었고 이는 퀸사이드에 수적 폰 우세를 만들어 엔드 게임에서 유리합니다)

문제 7 1.e5(d6 칸을 아웃포스트로 만드는 좋은 수입니다) 1...Nd5 2.Ne4 a6 3.Nd6 (나이트가 아웃포스트를 차지했습니다)

문제 8 1.Bxf6(d5의 방어 기물을 제거합니다) 1...Bxf6 2.Nd5 Bxd5 3.Bxd5(백은 아웃포스트의 나이가 잡혔지만 d5의 백 비숍은 f6의 흑 비숍보다 활동성이 훨씬 높기 때문에 유리합니다)

문제 9 1.Rd7(룩은 7랭크에서 가장 강력합니다) 1...Rc8 2.Kf2(이후 킹을 활성화하며 Kf2–g3–g4–f5로 이동하면 폰을 잡고 매우 유리한 포지션을 만들 수 있습니다)

문제 10 d파일에 룩을 중첩해 배터리를 만듭니다. / 1.Rd5, 1.Rd4, 1.Rd3, 1.Rd2 모두 가능하지만 1.Rd5가 가장 좋습니다. d6 폰이 움직이지 못하게 고정하며 2.Rfd1을 준비합니다. 만약 흑이 1...Rd7로 배터리를 만들려고 해도 2.Rfd1 Rcd8 3.e5!로 흑의 d6 폰을 확정적으로 잡을 수 있습니다.

문제 11 1.Rc6! Rxc6 2.dxc6(2...Qe6 3.Qc3, 흑의 3...Qb3를 차단하며 c6의 통과한 폰을 지키며 유리한 포지션이 됩니다) 2...Qxc6? 3.b5로 포크가 됩니다.

문제 12 1.Rf3(룩 리프트를 활용합니다. 이후의 수순을 연구하며 어떻게 백이 공격을 시도하는지 살펴보세요) 1...Bb7 2.Rh3 Nb4(흑의 킹을 노리는 비숍을 제거하려는 아이디어) 3.e5(주요 방어자인 나이트를 공격합니다) 3...Nxd3(3...dxe5 4.Bxh7+ Nxh7 5.Qh5 백 유리) 4.Qxd3 exd5 5.Ng4!(h7칸을 지키는 나이트를 유인합니다. 흑은 매우 정확하게 방어해야 합니다. 여기서 유일한 수는 5..Rfd8으로 흑 킹이 도망갈 공간을 확보하는 것입니다) 5...e4? 6.Nxf6+ gxf6 7.Qg3+ Kh8 8.Qh4 (흑은 이제 체크메이트를 막을 수 없습니다)

문제 13 1.Qxc6(백은 기물이 유리하기 때문에 퀸을 교환하는 것이 더 쉽게 승리할 수 있는 방법입니다) 1...bxc6 2.Rd7(룩의 강력한 자리인 7랭크를 차지합니다)

문제 14 1.Qg5(흑은 c5, c7 폰이 약점입니다. 흑의 폰 구조가 좋지 않기 때문에 퀸을 교환해서 엔드 게임으로 진행하는 것이 백에게 더 유리합니다. 또한 백 킹이 흑 킹에 비해 더 위험하기 때문에 퀸을 교환하면 흑의 공격을 더 약하게 할 수 있습니다) 1...cxd4(1...Qxf2 2.Rf3 Qg1 3.Bb5 디스

커버드 공격으로 인한 점수 이득) 2.Qxf6 Nxf6 3.Rxd4(흑은 a7, c7에 고립된 폰을 가지고 있고 백이 훨씬 유리한 엔드 게임 포지션입니다)

문제 15 1.Nc3(후퇴하는 것이 더 좋습니다. 그 이유는 백은 영역 이점을 가지고 있기 때문입니다. 그 이후 백은 2.e5를 통해 중앙을 확장하며 공격을 시도할 수 있습니다)

문제 16 1...d5(백이 나이트를 공격한다면 흑은 c4의 비숍을 공격합니다) 2.exf6?(2.Bb5가 유일한 좋은 수입니다 2...Ne4 3.Nxd4 백이 영역 우세가 있지만 흑도 중앙을 어느 정도 차지했고 전개가 더 빠릅니다) 2...dxc4 3.fxg7 Bxg7(흑의 킹은 킹사이드 캐슬링 이후에 안전하며 흑은 확실한 영역 이점을 가지게 됩니다)

Part 6. 확실하게 이기기 위한 체스의 엔드 게임

문제 1 1.d5(흑의 킹이 e4-d5 칸으로 접근하는 것을 막습니다. 1.a4?는 1...Ke4로 무승부가 됩니다) 1...exd5 2.a4 Ke4(2...d4 3.a5 d3 4.Ke1로 백 승리) 3.a5 Ke5 4.a6 Kd6 5.a7 Kc7 6.a8Q(프로모션에 성공합니다)

문제 2 1.Kb3!(상대 킹과 마주 보는 상태를 오포지션이라고 합니다) 1...Kc5 2.Kc3 Kd5 3.Kd3 Ke5 4.Ke3(백의 e2 폰 앞에서 오포지션을 잡아야 프로모션에 성공합니다) 4...Kf5 5.Kd4(핵심 칸을 차지하며 킹의 위치를 선점해 프로모션을 노리면 프로모션에 성공할 수 있습니다)

문제 3 1.Kc1(상대 킹의 전진을 기다리는 좋은 수입니다) 1...Kc4(만약 1...Kb4 2.Kb2) 2.Kc2(오포지션을 차지했기 때문에 무승부를 만들 수 있습니다)

문제 4 1.b4 Kxb4 2.Kb2, 백이 오포지션을 잡고 무승부가 됩니다(흑 폰이 전진하게 되면 오포지션과 관계없이 백은 지게 됩니다. 1.Ka2 b4 2.Ka1 Kxb3 3.Kb1 Ka3 4.Ka1 b3 5.Kb1 b2 6.Kc2 Ka2 다음 턴에 프로모션).

문제 5 1...b5(폰을 희생해서 a5 폰을 통과한 폰으로 만듭니다) 2.axb5 a4(흑의 a 폰을 백은 막을 수 없습니다)

문제 6 1.b6 cxb6(1...axb6 2.c6) 2.a6 bxa6 3.c6(폰 2개를 희생해서 프로모션을 성공합니다)

문제 7 1...Rf3+ 2.Kxf3 Kxe5(흑은 룩을 성공적으로 교환했으며 f5의 통과한 폰 때문에 승리할 수 있습니다)

문제 8 1.Ne5+(폰 엔드 게임으로 들어가서 아웃사이드 통과한 폰의 이점으로 이깁니다) 1...Nxe5 2.Kxe5(백은 퀸사이드에 있는 폰을 잡으러 이동하면 승리합니다)

문제 9 1...Re1+ 2.Nxe1 f2(흑은 프로모션을 막을 수 없습니다. 3...f1Q 혹은 3...fxe1Q 위협이 동시에 있기 때문이에요)

문제 10 1.h5!(흑 폰을 h파일로 유인합니다) 1...gxh5 2.Kg2 Kxg5(잘못된 색 비숍 엔드 게임으로 무승부가 됩니다)

문제 11 1.Kxc5(잘못된 색 비숍 엔드 게임으로 들어갈 수 있습니다. 만약 1.Kxe5? h5 2.Kf4 Ne6+ 3.Kg3 Kb7 4.Kh4 Ng7, 나이트는 폰을 뒤쪽에서 지키고 흑은 킹이 폰 근처에 접근하면 승리할 수 있습니다) 1...h5 2.Kd5 h4 3.Ke4 h3 4.Kf3 h2 5.Kg2

Kb7 6.Kh1(무승부)

문제 12 ①, 룩을 교환하게 되면 서로 다른 색 비숍 엔드 게임이 되기 때문에 거의 확실히 무승부가 됩니다. 특히 h2의 통과한 폰의 프로모션 칸(h8)은 어두운 칸으로 잘못된 색 비숍 엔드 게임의 가능성도 높죠. 룩을 남겨 둔다면 h2 폰을 통과한 폰으로 활용할 수 있고 백의 기물들이 흑의 기물들보다 더 활동적이기 때문에 더 유리합니다.

Foreign Copyright:
Joonwon Lee   Mobile: 82-10-4624-6629
Address: 3F, 127, Yanghwa-ro, Mapo-gu, Seoul, Republic of Korea
         3rd Floor
Telephone: 82-2-3142-4151
E-mail: jwlee@cyber.co.kr

이기는 체스 게임의 법칙!

체스 챔피언

2022. 8. 5. 1판 1쇄 발행
2023. 2. 1. 1판 2쇄 발행
2023. 8. 23. 1판 3쇄 발행
2024. 4. 24. 1판 4쇄 발행
2024. 11. 20. 1판 5쇄 발행

지은이 | 김도윤
펴낸이 | 이종춘
펴낸곳 | BM ㈜도서출판 성안당
주소 | 04032 서울시 마포구 양화로 127 첨단빌딩 3층(출판기획 R&D 센터)
     | 10881 경기도 파주시 문발로 112 파주 출판 문화도시(제작 및 물류)
전화 | 02) 3142-0036
     | 031) 950-6300
팩스 | 031) 955-0510
등록 | 1973. 2. 1. 제406-2005-000046호
출판사 홈페이지 | www.cyber.co.kr
ISBN | 978-89-315-5892-0 (13690)
정가 | 22,000원

이 책을 만든 사람들
책임 | 최옥현
진행 | 오영미
기획 · 진행 | 앤미디어
본문 · 표지 디자인 | 앤미디어
홍보 | 김계향, 임진성, 김주승, 최정민
국제부 | 이선민, 조혜란
마케팅 | 구본철, 차정욱, 오영일, 나진호, 강호묵
마케팅 지원 | 장상범
제작 | 김유석

www.cyber.co.kr ★★★
성안당 Web 사이트

■ **도서 A/S 안내**

성안당에서 발행하는 모든 도서는 저자와 출판사, 그리고 독자가 함께 만들어 나갑니다.
좋은 책을 펴내기 위해 많은 노력을 기울이고 있습니다. 혹시라도 내용상의 오류나 오탈자 등이 발
견되면 **"좋은 책은 나라의 보배"**로서 우리 모두가 함께 만들어 간다는 마음으로 연락주시기 바랍
니다. 수정 보완하여 더 나은 책이 되도록 최선을 다하겠습니다.
성안당은 늘 독자 여러분들의 소중한 의견을 기다리고 있습니다. 좋은 의견을 보내주시는 분께는 성
안당 쇼핑몰의 포인트(3,000포인트)를 적립해 드립니다.
잘못 만들어진 책이나 부록 등이 파손된 경우에는 교환해 드립니다.